上海市高原学科法学环境资源法建设项目　资助
上海政法学院学术文库·环境资源法学丛书

PATH OF PROTECTING COMPETITION AND ITS IMPLEMENTATION ISSUES

丁茂中 著

竞争维护的路径及其实施问题

中国法制出版社
CHINA LEGAL PUBLISHING HOUSE

“环境资源法学丛书”
总　序

我校环境法学科在“十一五”期间被上海市教委列为重点学科，在上海市教委的资助下出版了系列学术著作和教材。在“十二五”开局之年，经专家评审，上海市教委批准，我校环境法学科被列入上海高等教育内涵建设“085”工程建设项目，建设周期五年，包括环境法重点学科建设项目和城市环境安全知识创新平台建设项目两个子项目。2012年，我校环境法学科被列入上海市高校一流学科（上海市重点学科）法学建设规划项目，建设周期五年。该学科以环境资源法理论和实践为总体建设方略，注重与相关学科的交叉与融合，下设环境保护法、自然资源法、能源法、海洋法、环境健康法、灾害防治法、循环经济法、国际环境法、房地产法、环境资源经济（金融）法、环境资源行政法、环境资源犯罪、环境社会学、生态哲学14个方向。根据总体建设方略，该学科在“十二五”期间，成果形式除课题和论文外，计划出版系列环境法专著和教材。期盼学术界同仁和广大读者提出批评和建议，帮助我们把这套丛书出好。

王文革

2013年1月

前　言

2013年11月9日至12日在北京召开的中国共产党第十八届三中全会开创性地提出“发挥市场在资源配置中的决定性作用”，这是社会主义市场经济理论的重大创新，为我国深化经济体制改革指明了方向。会议《公报》明确指出：经济体制改革是全面深化改革的重点，核心问题是处理好政府和市场的关系，使市场在资源配置中起决定性作用和更好地发挥政府作用；建设统一开放、竞争有序的市场体系，是使市场在资源配置中起决定性作用的基础；必须加快形成企业自主经营、公平竞争，消费者自由选择、自主消费，商品和要素自由流动、平等交换的现代市场体系，着力清除市场壁垒，提高资源配置效率和公平性。在此次全会第二次全体会议上，习近平总书记着力强调，“制定出一个好文件，只是万里长征走完了第一步，关键还在于落实文件，真正把全会精神转化成改造现实世界的强大力量。”因此，如何确保政府、企业等社会各界求真务实地发挥市场在资源配置中的决定性作用成为我们当前迫切需要攻克的重大社会课题之一。

竞争是市场的灵魂，这点被各种经济学理论奉为至高无上的“圣谕”。市场能够有效配置资源、形成兼容的激励机制的根本原因在于通过竞争形成的价格能够反映供求状况（即资源的稀缺程度），只有通过公平竞争才能形成这个价格信号，从而才能实现市场所有的作用机制。因此，要充分发挥市场在资源配置中的决定性作用，就必须切实有效地采取各种措施保护市场竞争机制，即建设统一开放、竞争有序的市场体系。诚如著名经济学家吴敬琏教授在2013年8月1日由国务院反垄断委员会专家咨询组主办、对外经济贸易大学竞争法中心承办的“中国竞争政策论坛——转型中的竞争政策”上作嘉宾讲演之时所言：建设统一开放、竞争有序的市场体系是一项系统性工程，这还需要改革顶层设计、政府职能转变、竞争文化培育等其他多方面的协作方可完成。

故作者尝试从竞争文化、竞争执法、竞争合规、竞争政策、竞争推进等角度来探讨维护市场公平竞争的应然路径及它们在各自实施过程中遇到的一些问题，希望对推动我国反垄断执法和市场经济的稳健发展有所裨益。

丁茂中

上海松江大学城

2017年10月

目录
Contents

第一章　竞争文化

第一节　“360 与 QQ 案件”凸显我国竞争文化缺失

自 2010 年 2 月以来，我国互联网世界的纷争可谓是连绵不绝，360 与 QQ 则是其中的主角，两者之间纷争的长期持续与不断升级制造了震动当前整个中国社会的“360 与 QQ 事件”。[①] 此次事件深刻而又全面地折射出竞争文化在我国的缺失问题。因为在一个健康的竞争文化中，经营者从事各种市场行为至少应当遵守相应的竞争法律制度；在维护竞争秩序使命的驱动下，竞争执法机构往往会及时地采取各种措施消除和预防市场活动中出现的各种不良竞争行为。但是在“360 与 QQ 事件”中，我们看到的却是经营者为了竞争取胜的需要而不断实施各种有针对性地攻击竞争对手的不正当竞争行为、垄断行为以及竞争执法机构对这些不良竞争行为相对滞后的反应。

一、持续攻防：多种不正当竞争行为

从 2010 年年初到 10 月底，在短短的 10 个月时间里，360 与 QQ 为了争夺市场，相互之间通过不正当竞争手段有针对性地进行了六次攻防：一是 QQ 诱导推广 QQ 医生。2010 年春节前后，QQ 选择在

---

① 360 对应的法律主体为北京奇虎科技有限公司，QQ 对应的法律主体为深圳市腾讯计算机系统有限公司。

二、三线和更低级别的城市推广 QQ 医生安全软件。QQ 通过提示用户进行升级，诱骗用户安装 QQ 医生。二是 360 警告 QQ 医生打补丁。2010 年 2 月，用户在使用 QQ 医生打补丁时，360 会弹出以下一个对话框："经 360 安全中心和 Windows Update 认证，您的系统不需要安装此漏洞补丁。安装后不会带来好处，还会浪费系统资源，并且有可能导致系统异常！建议您不要安装此补丁，并使用 360 漏洞修复进行精确扫描！"三是 QQ 医生自动升级为电脑管家。① 2010 年 6 月，QQ 将旧版 QQ 软件管理和 QQ 医生自动升级为 QQ 电脑管家。QQ 电脑管家 4.0 Beta1 版本不仅集成了 QQ 医生和 QQ 软件管理，而且增加了云查杀木马、清理插件等核心功能。四是 360 推出隐私保护器。2010 年 9 月，360 推出隐私保护器。启动 360 隐私保护器后，其显示"本工具将监督并记录其他软件对您电脑内隐私文件的窥视"，并在 5 分钟内检测出多个文件或目录被 QQ 查看过，并将建议用户将 360 隐私保护器"一直开着，实时进行检测"。五是 QQ 报道 360 涉黄和拦截 360 隐私保护器下载。2010 年 9 月，QQ 在科技频道发布《360 浏览器涉嫌借色情网站推广遭公安立案调查》一文。QQ 文章称，360 安全卫士董事长周鸿祎投资的一款播放软件快播涉嫌联合 360 浏览器推广色情网站获取利益，并引述知情人士消息称，快播、360 浏览器已经以涉嫌借助色情网站推广，被深圳公安取证调查。与此同时，QQ 还采取诸多措施拦截 360 隐私保护器的下载。② 六是 360 推出扣扣保镖。2010 年 10 月，360 推出名为"扣扣保镖"的软件，公开宣布要屏蔽 QQ 主界面广告，卸载和 QQ 一同安装的 QQ 影音、QQ 音乐等 QQ 周边软件。

---

① QQ 通过诱导方式推广 QQ 医生和将 QQ 医生自动升级为电脑管家，目的都是与 360 争抢用户。

② 例如，QQ 电脑管家刚刚做了升级，升级后，使用 IE 浏览器，访问 360 隐私保护器的下载链接，会提示"此网站危害您的系统安全"。360 安全浏览器访问不受影响。

从上述所列的360与QQ相互竞争的过程来看，笔者认为，任何一方实施的行为都违反了《中华人民共和国反不正当竞争法》（以下简称《反不正当竞争法》），构成多种不正当竞争行为。

首先是误导宣传行为。“误导宣传行为即引人误解的宣传行为，通常也被称为虚假宣传行为。”① 我国《反不正当竞争法》第8条第1款明确规定，经营者不得对其商品的性能、功能、质量、销售状况、用户评价、曾获荣誉等作虚假或者引人误解的商业宣传，欺骗、误导消费者。在360与QQ从2010年年初到10月间各自所实施的行为中，QQ诱导推广QQ医生、360警告QQ医生打补丁行为都构成误导宣传行为。

在QQ诱导推广QQ医生过程中，作为网络聊天的经营者，QQ通过网络将QQ医生表述成为QQ软件先前其他产品的升级版，并通过QQ软件升级窗口的升级提示，在用户不明真相的情况下诱骗用户将QQ医生安装到电脑客户端。但是事实上，QQ医生是QQ新推出的一款独立的电脑安全管理软件，与所谓需要升级的产品没有任何的直接关联。

在360警告QQ医生打补丁中，360对QQ医生所建议打入的补丁一概性地作出否定的提示存在误导用户问题。在360否定QQ医生提示需要打入的补丁中，有些补丁并不是可有可无的。如补丁KB971657，微软在公告中强调，未打补丁者可能遭受远程攻击。360针对QQ医生打补丁的风险提示不仅容易误导用户对独立第三方所发布的补丁产品的重要性的认识，而且很容易诱导用户对QQ医生功能作出不利的误判。从技术上来看，360完全可以在自己扫描漏洞时给用户作出提示，而不需在QQ医生工作界面进行。

其次是商业诋毁行为。“商业诋毁行为是指经营者自己或利用他

---

① 倪振峰编著：《竞争法案例教程》，复旦大学出版社2005年版，第98页。

人，通过捏造、散布虚伪事实等不正当手段，侵害竞争对手商誉的行为。”① 我国《反不正当竞争法》第 11 条规定，经营者不得编造、传播虚假信息或者误导性信息，损害竞争对手的商业信誉、商品声誉。在 360 与 QQ 从 2010 年年初到 10 月间各自所实施的行为中，360 推出隐私保护器、QQ 报道 360 涉黄和拦截 360 隐私保护器下载均涉及到商业诋毁行为。

360 在推出隐私保护器“第一版”时，该软件仅针对覆盖面最大的腾讯 QQ 软件。针对 QQ，360 公司总裁齐向东称，健康的软件应该行为不越界，聊天工具可以调用操作系统公共系统资源，但不应在用户不知情的情况下访问个人信息。“而 QQ 扫描的文件和账号安全并没有直接关系，且专门瞄准腾讯竞争产品和用户的隐私信息。”② 由于任何一款安全软件包括 360 安全卫士在为用户提供服务时，都需要扫描用户硬盘；在没有对“隐私信息”范畴作出具有公信力界定和没有以证据形式详细列出 QQ 扫描内容的情况下，360 单方公开将 QQ 调用数据的所有行为都定性为“可疑”或者“偷窥隐私”的做法至少在一定程度上构成商业诋毁行为，因为 QQ 调用数据的行为至少有一部分是正常的，如检查可执行文件，它是所有杀毒软件通用的技术。

在 QQ 报道 360 涉黄和拦截 360 隐私保护器下载中，QQ 也存在针对 360 实施的商业诋毁行为。在 QQ 报道 360 涉黄中，QQ 发文所称的“360 浏览器涉嫌借色情网站推广遭公安立案调查”一事，经过核查，系 QQ 捏造的虚假事实，包括深圳公安在内的公安系统并没有因任何涉黄问题对 360 进行调查。在 QQ 拦截 360 隐私保护器下载中，在 360 隐私保护器的下载网址根本不会危害用户系统安全的

---

① 种明钊主编：《竞争法》，法律出版社 2008 年版，第 135 页。

② 廖庆升：《360 和腾讯陷隐私之争 网络安全市场亟待规范》，载《通信信息报》2010 年 10 月 14 日第 A13 版。

情况下，QQ 通过网络散布“此网站危害您的系统安全”信息。QQ 的上述两个行为都在不同程度上直接损害了竞争对手 360 的商誉。

再次是无名不正当竞争行为。我国《反不正当竞争法》第 2 条第 1 款和第 2 款规定，经营者在市场交易中，应当遵循自愿、平等、公平、诚信的原则，遵守法律和商业道德。本法所称的不正当竞争，是指经营者在生产经营活动中，违反本法规定，扰乱市场竞争秩序，损害其他经营者或者消费者的合法权益的行为。① 如果这两款构成反不正当竞争法上的“一般条款”，则 QQ 医生自动升级为电脑管家和 360 推出扣扣保镖在性质上都属于不正当竞争行为。

由于竞争行为固有“损人利己”的特性，即使是正当的竞争行为亦然。对于发生损害的竞争行为的正当与否，首先要按照《反不正当竞争法》第 2 条第 1 款规定的“自愿、平等、公平、诚信的原则”以及“法律和商业道德”进行判断，而对其损害性的判断也只能看是否存在该条第 2 款规定的扰乱市场竞争秩序，损害经营者或者消费者的合法权益②。

在 QQ 医生自动升级为电脑管家中，QQ 在没有告知用户和得到用户许可的情况下，擅自在用户电脑上安装其开发的电脑管家。“整个安装过程都是在后台静默完成，用户只能在安装完成后才知道。为此大批网友叫苦不迭，纷纷谴责腾讯‘太流氓’。”③ QQ 的这种行为严重违背了“自愿”和“公平”原则，有悖于“法律和商业道德”。根据中国互联网协会的规定，“在未明确提示用户或未经用户许可的情

---

① 有关我国《反不正当竞争法》第 2 条的性质，有的人认为应当理解为“一般条款”，有的人认为不属于“一般条款”。

② 孔祥俊、刘泽宇、武建英编：《反不正当竞争法原理·规则·案例》，清华大学出版社 2006 年版，第 10～11 页。

③ 《腾讯 QQ 医生“死灰复燃”电脑管家不请自来》，http://news.xinhuanet.com/tech/2010-09/25/c_12604596.htm，访问日期：2014 年 11 月 4 日。

况下，在用户计算机或其他终端上安装运行，侵犯用户合法权益的软件”属于恶意软件（流氓软件）。QQ 的这种行为直接损害了广大消费者的合法权益，扰乱了互联网安全软件市场的正常竞争秩序。

360 推出的扣扣保镖对 QQ 进行了精确打击，一系列的设计不仅去除了广告，还可以关闭 QQ 宠物、QQ 秀、QQ 游戏等几乎所有的增值收入渠道。这种做法显然有失公平，直接损害了其他经营者“QQ”的合法权益。

二、巅峰对决：滥用市场支配地位行为

2010 年 11 月 3 日，360 与 QQ 之间的纷争达到了整个事件的顶峰。QQ 发出了一份《致广大 QQ 用户的一封信》（业内称之为“绝杀令”），要求用户在 QQ 与 360 之间作出选择，凡是装有 360 软件的电脑将停止运行 QQ 软件。

（一）QQ“绝杀令”性质的反垄断法分析

《中华人民共和国反垄断法》（以下简称《反垄断法》）第 17 条规定，禁止具有市场支配地位的经营者从事滥用市场支配地位的行为，包括“没有正当理由，限定交易相对人只能与其进行交易或者只能与其指定的经营者进行交易”。笔者认为，QQ 的“绝杀令”违反了此项规定，构成我国《反垄断法》禁止的滥用市场支配地位行为——限定交易行为，具体分析如下：

1. 案件的相关市场。“只有通过相关市场的界定，才可知晓在一个市场上到底有多少竞争者，他们各自的市场份额有多大，进而才能判断涉嫌违法企业究竟能在多大程度上正在行使或者将来可能行使其市场支配力，从而使其行为具有或者产生限制竞争的违法性效果。”①

---

① 王先林：《论反垄断法实施中的相关市场界定》，载《法律科学》2008 年第 1 期。

根据《国务院反垄断委员会关于相关市场界定的指南》第3条的规定，反垄断执法实践通常需要界定相关商品市场和相关地域市场。

在QQ“绝杀令”案中，相关商品市场应当为即时通讯软件市场。QQ“绝杀令”所涉及到的商品为QQ网络聊天软件，它是一款即时通讯软件。根据相关市场界定的基本操作，此案的临时相关商品是即时通讯市场。在此基础上，需要进一步分析与涉案商品可能存在替代性的其他类型相邻产品。从实践来看，与即时通讯产品相邻最可能具有替代性的产品就是电子邮件。虽然电子邮件属于网络通讯工具的一种，具备文本信息的传输功能；但是它在语音通讯、视频通讯、外挂游戏、截图等功能方面和工具操作的便捷性方面与即时通讯软件还存在巨大的差异，用户一般难以在这两者之间进行直接的消费转换，它们之间不具有合理的替代性。因此，此案的最终相关商品市场就是即时通讯软件市场。

在QQ“绝杀令”案中，相关地域市场应当为中国大陆。QQ的QQ网络聊天软件覆盖整个中国大陆，不存在局部市场问题。

2. QQ的市场支配地位。“对许多反托拉斯违法行为而言，要证明行为成立，原告须证明被告有一定的市场力量。”① 判断经营者是否具有一定的市场力量（即市场支配地位）通常有两种做法：一种是综合认定法，即在综合考虑经营者的市场份额、市场控制力、财力和技术条件、其他经营者对该经营者在交易上的依赖程度等多种因素的基础上作出认定；另一种是推定法，即依据市场份额的大小按照确定的规则进行推定。我国《反垄断法》第19条第1款规定，有下列情形之一的，可以推定经营者具有市场支配地位：一是一个经营者在相关市场的市场份额达到二分之一的；二是两个经营者在相关市场的市场份额合计达到三分之二的；三是三个经营者在相关

① ［美］赫伯特·霍温坎普：《联邦反托拉斯政策——竞争法律及其实践》，许光耀、江山、王晨译，法律出版社2009年版，第49页。

市场的市场份额合计达到四分之三的。

根据艾瑞咨询集团发布的《2008—2009 年中国即时通讯行业发展报告》，2008 年中国即时通讯软件市场的市场份额主要分布如下：QQ 为 86.4%，MSN 为 4.6%，飞信为 2.4%，阿里旺旺（淘宝版）为 1.7%，新浪 UC 为 0.8%，Skype 为 0.6%。① 根据艾瑞咨询集团发布的《2009—2010 年中国即时通讯行业发展报告》，2009 年中国即时通讯软件市场的市场份额主要分布如下：QQ 为 76.2%，MSN 为 6.8%，飞信为 4.5%，阿里旺旺为 4.3%，雅虎通为 1.3%，Skype 为 1.2%，新浪 UC 为 1.1%。② 根据中国报告咨询网 2010 年 8 月发布的《2010—2015 年中国即时通讯市场深度评估及投资前景预测报告》，QQ 在即时通讯软件市场的市场份额仍然远远超过 50%。③

依据我国《反垄断法》第 19 条规定，在 QQ 没有能够提出充足相反证据的情况下，可以推定 QQ 在即时通讯软件市场上具有市场支配地位。

3. 限定交易的不合理性。从“360 与 QQ 事件”的整个情况来看，QQ“绝杀令”的目的并不是要拒绝与广大用户进行交易，它的本质在于逼迫广大用户只能与其进行交易。在 QQ 发布的《致广大 QQ 用户的一封信》中，QQ 阐述了其实施限定交易行为的理由：第一，“保障您的 QQ 账户安全”；第二，“对没有道德底线的行为说不”；第三，“抵制违法行为”。

对于 QQ 与 QQ 用户之间的法律关系来讲，QQ 上述的三个理由

---

① 参见《2008—2009 年中国即时通讯行业发展报告》，http：//report. iresearch. cn/report/200907/1287. shtml，访问日期：2014 年 11 月 6 日。

② 参见《2009—2010 年中国即时通讯行业发展报告》，http：//report. iresearch. cn/report/201010/1471. shtml，访问日期：2014 年 11 月 6 日。

③ 参见《2010—2015 年中国即时通讯市场深度评估及投资前景预测报告》，http：//www. cache. chinabgao. com/report/175923. htm，访问日期：2014 年 11 月 6 日。

都是不具有正当性的。对于第一个理由来讲，无论 360 推出的扣扣保镖是否胁迫用户安装或者是否劫持了 QQ 的安全模块并导致了 QQ 失去相关功能，QQ 本身都无权逼迫用户对自身的账户安全作出某些行为，是否卸除 360 软件行为是用户固有的权利，QQ 不能凭借自身的市场支配地位实质性地代替用户作出选择。即使 360 软件可能会真正危害到用户的安全，QQ 的最大权利至多在于作出相应风险提示，没有任何理由进行进一步的实质性干涉。第二个理由和第三个理由与被限制交易对象——广大用户没有任何法律关系。在广大用户并没有借助 QQ 实施违法或者有悖于社会道德的行为并因此给 QQ 造成不良影响的情况下，QQ 没有任何理由因为独立的第三方 360 对 QQ 实施的行为而“迁怒”于“无辜”的广大用户，限定其选择交易对象的权利。

（二）QQ“绝杀令”的不良竞争传导效应

从实践来看，滥用市场支配地位中的限定交易行为不仅直接损害了交易相对人的自由选择权，而且更为严重的是，它因此将会减损甚至清空竞争对手现有和潜在的各种市场资源。QQ“绝杀令”不仅在形式上直接侵害了广大用户的权利，而且在实质上直接威胁到 360 的存续。

虽然在中国大陆的即时通讯软件市场上存在多个竞争者，如 QQ、MSN、飞信、阿里旺旺、新浪 UC、Skype 等，在理论上用户无论是在初始使用还是后续使用都有着很大的自由选择空间；但是在实践中，在 QQ 先前进入并主导整个相关市场的情况下，在各种因素的综合作用下，用户使用即时通讯软件在客观上存在一个隐形障碍，即对 QQ 聊天软件的依赖性。根据艾瑞咨询集团发布的最近三年中国即时通讯行业发展报告，导致 QQ 市场份额下降的主要原因并不是用户停用或者停止注册 QQ 软件，相反 QQ 软件的持续使用量和最新注册量还在不断增长；QQ 市场份额下降的主要原因是很多用户因为各种需求另外同时注册和使用了其他即时通讯软件（如 MSN、飞信等），从而造成了其市场份额被不断稀释。这种现象深刻地反映出广大用户对 QQ 聊天软件的高度依赖，其成因是多方面的。例如，消费者偏好问题。从实践来看，目前，除了少数部分特殊职业领域的中青年外，绝大部分的青少年、中青年和能够使用即时通讯软件的老年人都对 QQ 聊天软件十分青睐。再例如，消费转移成本。在广大用户已经长期使用 QQ 聊天软件的情况下，他们诸多的信息资源基本存储在 QQ 聊天软件及其配套应用软件中，如果将这些信息全部转移到另外一种即时通讯软件中去，即使在不考虑信息搜寻成本、学习成本等的情况下，对于同样都是免费使用的其他聊天软件而言，这种消费转移成本也是相对较大的。

虽然 360 最近两年在中国大陆市场迅速崛起，很快位居行业榜首。“据艾瑞最新调研数据显示：截至 2010 年 1 月中旬，永久免费的 360 杀毒市场份额稳步攀升至 33.76%，正式发布仅一个季度便跃居行业第一。”① 但是由于不同安全软件之间的可替用性程度是非常高的，用户几乎在不需要付出多少成本的情况下可以“随心所欲”地进行替换；而且，由于防止技术冲突和释放硬盘空间需要以及习惯性地使用单一安全软件，用户很少在同一台电脑上同时安装使用两款或者两款以上的安全软件。所以，360 并没有因此像 QQ 那样能够对广大用户形成一个强有力而又稳定的“锁定”效应。②

在这种情况下，当 360 与 QQ 发生激烈的冲突时，它们各自的地位客观上决定了谁能够借助自身的优势来对竞争对手进行致命打击。QQ 的“绝杀令”可以直接威胁到 360 的存续，因为：在用户自身至

---

① 《免费杀毒成主流力量　360 杀毒份额跃居第一》，载《电力信息化》2010 年第 2 期。

② 在相对优势理论中，“依赖性”是相对优势地位的一个重要依据，也是产生“锁定”效应的基础。有关相对优势理论问题，参见王丽娟、梅林：《相对优势地位滥用的反垄断法研究》，载《法学》2006 年第 7 期。

少无法在很短的时间内摆脱对 QQ 聊天软件的高度依赖和用户可以相对自由地选择和替换安全软件的情况下，面对 QQ 作出的“将在装有 360 软件的电脑上停止运行 QQ 软件”的决定，用户最为常见的做法就是“明哲保身”——为了保持自己 QQ 聊天软件的正常运行，卸载 360 安全软件，转而选用其他安全软件。这也正是 360 在 2010 年 11 月 3 日紧急向广大用户发出求救信的重要原因。

因此，QQ“绝杀令”在我国互联网市场上产生了一个恶性的反竞争传导效应，即将其在即时通讯软件市场上的优势力量不当地延伸到安全软件市场，不合理地改变我国安全软件市场的竞争。这种做法明显有悖于现代反垄断法的根本精神，因为“具有市场支配地位的企业无权决定下一个经济阶段市场上的竞争关系”①。QQ 通过“绝杀令”对 360 的围剿，不仅可以报复 360 先前对 QQ 所采取的一系列做法，更可以使其所推出的安全软件——电脑管家迅速占据相应的市场份额。

三、姗姗来迟：竞争执法机构的相对滞后反应

从 2010 年年初开始，在 360 与 QQ 之间竞争不断恶化并且已经严重影响我国互联网市场健康发展的情况下，我国的竞争执法机构并没有及时地实施健康竞争文化中的竞争执法机构的应然作为。

（一）我国竞争执法机构的体系

由于我国竞争法是采取二元化的立法模式——反不正当竞争法与反垄断法分别立法，因此，我国的竞争执法机构在整体上也是由两大部分组成，即反不正当竞争执法机构和反垄断执法机构。

我国《反不正当竞争法》第 3 条第 2 款规定，县级以上人民政

① ［德］P. 贝伦斯：《对于占市场支配地位企业的滥用监督》，载王晓晔编：《反垄断法与市场经济》，法律出版社 1998 年版，第 215 页。

府履行工商行政管理职责的部门对不正当竞争行为进行查处；法律、行政法规规定由其他部门查处的，依照其规定。因此，我国反不正当竞争法的执法机构主要是工商行政管理部门。① 虽然依据“法律、行政法规规定由其他部门查处的，依照其规定”，其他部门都可能具有相应领域中的反不正当竞争执法权限；但是这些部门通常不被公认为“专业”的竞争执法机构，而是被定位为行业监管者；且2010年11月介入“360与QQ事件”的工信部和公安部不属于竞争执法机构。《互联网信息服务管理办法》没有具体明确地授权工信部对相关市场中的不当竞争行为进行查处；根据《工业和信息化部主要职责内设机构和人员编制规定》，工信部的主要职责只是对本行业进行有效监管和产业规划。公安部是国务院主管全国公安工作的职能部门，不拥有反不正当竞争执法权限和职责。

我国《反垄断法》第10条第1款规定，国务院规定的承担反垄断执法职责的机构依照本法规定，负责反垄断执法工作。根据上述规定可以看出，我国反垄断执法权具有专属性，因此反垄断执法机构也是十分确定的。根据《国务院关于机构设置的通知》（国发〔2008〕11号），商务部、国家工商行政管理总局、国家发改委共同成为我国的反垄断执法机构，它们分别负责经营者集中、垄断协议和滥用市场支配地位以及滥用行政权力排除限制竞争方面的反垄断执法工作（价格垄断行为除外）、价格垄断行为的反垄断执法工作。

（二）竞争文化中竞争执法机构的应然作为

在健康的竞争文化中，在竞争文化培育与竞争文化熏陶的良性

---

① 参见王先林：《竞争法学》，中国人民大学出版社2009年版，第107页。虽然2017年《反不正当竞争法》第4条“县级以上人民政府履行工商行政管理职责的部门（以下称工商行政管理部门）对不正当竞争行为进行查处；法律、行政法规规定由其他部门查处的，依照其规定”的规定对《反不正当竞争法》第3条第2款的内容进行了修订，但是这并没有改变工商行政管理部门作为反不正当竞争执法机构的地位。

互动中，除了应然的不作为——不得实施有害于市场竞争机制的各种行为外，竞争执法机构应当及时采取综合措施做好以下两个大的方面工作，即竞争执法和竞争倡导。

竞争法的适用是以被规制对象的行为发生偏差为前提的，这客观上决定了竞争执法在整个竞争法的实施和竞争文化的发展中具有十分重要的地位。竞争执法机构在执法过程中必须符合三个基本要求：第一，准确。无论是不正当竞争行为，还是垄断行为，它们本身的认定都是比较复杂的，竞争执法机构必须不断积累相关方面的专业知识和经验以对案件作出准确的裁定，减少甚至避免“畏惧执法”和“错误执法”现象。第二，及时。任何不良竞争行为，不仅可能会直接侵害到其他经营者和消费者的合法权益，而且必然会引起相关市场竞争机制不同程度的扭曲。一旦市场竞争机制发生扭曲，对其修复往往需要一个漫长的过程，由此造成的损失也是难以在短期内弥补的。因此，竞争执法机构必须能够及时制止和消除各种不良竞争行为。第三，合法。竞争执法机构不仅需要严格按照相关实体法进行执法，更需要重视遵守相关方面的程序法这一问题，尤其是有关反垄断法的实施。“反垄断法发展到现代的重要特征之一，就是在实体规则之外另立详尽的执法程序，反垄断执法活动对规则的依赖性逐渐由实体转向程序”。①

竞争倡导（Competition Advocacy），亦称竞争推进，是竞争主管机构实施的除执法以外所有改善竞争环境的行为。“反垄断执法机构除了负责竞争执法，还需要承担竞争倡导的任务。国际经验表明，竞争倡导有利于竞争执法。并且，转型经济国家的竞争机构需要在制定、实施反垄断法的初期给予竞争倡导优先于竞争执法

① 焦海涛：《论现代反垄断法的程序依赖性》，载《现代法学》2008 年第 1 期。

的地位。”① 竞争倡导的实施路径是多元化的，如发布指南、发表劝导性意见、发布竞争政策年度报告、公告特定案件的处理、立法咨询建议、咨询与协商等。“不同法域的竞争主管机构推进竞争的方式各异，但最为常见的倡导工具都是发表不具有约束力的意见，以主动说服的方式使得对方知悉、认同限制竞争的负面影响，劝导其采取有利于竞争的行动”。②

（三）竞争执法机构在事件中的表现

在“360 与 QQ 事件”中，作为承载我国竞争文化培育重要使命的主体，我国的竞争执法机构对整个事件的反应是比较迟缓和滞后的。

在 360 与 QQ 从 2010 年年初到 10 月底相互之间不断实施不正当竞争行为的情况下，没有任何一个工商行政管理部门对此案作出任何性质的劝导，更不用说及时出面制止。即使在来自我国互联网不同领域的五大企业——金山、百度、腾讯、傲游、可牛在 10 月 27 日联合发表《反对 360 不正当竞争及加强行业自律的联合声明》“恳请有关主管机构对 360 这种不正当的商业竞争行为进行坚决制止，对 360 恶意对用户进行恫吓、欺骗的行为进行彻底调查”的情况下，我国反不正当竞争执法机构依然没有做出任何反应。

在这种环境下，360 与 QQ 在 11 月 3 日发生了类似美国在 20 世纪 90 年代发生的“微软垄断绞杀网景”最为严重的恶性竞争。即使在各种报道、评论、谴责、申请调查等铺天盖地而来的情况下，作为承担相应部分执法职能的反垄断执法机构——国家工商行政管理总局在 11 月 4 日仍然没有作出任何反应，包括不具有约束力性质的

① International Competition Network, Advocacy and Competition Policy (2002), http://www.internationalcompetitionnetwork.org/uploads/library/doc358.pdf, Nov. 8, 2010.

② 张占江：《竞争倡导研究》，载《法学研究》2010 年第 5 期。

劝导和其他指引行为。反而是工信部和公安部在 11 月 4 日及时地介入此事件，通过强制的行政命令要求双方当事人不得再实施强制用户的任何行为，QQ 聊天软件与 360 安全软件在当日也基本恢复到“兼容”状态。直到 11 月 8 日，国家工商行政管理总局才对此事作出反应，反垄断与反不正当竞争执法局先后多次约见了针对 QQ 提起《反垄断调查申请书》的律师，向其了解所反映的情况，询问市场上对 QQ 的看法，并收取了律师递交的补充材料。11 月 20 日，工信部正式发文对 360 与 QQ 进行严厉的通报批评，责令二者向社会公开道歉，并声明依法将会同相关部门进行调查处理。

我国竞争执法机构对 QQ 与 360 之间相互频频实施的不正当竞争行为和 QQ 对 360 实施的垄断行为的迟缓反应在很大程度上反映出竞争文化在我国的深度缺失。

在工信部、公安部、国新办等部门强有力的直接干预下，360 与 QQ 相互之间停止了恶性争斗，两者之间的纠纷和由两者之间争斗所引发的与用户有关的新纠纷正在寻求或者通过正当的法律途径加以解决。11 月 21 日，360 与 QQ 事件基本平息。此事件应当引起我们深层次的反思。360 与 QQ 事件深刻地反映出我国虽然已经初步建立健全了竞争法律制度，但是竞争文化还处于严重的缺失状态。在一个竞争文化缺失的市场经济中，在缺少良性竞争理念的内在约束下，纸面上的竞争法律制度是无法有效防止、制止和减少企业实施不良竞争行为的，相关法律法规赋予的权限和职责也是无法有效驱使竞争执法机构合理地执行维护市场有序竞争这项神圣使命的，不正当竞争行为和垄断行为持续滋生和四处蔓延往往成为一种司空见惯的社会经济现象。近 10 年我国市场中不断出现的种种恶性竞争事件，从 2000 年的兰州市电信断网案、2001 年的 ISP 邮件屏蔽案、2002 年的电缆砍断案到 2009 年的“卓越与当当五折死磕”、“茅台五粮液互相攻讦”、“蒙牛诽谤门”等等，都已经有力地证明了这点。可以讲，360 与 QQ 事件的发生并不是偶然的，它是竞争文化在我国深度缺失所引发的必然结果；如果不及时有效地改变这种局面，则下一个“360 与 QQ 事件”可能随时发生在我国任何一个经济领域中。因此，为了促进我国市场竞争健康有序地发展，实现经济包容性增长，在坚持不断完善我国相关立法与执法的同时，大力培育我国竞争文化已经迫在眉睫。

第二节　竞争文化的基本范畴、内容体系与社会价值

一、竞争文化的基本范畴厘定

竞争是个抽象概念，它既不是具体的“存在物”，也不是一个“自然”范畴，而是一个文化构造（cultural construct）。① 为了保证整个研究成果的科学性，我们在对内容庞大而又复杂的竞争文化进行研究时，应首先对竞争文化的基本范畴进行把握与界定。②

（一）竞争文化释义

虽然竞争文化一词在我国各种媒体上频频出现，但对于何谓“竞争文化”，鲜有人对其作过界定。从目前所能接触到的资料来看，只有两位研究人员对其作过阐述。一位是华东政法大学徐士英教授，她认为：“竞争文化，概括地讲就是关于市场竞争的一系列思想观念、商业规则和法律制度的总称。”③ 另一位是江苏省徐州电信分公司王建平研究员，他认为：“竞争文化是在服务文化基础上衍生的市场文化，它是研究市场现象、市场规律、市场竞争法则、市场生存

---

① ［美］戴维 J. 格伯尔：《二十世纪欧洲的法律与竞争：捍卫普罗米修斯》，冯克利、魏志梅译，中国社会科学出版社 2004 年版，第 12 页。

② 由于竞争是市场的灵魂，我们通常意义上所讲的竞争是指市场竞争，因此作者所研究的竞争文化仅限于市场领域，而不包括其他领域的竞争文化。

③ 徐士英：《竞争政策研究——国际比较与中国选择》，法律出版社 2013 年版，第 231 页。

（下限）与发展（进程）、垄断（上限）与反垄断（均衡）的文化。”① 尽管两个概念在表述上存在很大的差异，但二者的本质基本相同，只是研究的角度与层面有所不同。为了进一步理解与把握何谓“竞争文化”，笔者将在前述第一个概念的基础上对竞争文化的内涵与外延进行深入分析。

竞争文化主要是人们对竞争的观念和意识。市场竞争意识是竞争文化的基本内涵。如果市场参与者没有良好的市场竞争意识，竞争文化也就失去了其存在的底蕴。市场竞争意识是法律主体公平参与或积极创造并维护市场竞争活动秩序的内在自我要求与共性认识。它不仅直接影响有关主体的具体行为，而且还极大地影响着有关竞争规则和法律制度的产生进程和具体内容设计及其实施。因此，市场竞争意识对竞争文化的建设具有基础性作用。培育竞争文化在很大程度上归结于对人们市场竞争意识的培育。

竞争文化的外延比较广泛，总体来讲，主要覆盖以下基本范围：一是竞争法律制度，这里的竞争法律制度是指经过市场竞争意识催生的竞争法律制度和培育了成熟的市场竞争意识的竞争法律制度；二是竞争监督检查制度，它包括官方的竞争执法机制和社会大众对经营者违法竞争行为的控告与抵制；三是市场经济主体竞争，这里的竞争涵盖基本层面上经营者之间展开的公平竞争行为，也包括更高层面上经营者之间的和谐竞争行为。竞争文化外延是竞争文化内涵的客观表现，是市场竞争意识的物化表现。

竞争文化的内涵与外延的分析进一步展示了竞争文化的概念轮廓。结合前面两位研究者对竞争文化所作的定义，笔者认为：竞争文化是指在市场竞争意识作用下所产生有关市场竞争的现象总和。

---

① 王建平：《竞争——电信企业文化的主旋》，载《电信软科学研究》2004年第8期。

（二）竞争文化的普遍共同性特征分析

竞争文化的特征是竞争文化与其他文化如饮食文化、建筑文化、园林文化等比较而言所具有独特性的抽象概括。竞争文化的特征有多个方面，其中最为突出和最具有现实研究价值的就是竞争文化的普遍共同性特征。

所谓竞争文化的普遍共同性是指不同法域的竞争文化的内容并不因为其所处空间的不同而具有很大的差异性，而往往具有高度的一致性与通用性。例如美国的竞争文化与日本的竞争文化虽然在具体内容上有些许差异，但是两者绝大部分内容是基本相同的，都十分重视市场竞争机制并积极加以维护。竞争文化之所以具有这样的特征，是因为建立基础的客观同一性。市场机制是一种客观经济规律，它不因对象改变而发生根本性变化。因此，以市场机制为基础所产生的不同国家的竞争文化在本质与内容上是相同的，尽管其具体表现形式可能因为不同国家的不同国情而有所差异。

研究竞争文化普遍共同性特征的法律意义主要有以下两个方面：一是不同国家和地区可以相互借鉴竞争文化的内容与培育方式。例如德国在1957年以美国反托拉斯法为蓝本制定本国的《反对限制竞争法》、韩国借鉴日本竞争文化培育模式发展本国竞争文化。二是可以培育世界范围的竞争文化并以此推进WTO框架内统一竞争规则的制定与实施。实践中，有关国际组织和地区组织也正在为此积极努力采取各种措施。例如2000年9月25日在日内瓦召开的联合国贸易和发展第四次会议就将在多个国家和地区进行竞争文化的培育列入议程。欧盟也认为多边竞争法协议可以促进全球竞争法制的建立和竞争文化的培养。①

① 参见盛杰民、吴韬：《争论与分歧——关于WTO竞争政策谈判的分析与预测》，载王艳林主编：《竞争法评论》（第一卷），中国政法大学出版社2005年版，第20页。

（三）竞争文化与竞争法律制度关系辨析

受各种因素的影响，竞争文化和竞争法律制度之间的关系在不同国家和地区的具体表现有所不同。

在通常情况下，竞争文化自然孕育出市场竞争法律制度。“竞争文化形成的过程事实上就是市场经济走向成熟、竞争法制不断完善的过程。”① 在这种情况下产生的竞争法律制度，无论是在立法还是法的实施上，都具有较高的科学性与效率；而且该竞争法律制度还可以进一步醇化该国的竞争文化。值得指出的是，有竞争文化的国家并不一定必然存在竞争法律制度。例如虽然新加坡在 2004 年 10 月 19 日颁布《竞争法》之前没有专门调整竞争的立法，但它始终坚持自由市场经济，并认为竞争（包括国内竞争和国际竞争）是经济发展所必需的以及是健康的途径。② 对于现已存在竞争文化而是否有必要建立竞争法律制度这个问题，不同的国家和地区有不同的看法。例如香港在实施《竞争条例》以前认为其已有竞争文化而不需竞争法，欧盟不认为不需竞争法即可建立竞争文化。但从目前发展趋势来看，制定成文的竞争法已成为大多数国家的理想选择。香港竞争政策委员会也在 2003 年制定了可为评估香港整体竞争环境和界定违反竞争行为等提供客观基准的一套指引，并已于 2015 年 12 月 14 日正式实施香港《竞争条例》。

在很多国家和地区，竞争法律制度通常先于竞争文化而存在。在这种情况下，不是竞争文化孕育竞争法律制度，而是竞争法律制度培育了竞争文化。这通常发生在竞争法律移植的国家，最为典型的是日本。日本在 1947 年以美国反垄断法为蓝本制定了反垄断法，

---

① 徐士英：《中国竞争文化建设的路径探寻》，载《中国物价》2014 年第 1 期。

② 参见王先林：《WTO 竞争政策与中国反垄断立法》，北京大学出版社 2005 年版，第 35 页。

并以此为基础经过60多年努力终于培育出日本当前优秀的竞争文化。值得指出的是，竞争法律制度对竞争文化的培育并不是自发的，其培育过程的长短与成熟程度取决于政府对竞争文化重要性的认识与工作投入量。如果政府对竞争文化的重要性认识不到位，竞争法律制度不仅可能培育不出必需的竞争文化，而且其本身很可能因没有生存土壤而夭折，即法律移植失败。原因在于“形式上的竞争规则不能替代‘竞争文化’，竞争文化是竞争规则得以有效实施的保障”①。国内外历史经验和现实告诉我们：“发展市场经济不仅必须有健全的竞争立法和强有力的竞争执法，还必须培育良好的竞争文化。”② 这点对于我国市场竞争法律制度的建立与发展具有非常重要的现实指导意义。

但值得指出的是，从宏观的历史范畴来讲，竞争文化与竞争法律制度之间不存在“鸡蛋与母鸡之争”。竞争文化先于竞争法律制度存在，竞争法律制度是竞争文化发展的结果。后发国家对先发国家竞争法律制度的移植是对人类社会已经客观存在的竞争文化的肯定与认定，该行为结果将进一步促进竞争文化在世界范围内的传播与发展。

二、竞争文化的内容体系勾勒

虽然竞争文化有两种不同的发育方式，但是成熟的竞争文化内容是基本相同的。竞争文化内容总体上包括市场竞争意识和市场竞争意识外化产物两大部分。考虑到市场竞争意识在竞争文化中的主导性，我们在对竞争文化具体内容进行研究时，重点在于对市场竞争意识的系统分析，对于竞争文化的其他内容仅作必要的阐述。

---

① ［德］E.—J. 麦斯特麦克：《全球化中的欧洲竞争法》，载《环球法律评论》2003年第2期。

② 孔祥俊：《竞争法维护商业伦理和竞争自由的基本法》，载《法制日报》1999年9月9日第7版。

（一）政府营造有效的竞争环境

为了营造良好的市场竞争环境，政府及其有关部门无论是在潜在意识还是具体操作上，应落实以下三个方面的内容：

1. 积极推行科学的竞争型产业政策

当今世界，产业政策主要有两种类型：一是倾斜型的产业政策，二是竞争型的产业政策。所谓倾斜型的产业政策是指国家集中必要的资金、资源和技术力量，实行倾斜性投入和扶持以加快本国主导型产业的超常发展，力求以最小的成本和最大的速度达到缩短同发达国家之间的差距或者增强国际竞争优势的目的。① 这以 20 世纪 80 年代的日本最为典型。所谓竞争型的产业政策是指国家“强调要充分发挥市场的作用，为各类产业创造一种公平竞争的政策环境，使产业结构的调整顺应市场需求结构发展的趋势，让企业在市场机制作用下自觉地进行生产要素的优化组合和更新换代，尽可能不采取强制性的行政手段”②。这以美国最为典型。

在成熟的竞争文化中，政府首先要在宏观的产业政策上贯彻与落实市场竞争原则，积极推进科学的竞争型产业政策。宏观的竞争环境通常带动微观市场竞争机制的发展。诸多发展中国家的实践证明：在缺少科学的竞争型产业政策的宏观环境下，微观市场层面上的竞争通常是难以展开的，常常充斥着各种权力寻租现象和行政性垄断行为③，导致市场畸形发展。

2. 合理放松市场进入管制

虽然市场存在失灵的情形，政府有必要对市场进行适度干预。

---

① 参见漆多俊：《宏观调控法研究》，中国方正出版社 2002 年版，第 129 页。

② 李寿生：《关于 21 世纪前 10 年产业政策若干问题的思考》，载《管理世界》2000 年第 4 期。

③ 本书所称行政性垄断行为是指《反垄断法》第 5 章中的“滥用行政权力排除、限制竞争行为”。对于此概念，后文第三章第四节将有进一步论述。

但是现代经济学研究成果表明："在市场经济社会化的进程中，市场也经历着一个逐步发育与成熟的过程，当市场达到一定成熟的阶段，某些传统意义上的所谓市场缺陷可能就不再是缺陷了。一旦到了这一步，市场就会基于其先天的资源配置优势，在与政府干预的比较中占得上风。"① 从目前整个世界来看，市场自由化是一个非常显著的发展趋势。政府应该逐步放松对市场的管制。

政府放松对市场管制的核心在于放松行业的进入管制。取得市场准入资格是经营者参与市场竞争活动的必要前提。如果政府过度地对市场进入加以管制，那么经营者很难进入该行业。社会实践证明：政府不合理的进入管制导致很多行业因为参与竞争主体的不足而得不到充分的发展。例如 20 世纪 80 年代英国的电信行业，1983 年英国政府颁布了《双寡头垄断政策》，确立了 BP 和莫克瑞公司在固定电信业务的双寡头垄断竞争格局。但由于这种市场结构严重影响了英国固定电信的发展，因此仅在时隔八年的 1991 年，英国政府就决定结束这种局面，全面开放英国的国内长途和本地电信业务。②

3. 维护市场竞争环境

政府及其有关部门在创造出良好的宏观竞争环境后，还应该积极通过各种方法来维护这种良好竞争环境下所产生的微观市场竞争环境的持续存在。从目前世界各国实践来看，维护这种良好竞争环境的成熟做法是通过制定相关的竞争法律制度来规范经营者的市场竞争行为。因此，从这个意义上来讲，竞争法律制度通常是一个国家竞争文化的基本组成部分。

在成熟的竞争文化中，法律制度不仅对经营者提出了诸多的法律要求，同时也要求政府及其有关部门不得从事行政性垄断行为。

① 顾功耘主编：《经济法教程》（第三版），上海人民出版社 2013 年版，第 32 页。

② 参见杨永忠：《自然垄断产业有效市场研究》，经济科学出版社 2004 年版，第 60 页。

行政性垄断行为是指行政机关或其授权的组织滥用行政权力实施限制竞争的行为，它可分为地区封锁、部门垄断、强制交易、强制联合限制竞争等具体类型。由于“行政性垄断既不会促进竞争进一步扩展，也无法将竞争引向高级化，它始终与竞争处于一种对抗的、此消彼长的紧张状态。因此，在行政性垄断与竞争之间永远找不到经济垄断中垄断（结构）与竞争那样的合题”①，行政性垄断造成了市场竞争机制实质性的损害。所以，政府及其部门应清醒地意识到行政性垄断行为对市场的影响，并自觉地依法定权限和程序行使对市场管理的权力，不从事法律禁止的行为。

（二）经营者维持有序的市场竞争

经营者的良好竞争意识与竞争行为是竞争文化的核心内容，它在很大程度上直接代表着一个国家竞争文化的发展水平与程度。

1. 保持市场竞争的存在

竞争是市场的灵魂，没有竞争市场也就失去了发展的动力。因此，保持市场存在竞争是竞争文化对经营者的基本要求。根据主观意识和与具体行为的差异，可以将经营者对市场竞争的维持分为两大类：

第一，积极型。积极型是指当特定范围内的竞争对手遭遇到经营上严重困难而即将可能被市场淘汰出局的情况下，经营者主动采取各种措施帮助竞争对手渡过市场难关，使其可以继续参与市场竞争活动，从而保持相关市场存在竞争活力。积极型维护市场竞争既不是一种法定义务，也不是一种道德层面上的义务，而是经营者对竞争自我认识升华而产生的更高层次社会价值取向的表现，因为积极型本身不存在任何的强加义务以及现代市场竞争日趋激烈，所以

---

① 参见郑鹏程：《行政垄断的法律控制研究》，北京大学出版社2002年版，第104～105页。

这类情形在市场实践中出现得比较少，但并不能否定其存在，我国现实生活中就存在这样的真实案例。①

第二，消极型。消极型是指经营者不从事反垄断法律制度所禁止的垄断行为，从而保持市场存在竞争情形。笔者所指的垄断行为仅包括：①限制市场竞争协议行为。限制市场竞争协议是指企业通过订立合同、协议或者其他方式与具有竞争关系的其他企业共同为限制或者排除市场竞争的行为，其具体表现形式是多样的。②滥用市场支配地位行为。滥用市场支配地位是指企业凭借已经获得的市场支配地位，对市场中的其他主体进行不公平的交易或者排挤竞争对手的行为，其具体表现形式也是多种多样的。消极型是对市场竞争维护的最低层次，具有强制性。

2. 正当参与市场竞争

经营者不仅要保持市场存在竞争，而且还要正当参与这种市场竞争活动。正当参与市场竞争活动就是要求经营者不从事法律所禁止的不正当竞争行为，即经营者不得为了争夺市场竞争优势而违反法律和公认的商业道德，采用欺诈、混淆等手段扰乱正常的市场竞争秩序并损害其他经营者和消费者的合法利益。虽然不正当竞争行为并没有像垄断行为那样直接破坏市场结构，但由于其可能发生在几乎所有的领域，是大量存在、经常出现的商业现象，这可能使市场经济规律无法发挥作用，对经济秩序造成严重破坏，甚至从根本上动摇一个国家市场经济的基础，因此其危害性也是不容低估的。

由于不正当竞争行为在现实生活中纷繁复杂、形式多样，所以大多数国家的反不正当竞争法在适用对象上采取复合立法体例。一方面通过概括性条款来覆盖可能出现的各种不正当竞争行为；另一方面通过列举式条款有针对性地对某些危害特别严重或者经常出现

① 参见《温州客义卖救老乡》，载《青岛早报》2004 年 11 月 6 日第 A7 版。

的行为作出规定，例如仿冒混淆行为、虚假广告行为、商业贿赂行为、侵犯商业秘密行为、不当有奖销售行为等。因此，经营者在市场竞争活动中，无论是在意识上还是在具体行为上，不仅要遵守有关具体规定，还应积极贯彻有关原则性规定。

3. **适度展开竞争**

虽然竞争是市场经济的基本要义，但是竞争并不是最终目的。现代社会强调竞争的反垄断政策的主要着眼点是“增进效率”①。社会实践证明，过度的市场竞争也可能是非效率的。所以有的专家在探讨我国电信行业改革时指出：“一定要引入竞争，但引入的不能是完全竞争，而是适度竞争、有效竞争”。②

适度竞争要求经营者做到以下两个方面：一是与竞争对手展开适度竞争，避免两败俱伤局面的出现。为了防止恶性市场竞争行为，有的国家专门出台了相关法律来调控市场竞争程度。例如法国政府规定，在一定的幅射区域内不能同时开 2 个大型超市；一个连锁企业不能在同一区域开 3 家以上的店铺。二是经营者适度促进上下游企业之间的竞争。传统的上下游企业之间的关系虽然能使采购企业节约成本费用，但却隐藏着很大风险，比如供货质量参差不齐、主要的供应商因价格竞争过度而破产等，所以 20 世纪 90 年代，越来越多的企业开展了供应商营销。③

（三）竞争执法机构积极执法

市场秩序规制法的适用是以被规制对象行为发生偏差为前提的，这决定了竞争执法制度在整个竞争法中的重要地位。竞争执法机构

---

① 文学国：《滥用与规制——反垄断法对企业滥用市场优势地位行为之规制》，法律出版社 2003 年版，第 1 页。

② 宁南、王晓玲、王强、袭祥德：《中国改革走到三岔路口》，载《商务周刊》2004 年第 16 期。

③ 参见郭国庆：《市场营销学》，武汉大学出版社 2004 年版，第 110 页。

的积极执法不仅是竞争文化的重要组成部分，而且也是培育和发展竞争文化的重要途径与方式。

1. 严格规制经营者损害市场竞争秩序的行为

竞争执法机构的执法主要有以下三个方面内容：一是查处本国境内违反法律绝对禁止的经营行为，例如虚假广告宣传。二是对本国法律并不绝对禁止的经营行为进行定性审查并作出合理的决定，例如对限制竞争协议进行分析并决定其豁免情况。三是合理行使域外管辖权，例如对影响到本国市场竞争的跨国公司的合并合理行使反垄断法管辖权。

科学竞争执法应该同时做到以下七点：一是依法履行法定职责；二是依法定权限执法；三是依法定程序执法；四是明确执法标准与细则；五是不滥用行政自由裁量权；六是保持执法整体过程高度透明化；七是保障执法效率。

2. 积极披露与制止有害于市场竞争的政府决策

虽然“竞争政策是产业政策的基础与起点，产业政策是竞争政策的辅助和补充，二者的目的都是为了实现资源的合理配置”①，但是竞争政策与产业政策在特定的领域与时间往往发生分野。当产业政策与竞争政策分野比较大时，竞争执法机构应该认真审视产业政策的科学性。如果产业政策部门推出的产业政策缺乏科学性与合理性并严重影响市场竞争，那么竞争执法机构应该通过各种途径积极向社会公众披露该产业政策对市场竞争的危害，并采取合理的方法来制止影响市场竞争的产业政策或政府行为的继续实施。在这方面，日本的公正交易委员会做得比较好。

值得指出的是，有些国家产业政策与竞争政策融合得比较好，在很大程度上淡化了两者的区别。例如美国，1984 年 9 月，美国

---

① 吕明瑜：《以科学发展观指导中国竞争法政策目标的选择》，载《河南省政法管理干部学院学报》2005 年第 5 期。

《经济问题杂志》写道："一个世纪以来，反托拉斯法已成为美国的一项具有连贯性的政策。它被用来改善产业的行为——这是我们唯一的产业政策。"① 这得益于美国传统优良的竞争文化氛围。

3. 积极宣传与完善竞争法律制度

狭义上的竞争执法仅包括对违法行为的监督检查行为，广义上的竞争执法还包括对竞争法律制度的宣传。对竞争法律制度的广泛宣传可以为公众提供理解竞争政策的机遇与平台，使他们领悟到竞争执法所能带来的好处，从而为竞争执法提供良好的环境。有的国家甚至还将对竞争法的研究与完善纳入竞争执法机构的法定职责范围，例如瑞典。瑞典的执法机构是竞争局，隶属于瑞典工业、就业与交通部，但它是独立的机构，执法过程不受任何部门的干预。竞争局的职责是：①负责实施竞争法；②提出修改竞争法律的建议；③宣传竞争文化；④促进研究。然而，虽然瑞典将对竞争文化的宣传纳入执法机构的法定职责范围内，宣传竞争法律制度与宣传竞争文化在很大程度上具有一致性。但两者也存在一定的差异，如相较于后者，前者所涵盖的范围相对狭窄。

（四）消费者超然否定经营者损害市场竞争秩序行为

消费者是市场的有机组成部分，消费者的意识形态与行为表现是竞争文化不可缺少的部分。在一个成熟的竞争文化中，消费者应具备以下意识并积极践行。

1. 通过合法途径主张消费者权益

在日常生活中，经营者侵害消费者合法权益的情形经常发生，例如具有市场优势地位的企业在向消费者提供产品或者服务时搭售和附加不合理的交易条件。为保护消费者的合法权益，大多数国家

---

① Robert Solo, Industrial Policy, 18 *Journal of Economic Issues* 697 (1984), p. 698.

制定了专门的消费者权益保护法，明确规定了消费者的基本权利。因此当消费者在自身合法权益受到侵害时，可以而且应该积极通过下列途径寻求救济：①与经营者协商和解；②请求消费者协会调解；③向有关行政部门申诉；④根据与经营者达成的仲裁协议提请仲裁机构仲裁；⑤向法院提起诉讼。考虑到消费者与经营者之间的力量悬殊问题，很多国家还成立了消费者组织，支持消费者保护运动。消费者在权利受到侵害时，应该合理利用这些资源保护自身权利。这是竞争文化对其最低层次的要求。

2. **积极举报经营者违法竞争行为**

虽然消费者与经营者是市场经济中两大利益对立集团，但是特定的侵权行为所涉及的对象并不具有对称性。按照竞争文化的内涵要求，受到侵害的消费者应通过相关途径积极主张权利，未受到侵害的知情消费者最理想的表现是积极举报相关经营者的违法行为。例如特定的自然人知道某个经营者在制造伪劣产品，虽然该自然人及其家属或者相关利害关系人不会使用该伪劣产品，但其最理想的表现不是持漠视态度，而是通过各种途径积极举报经营者不法行为，使该经营者的不法经营行为所产生的后果得到及时的阻止和控制。为了培育消费者这种良好的竞争文化，很多国家建立了消费者举报激励机制，不仅在相关法律中明确规定消费者有权检举、控告侵害消费者权益的行为，有的还规定了举报奖励办法。

3. **拒绝实施不正当竞争行为的经营者提供的产品**

在市场营销学理论中，消费者总和等于市场。如果经营者的行为或者产品得不到消费者的认可与支持，那么这些企业也就失去了在市场上立足的空间。因此，消费者如果能够放弃自身短期的利益而坚决抵制有害于市场竞争秩序的所有经营者的违法行为，那么不正当竞争现象也将不复存在。消费者拒绝实施不正当竞争行为的经营者所提供的产品或服务是竞争文化高度发达的表现。实践中，由于各种利害关系的影响，很少国家的竞争文化能达到这种程度。在很多国家和地区，大量存在消费者购买明知道是仿冒或仿造名牌商品的现象。这就为各种不正当竞争行为提供了滋生的土壤与繁衍的空间。

以上是竞争文化在理论上所应涵盖的内容，具有高度的系统性。但在社会实践中，由于受到各种因素的影响尤其是社会生产力发展水平的制约，包括美国在内的所有国家的竞争文化都尚未涵盖我们前面所阐述的理想状态所应具备的内容。当前市场经济比较发达的国家所客观存在的竞争文化都有不同程度的残缺。虽然理论与实践常常存在一定的差距，我们可能无法培育出完整的竞争文化，但是竞争文化的存在与否和竞争文化发展程度是个“质”的问题，它直接影响一国市场的健康发展。因此，各国政府所要做的是如何建立并在可能性条件下完善本国的竞争文化。

三、竞争文化的社会价值分析

竞争文化价值分析是研究竞争文化对一个国家发展所起到的积极作用与促进程度。理论研究与发达国家的实践表明，良好的竞争文化不仅能够有效地推动一个国家市场竞争法律制度的建立与完善，还可以促进经济的发展与社会的全面进步。

（一）竞争文化的法律价值

竞争文化的价值首先表现在竞争文化对一个国家市场竞争法律制度的建立与完善以及法律有效实施的促进作用上。

1. 立法价值

竞争文化对竞争法律制度的产生具有重要的影响，具体来讲，有以下三个方面内容：

第一，孕育竞争法律制度。意识往往先于制度存在，制度通常是意识成熟的产物。竞争法律制度不是天然存在的，它是人类社会对市场经济认识不断深化的结果。竞争文化在其自身形成与发展过程中逐步孕育了竞争法律制度。1890 年在“除了授予建筑、铁路用地，通过移民地法，建立邮政系统和一些其他措施外，政府在经济领域几乎是无所作为的”① 的自由竞争文化环境中，美国诞生了人类社会第一部反垄断法。从此，伴随着美国竞争文化的传播与世界其他国家竞争文化的不断形成，谢尔曼法不断被移植与发展。竞争文化与竞争法律制度也进入了相互促进的良性循环状态。

第二，保障立法科学性。竞争文化是社会对市场规律的把握，它能够有效地保障竞争法律制度立法本身的科学性。到目前已有一百多年历史的谢尔曼法仍然能够保持强大生命力的原因就在于其本身立法的高度科学性，而这种高度科学性恰恰得益于孕育它的美国早期相对比较成熟的竞争文化。为了保障市场竞争法律制度立法的科学性，对于缺少竞争文化的后发国家来讲，与其闭门造车，不如移植先发国家成熟的内容。

第三，使立法成本最小化。竞争法律制度的制定本身就是一项巨大的社会工程，必然存在成本问题。竞争法律制度的立法成本大小与竞争文化的存在与否以及成熟度具有密切的关系。通常来讲，成熟竞争文化所孕育竞争法律制度的成本相对较低；而在缺少竞争文化环境下，单独制定或者直接移植竞争法律制度的成本很高。最典型的例证就是我国反垄断法立法成本。虽然我国早在 1987 年就成立了反垄断法起草小组，但由于缺少竞争文化氛围，反垄断法的制定工作存在种种阻力②，这导致我国反垄断法在经过 20 多年的漫长立法过程并且付出巨大的经济成本后才出台。

---

① George C. Lodge，*Perestroika for America*：*restructuring U. S. business – government relations for competitiveness in the world economy*，Boston：Harvard Business School Press，1990，p. 129.

② 参见王晓晔、［日］伊从宽主编：《竞争法与经济发展》，社会科学文献出版社 2003 年版，第 182 ~ 185 页。

2. **法的实施价值**

竞争文化对与市场竞争法律制度有关的执法、守法和相关纠纷的审判具有一定的积极意义。

第一，促进竞争执法科学化与效率性。在良好的竞争文化熏陶下，竞争执法机构通常会严格依照相关法律的授权和程序对有害于市场健康发展的所有行为进行规制。这在基本层面上保证了竞争执法机制的科学性。在保证竞争执法科学性的前提下，实现执法效率的最大化成为必然的追求目标。执法效率的高低依赖于竞争执法主体在法律允许范围内主观积极性的发挥程度。如果执法者能积极主动地调查并处理违法行为，执法效率通常就会比较高；反之则执法效率低下。竞争文化通过对竞争执法者意识的培养来提高其执法主观能动性，从而为提高竞争执法效率奠定基础。

第二，降低守法成本。根据法理学研究，守法可以分为三个层次，即“守法初级层次、守法中级层次和守法高级层次”①。不同层次的守法，其成本也有所不同。在缺少竞争文化的环境下，经营者对市场竞争法律制度的遵守通常是处于初级层次。这种情况的守法成本通常很高，原因在于，守法主体出于对法律的畏惧而自动缩小其行为和活动的范围。例如，虽然反不正当竞争法禁止仿冒行为，但由于“模仿是创新的基础，人类社会的发展离不开对前人的模仿”②，法律并不当然地禁止所有模仿行为；然而，很多经营者由于担心经营行为构成仿冒行为而放弃应有的模仿机会。这实质上是以牺牲科学技术创新为代价来换取对法律的遵守，成本是相当惊人的。在存在良好竞争文化的环境下，守法主体对竞争法律制度的认识有所深化，因此可以在一定范围内实现守法与合理运用权利的有效结合，使得相关守法行为成本最小化。

---

① 徐永康主编：《法理学》，上海人民出版社2003年版，第332页。

② 顾功耘主编：《经济法教程》，上海人民出版社2002年版，第272页。

第三，推动相关司法工作发展。司法作为社会正义的最后防线，在竞争法的实施中具有非常重要的地位。竞争文化是影响竞争法制司法工作的重要因素之一，其存在与否在很大程度上直接影响竞争法制的司法效果。在存在良好竞争文化的西方国家，“一般侵权行为条款中的几个词句，可能是形成一种有效的不正当竞争法制度的足够依据”①，这是司法审判采取积极竞争政策的结果。而“反观中国社会中公用企业优势地位的滥用和行政垄断的泛滥成灾，我们不能不说中国司法审判机关的消极和对垄断地位的取得及优势地位的滥用的不作为，使中国反垄断法规范成为“没有牙齿的怪物”，客观上助长了垄断，破坏了司法统一的基础”。②

（二）竞争文化的经济价值

经济价值是竞争文化价值的深层次内容，它展示了竞争文化对人类社会经济发展所做出的贡献。

1. 内在推动社会财富增长

竞争是市场的灵魂，是社会发展的动力。社会发展实践证明，竞争文化通过市场竞争机制有效地推动人类社会财富的快速增长。

第一，封建社会与资本主义初期的比较。在封建社会，受君主专制等因素的影响，市场竞争机制受到严重的抑制与破坏，这导致了漫长的封建社会长期处于生产力发展水平低下的历史局面。16 世纪至 17 世纪，资产阶级崛起并登上政治舞台，随之西方国家进入了资本主义社会。在以亚当·斯密、萨伊等人为代表的古典经济学派的无形之手理论的影响下，市场竞争机制得到了极大的发挥。这使得“资产阶级在它的不到 100 年的阶级统治中所创造的生产力，比

---

① 郑友德、田志龙：《反不正当竞争法世界现状分析》，载《知识产权》1994 年第 4 期。

② 王艳林：《中国经济法理论问题》，中国政法大学出版社 2001 年版，第 90 页。

过去一切世代创造的全部生产力还要多，还要大”①。社会生产力得到了极大的发展。

第二，20世纪50年代前后的西方国家的比较。20世纪上半叶，资本主义本身存在的矛盾与市场失灵给资本主义社会带来了三次毁灭性的打击，即两次世界大战与1933年资本主义的经济危机。到20世纪40年代中期，包括英国、德国、法国、日本等众多资本主义国家已经是一片废墟。但在市场竞争机制的作用下，这些资本主义国家在短短的几十年间不仅恢复了正常的社会秩序，而且在经济方面还有大幅度的发展与进步。例如到20世纪90年代初，德国在经济发展方面取得惊人成绩，跃居世界资本主义第二经济大国。德国西门子公司副总裁兼首席经济学家史泰杰在参加博鳌亚洲论坛时指出：“德国在二战后迅速崛起的成功经验就是引入市场竞争观念，以开放市场获得经济增长，以大型企业和中小企业共同合作的方式在国际市场上赢得竞争”。②

第三，经济转型国家前后发展的比较。在社会化大生产的条件下，资源配置方式主要有计划经济和市场经济两种。虽然计划经济与市场经济本身各有优点与缺点，但苏联的历史实践证明：因计划经济中存在着人为过度干预市场的缺陷，纯粹或者以计划为主的经济模式最终是行不通的。因此，很多发展中国家根据国内外的发展要求逐步建立了以市场经济为主、政府适度干预为辅的资源配置模式。在市场经济环境中，由于竞争机制的刺激作用，很多经济转型国家取得了举世瞩目的成果，最为典型的就是中国。改革开放近40年以来，我国经济逐年快速增长。39年前，中国国内生产总值为3678亿元，2016年已达到744127亿元。39年前，中国进出口贸易

① 中共中央马克思恩格斯列宁斯大林著作编译局编：《马克思恩格斯选集》（第1卷），人民出版社1995年版，第277页。

② 《博鳌专递用知识的力量铸造竞争力》，http：//finance. sina. com. cn/roll/20020414/194733. html，访问日期：2014年12月8日 。

总额为355亿元，2016年已达到243386亿元。39年前，中国外汇储备为1.67亿美元，2016年已达到30105亿美元。目前，我国是世界上实体经济的大国，是世界第二大经济体。

2. 外在最大限度减少社会资源浪费

系统内外的协调是社会发展的最终保障。竞争文化通过对竞争机制的科学校正保证了人类社会在发展过程中社会资源浪费的最小化。

第一，制约投入成本。市场竞争机制就是指以价格为唯一信号、促进资源优化配置的经济机制。因此，“价格在市场机制中起着基础性的作用”①。经营者为了取得市场的认可，必须严格控制产品的成本；如果经营者无法最大程度地利用有限的资源，将面临被市场竞争所淘汰的厄运。所以，市场竞争机制能够在最大程度上保证社会发展投入成本的最小化。值得指出的是，市场竞争机制的影响范围并不仅仅局限于微观企业，还波及到国家和人类发展的宏观层面。例如，很多发展中国家提出了经济增长方式要从粗放型向集约型转变；再如，1985年第15届联合国环境署理事会在《关于可持续发展的声明》中提出了可持续发展的人类社会发展新理念。

第二，减少竞争及其创造的财富之间的抵消。虽然竞争是创造社会财富的源泉，但是竞争必须适度。过度的市场竞争在创造社会财富的同时往往也在造成人类有限资源的浪费，例如“过度的竞争会使消费者无所适从，在选择商品时花费太多精力和财富，并可能带来资源的浪费”②。这在很大程度上降低了竞争机制的经济价值。为了提升和保障市场竞争机制在社会财富创造中应有的作用，很多国家相关法律在强调市场竞争机制重要性的同时还对特定领域的市场可竞争程度作了适当的调整与控制，具体措施有很多，如设立严

---

① 顾功耘主编：《经济法教程》，上海人民出版社2002年版，第203页。
② 顾功耘主编：《经济法教程》，上海人民出版社2002年版，第257页。

格的产业进入管制、建立反垄断法的豁免制度和控制企业设立终端销售的密集程度等。

第三，减少不正当竞争在社会发展中的负面影响。虽然在某种意义上讲，不正当竞争行为也可以创造社会财富；但社会实践证明，各种各样的不正当竞争行为最终导致社会竞争机制的崩溃。最为典型的例证就是仿冒行为。尽管仿冒者也生产含有一定价值的产品，本身也含有创造社会财富的内容；然而仿冒行为属于传播虚假信息行为的本质会造成诚实经营者在付出巨大的代价后却得不到补偿、仿冒者不劳而获和消费者因为难以区分相关商品的真假而拒绝消费等不良后果。这会严重影响市场竞争机制的健康发展。为了减少各种不正当竞争行为对社会发展的负面影响，很多国家不仅通过法律禁止不正当竞争行为，而且还通过竞争文化培育良好的商业道德以从最深层次上来防范和减少各种不正当竞争行为的出现。

（三）竞争文化的社会价值

社会价值是竞争文化的终极价值，它是对竞争文化法律价值与经济价值在社会发展过程中所产生的综合积极效应的概括与总结。

1. 社会发展硬件促进价值

物质是世界的本源，无物质即无人类。物质条件是社会存在的基础，物质内容的丰富与质量的提高是社会发展的绝对标志。离开物质水平的进步来谈一个国家或者社会的发展是无任何实质意义的。因此，无论是现代哲学还是其他学科，都十分强调物质的基础性地位。

竞争文化存在的终极价值就是促进人类社会物质水平的不断提高，它通过竞争传导机制来完成。竞争表象上是一种资源的争夺，但本质上它是一种社会创新的激励机制。参与竞争的利益主体为了在特定资源的争夺中取胜，必须尽量做到“他无我有，他有我优”；而达到这种状态唯一的方法就是保持技术的不断创新与革命。社会发展实践证明，个体的技术发明与创新在最终效果上可以普遍惠及整个人类社会。也正是如此，科学技术的不断创新与进步造就了人类社会目前较为发达的物质文明。而现行的物质水平又为社会的进一步发展奠定了坚实的物质基础。

2. 社会发展软件完善价值

虽然物质对意识形态具有决定性的基础作用，但是意识形态对物质也有一定的反作用。物质与意识的辩证关系要求各国在发展经济的同时，必须采取各种措施来积极推进精神文明的建设，以实现社会硬件与软件的平衡发展，保证本国社会的稳定。

竞争文化不仅能够有效地推动一个国家的经济发展与科学技术的进步，而且对一个国家相关的精神文明建设同样具有非常重要的意义。首先，竞争本身就是一种积极向上的精神风貌，它能够驱动个体自发地努力与进步，有效克服懒惰的本性导致的沉沦堕落倾向；其次，由于正当竞争的要求本身不仅涵盖了法律公平与正义等具体化标准，而且还包含了部分道德因素。因此，它不仅有利于法律制度本身的建设，而且还能够培育出更高层次的商业道德。再次，适度竞争的意识能够创造出和谐高效的社会。在竞争文化中，竞争是一种适度有效的竞争。无论是过度的竞争还是不正当的竞争都可能导致社会发展秩序紊乱，人类社会的两次世界大战就是最好的佐证。从某种程度上讲，现代人类社会最迫切需要的是和谐与安宁，而不是恶性的竞争。因此，适度竞争对于现代社会的发展具有非常重要的指导价值。有学者指出，“竞争文化的内涵与和谐社会本质上是完全一致的，没有成熟的竞争文化，就不可能有和谐的社会建设，反之亦然，社会不和谐，竞争必然是低效的、不公平的”①，其道理亦在于此。

---

① 徐士英、应品广：《竞争文化的培育和发展——从日本竞争主管机关竞争执法、竞争推进谈起》，载《江苏大学学报（社会科学版）》2011 年第 5 期。

第三节　竞争文化的培育与反垄断法实施环境的改善

竞争文化的价值分析表明了竞争文化在市场经济发展中的重要地位。培育与发展良好的竞争文化成为现代市场经济国家的必然选择。

一、发达国家竞争文化的培育路径

竞争文化不是从来就有的，它都有一个产生与发展的历史过程。根据产生基础与形成方式的不同，可以将当前世界发达国家的竞争文化发育模式分为以美国为代表的内源式、以德国为代表的半内源式和以日本为代表的外源式三大类。研究发达国家竞争文化形成的过程对于后发国家竞争文化培育工程具有非常重要的参考价值与指导意义。

（一）竞争文化内源式

竞争文化内源式是指社会在发展过程中逐渐自发形成了有关市场竞争的良好意识形态，并在此基础上催生出相关成文法律制度或社会政策，从而为市场经济发展提供良好外在环境的一种历史演进过程。这种模式以美国最为典型。

1. 美国竞争文化产生的基础

美国是个移民国家，早期的移民主要来自欧洲大陆。这些原欧洲人不辞辛苦飘洋过海前往现在美国的重要原因之一便是逃避当时欧洲的封建专制与宗教压迫。尽管封建主义从未在美国出现过，但早期移民及后来美国建国初期的那些政治家们还是非常担心，害怕出现欧洲的那种旧秩序。所以，早期的美国人强烈地“将自由的共和体制作为管理程序的重要原则，并在此基础上发展出一个民间而非国家的对各个体价值的关怀，使得社会在自由的基础上维持了延续和一致"①。这种强烈的政治自由意识造就了经济自由。美国在市场经济的发展过程中，自由竞争的原则一直居于社会理念的主导地位，并为人们所普遍遵奉，政府很少对市场经济的运行进行大范围的干预。② 这些都为美国的竞争文化的形成与发展提供了良好的意识基础。

2. 美国竞争文化的形成

虽然英国早在17世纪初就以判例的形式确立了"限制贸易应受到谴责"的法律原则，但受到封建主义或重商主义的影响，18世纪英国法院继续保障企业免于竞争造成的伤害。美国法院在吸收"限制贸易应受到谴责"法律原则的基础上，对英国法院所创设的对市场竞争产生制约影响的有关规则作了较大突破。例如在1794年Merimack案中，马萨诸塞州民事法庭就打破英国确定的"授予普通承运人的特权必然意味着排除所有竞争的权利"的惯例，采纳了原告桥梁公司的"被告应当承受不是因为任何伤害行为或者不法行为给它造成的损害"③ 的辩护意见。法院对竞争的肯定极大地促进了美国经济的发展。

19世纪以后，伴随着经济的飞速发展，各种不正常的竞争现象开始出现。除了法院动用传统的普通侵权法资源来打击不正当竞争行为，很多州开始逐步制定专门的法律来制止、限制市场竞争行为。但到19世纪后半叶，美国政府面临的最大威胁却是自由竞争所造成的垄断。在1870年至1879年间，仅洛克非勒一家公司就兼并了14家石油公司，并控制了另外26家石油公司的多数股票，从而把美国

---

① 张旺：《美国多元主义政体成因探析》，载《南京师范大学学报》2002年第1期。

② 参见于雷：《市场规制法律问题研究》，北京大学出版社2003年版，第46页。

③ ［美］莫顿·J. 霍维茨：《美国法的变迁1780—1860》，谢鸿飞译，中国政法大学出版社2004年版，第177页。

石油生产90%的市场份额集中到了自己的手中。这些大企业一方面采取各种不正当手段打击、排挤中小企业；另一方面采取各种手段侵害消费者的合法权益。这激起了美国民众的不满，各种抗议此起彼伏。在这一背景下，1890 年美国讨论通过了资本主义第一部反垄断法《谢尔曼法》。1914 年，美国通过了《联邦贸易委员会法》与《克莱顿法》两部法律，1930 年通过了《罗宾逊—佩特曼法案》，它们与《谢尔曼法》共同构成了美国反垄断法的基本内容。这些法律的出现标志着美国竞争文化的初步形成。

3. 美国竞争文化的发展与传播

20 世纪 30 年代后，美国的竞争文化在本土范围内有了长足的发展。这集中表现在两个方面：一是竞争立法不断完善。从 1938 年到 1980 年，美国先后通过了 1938 年的《惠勒—李法案》、1974 年的《反托拉斯诉讼程序和惩罚法》，1975 年的《马格纳森英斯联邦贸易委员会改进法》，1976 年的《哈特斯各特鲁迪南反托拉斯改进法》，1977 年的《禁止对外贿赂法》，1980 年的《联邦贸易委员会改进法》等，这使美国整体的竞争法律制度更趋完善。二是相对严格的竞争执法。例如 1960 年，美国通用电器公司和其它重要电器厂商的秘密定价活动被揭露后，公司的高级职员中有些锒铛入狱，有些被罚巨款；1984 年 1 月 1 日美国司法部正式分拆了 AT&T；20 世纪末的微软案件也是一个很好的例证，“微软以自己的实力损害了一种机制，一种能让更多的微软诞生的机制，那就是市场经济公平自由竞争的机制。正是这种机制造就了微软，美国人可能还想有更多、更大的微软，基于这种观念，忍痛牺牲一个微软也就没什么可惜的了”。①

二战以后，美国的竞争法律制度尤其是反垄断法在世界范围内得到了广泛的传播。传播途径一般有两种：一是强制式推行相关竞

① 王先林：《知识产权与反垄断法》，法律出版社 2001 年版，第 14 页。

争法律制度，例如美国对日本和德国的经济体制和法律制度的改造；二是法律移植，这多数表现为发展中国家积极采取各种措施借鉴美国相关的竞争法律制度内容来建立健全本国的立法。从某种意义上来讲，美国竞争法律制度的广泛传播也是美国竞争文化发展的重要组成部分，它推动了竞争文化在更广范围内的弘扬，对各国和世界市场竞争秩序的健康发展具有重要的现实意义。

（二）竞争文化半内源式

竞争文化半内源式是指社会虽然存在一定的自由竞争意识的基础，但是由于受到各种因素的影响和制约，其未能在该意识基础之上独立孕育出竞争法律制度，而是借助一定的外在力量来完成的历史演变模式。这种模式以德国最为典型。

1. 德国竞争文化的产生基础与制约因素

德国作为古老欧洲的重要成员之一，本身浸透着自由主义的思想。希汉（J. J. Sheehan）在《十九世纪的德国自由主义》一书中，把1770—1847年确定为德国自由主义的起源时期。19世纪初期法国大革命以来的自由主义政治思想对德国的影响日盛。鉴于数千年专制统治的惨痛教训，德国新兴的资产阶级政治家、思想家和法学家极力反对君主专制的统治制度，大力推行自由主义。这种自由主义思潮的兴起，为德国竞争文化的最终形成奠定了意识基础。这也是德国在其市场经济发展的早期阶段奉行古典自由主义经济理念的重要原因。①

竞争作为一种观念和价值，是自由主义“观念家族”中的重要一员。它同自由主义的发展历程难解难分，并受着自由主义传统和制度的影响。在19世纪上半叶，自由主义的政治和经济观念被英法

---

① 于雷：《市场规制法律问题研究》，北京大学出版社2003年版，第49页。

两国的思想和经验所吸收，而在德国的土地上，它们依然处于边缘。加之日耳曼国家独裁专制、对于自由主义所追求的政治和社会结构变革大都不表欢迎的特点，在19世纪的德国，这些传统和制度从未像它在英国或法国那样获得广泛而深切的尊重。因此，德国的自由主义的根基比较脆弱。① 这在很大程度上影响和制约了德国竞争文化的产生。

2. 德国竞争文化的形成

在古典自由主义经济哲学的影响下，德国起初长期奉行自由竞争的竞争政策和原则。为了规范当时日趋混乱的竞争秩序，德国早在1896年就制定了世界上第一部专门的反不正当竞争法。垄断作为自由竞争的必然结果之一，自然也不可避免地出现在德国社会经济生活的各个领域，并逐步威胁、阻碍乃至破坏自由竞争的市场机制。因此，德国1923年以传统的自由主义经济理论为指导，制定了一部反垄断法——《卡特尔条例》，授权有关部门对滥用经济强权的行为进行追诉。然而由于第一次世界大战的影响，该条例并未实际发挥作用。其后不久，纳粹党上台执政，利用德国悠久的普鲁士军国主义和国家主义传统，将德国社会迅速纳入国家统治轨道。德国竞争文化发展受到了严重的阻碍。

二战以后，在英美联军的强制管理下，德国逐步摆脱了传统的束缚。以著名经济学家路德维希·艾哈德为核心的新自由经济学派领导的西德政府极力主张抑制卡特尔等垄断行为，在“自由+秩序”的基础之上重建德国经济。1957年，德国以美国反托拉斯法为蓝本，制定了《反对限制竞争法》。该法律的颁布，标志着德国竞争文化的基本形成。

---

① ［美］戴维J. 格伯尔：《二十世纪欧洲的法律与竞争——捍卫普罗米修斯》，冯克利、魏志梅译，中国社会科学出版社2004年版，第92页。

3. **德国竞争文化的发展与传播**

在“自由+秩序”的基础上，重建德国经济成为此后历届政府的基本理念。在这种社会市场经济政策强制推动下，从1965到1998年，德国议会先后对《反对限制竞争法》进行了六次修改，加强了对企业滥用市场支配地位行为的监督，增加了有关企业合并的控制规则，并逐步缩小了卡特尔例外适用的范围。同时，为了适应经济发展和保护消费者的需求，德国先后多次修订了《反不正当竞争法》，其中1986年5月和7月对有关条款进行了较大幅度的修改、增补与废除。另外，德国还颁布了新的相关配套法规如《关于附加赠送物品条例》、《折扣法》等。不断健全的竞争法律制度大大促进了德国竞争文化的发展。德国联邦卡特尔局局长奥尔夫·博格指出，竞争管理机构在执行竞争法时，应该做竞争的拥护者，通过适当的竞争倡导创造和维持竞争文化。

德国作为大陆法系国家的重要成员之一，其竞争文化也对其他国家产生了重要的影响。例如，日本为了适应加入《保护工业产权巴黎公约》的需要在1934年颁布实施的《不正当竞争防止法》就是以德国的《反不正当竞争法》为蓝本而制定的。

（三）竞争文化外源式

竞争文化外源式是指社会在缺少自由竞争意识的情况下，移植先发国家竞争法律制度并以此为基础培育出本国竞争文化的一种发展模式。这种模式以日本最为典型。

1. **日本竞争文化的社会基础分析**

虽然依据1985年日本与西方国家签订的通商及航海条约，日本不得限制进口并且将进口关税限制在5%或更低，意味着日本市场是对世界开放的，但是受根深蒂固的政治文化传统的制约，日本的经济立法并非一开始就完全以对与市场经济自身内在要求和客观规律的反映为圭臬的。自明治维新至二战结束前，日本一直保持着政府主导型的宏观经济管理体制。二战前的日本市场经济是在政府的直接扶植和保护下逐步发展起来的，反映在法律领域，无论在维新之初废除封建经济体制、开辟商品经济发展的法律空间，还是在二战前各个时期出于军国主义扩张战争需要强制推进社会经济，立法首先考虑的并非经济运行规律的内在要求，而主要是国家政治战略对于社会经济的主观愿望与要求，并以此为终极指归。① 客观地讲，二战以前的日本是没有孕育竞争文化的基础的。

2. 日本市场竞争法律制度的建立与完善

二战以后，日本在美国的托管下，开始了所谓经济民主化进程。为消除日本资本主义经济中的封建残余、实现经济的现代化并且促进其市场经济的健康发展，1947 年，日本以美国反托拉斯法为蓝本制定了《禁止私人垄断和确保公平交易法》。出于对垄断势力在国家法西斯化进程中的特殊作用和垄断势力对市场经济运行构成的严重抑制与阻碍的重新认识，该法对限制竞争行为和垄断行为予以严格地规制甚至禁止。由于法律移植存在本土化问题，日本仅在该法颁行两年后，就对其作了修改。此后，日本又在 1953 年、1977 年和 1996 年先后对该法作了修改与完善以适应社会发展的需求。

在反垄断法日趋成熟的同时，日本还对反不正竞争法进行不断的完善。一方面，在过去几十年中多次对《不正当竞争防止法》进行了修改和补充，使其内容不断丰富与更新；另一方面，日本还制定了相关的配套法律制度，如 1962 年《不正当赠品及不当表示防止法》、1982 年《不正当的交易方法》等。

3. 日本竞争文化的培育

虽然日本很早就通过法律移植建立了本国的竞争法律制度，但是在很长一段时间内其竞争政策得到的认可却是微乎其微。在这种

① 参见于雷：《市场规制法律问题研究》，北京大学出版社 2003 年版，第 63 页。

背景下，日本公正交易委员会采取下列行动，经过了近半个世纪的艰辛努力才培育出日本当前的竞争文化。①

从一开始，公正交易委员会就在一般公共关系方面投入了巨大的努力，为反垄断政策辩护，特别是强调反垄断法通过保障自由公平的竞争，对保护中小企业、改善消费者福利所起到的重要作用。在对违法行为提起诉讼时，公正交易委员会总是公开对其行动进行解释，以此警示其他企业。

从 1953 年起，除了惩治卡特尔以外，也对大银行滥用其市场支配地位的行为（如银行干涉借债公司的人事事务）、其他容易为公众所了解的不公平经济行为（如大公司滥用购买力量）以及大公司对小公司所实施的不公平行为进行了严肃处理。

1957 年，当产业政策的鼓吹者建议大幅度放松反垄断法时，公正交易委员会在其年度报告中指出反竞争行为或垄断行为正在增加，并介绍了西方国家的反垄断法是如何制定的。此后，公正交易委员会经常向公众揭露有关豁免卡特尔的活动，包括政府对某一行业所作的建议，如缩减产量。

在 60 年代，由于各产业的销售竞争变得更加激烈，有关产品和服务的虚假陈述以及使用不合理的奖励以刺激购买的情况增加。公正交易委员会开始对此进行管制，认定上述虚假陈述和不合理奖励为反垄断法上的不公平行为，并于 1967 年制定了《奖励和陈述法》，对反垄断法予以补充。

1979 年经济合作与发展组织（Organization for Economic Co－operation and Development，OECD）理事会通过了一个“关于竞争政策以及受豁免或管制部门的建议”，将其推荐给各成员国。日本公正交易委员会以该建议为基础，开始研究政府管制的领域、放松管制方

---

① ［日］伊从宽、赵斌：《竞争文化和竞争法的目标》，载《经济法论丛》2005 年第 1 期。

式并建议政府机构放松管制。

80年代日本与西方国家之间爆发了贸易争端，日本与美国展开了寻求解决“结构性障碍”的初步行动，其焦点是造成贸易摩擦的主要原因——日本市场的封闭性，并且敦促政府放松管制、消除产业政策、强化反垄断政策。利用这一机会，公正交易委员会积极寻求加强反垄断政策和减少政府管制。其主要目的是刺激竞争，这是90年代日本经济政策的核心。

二、我国竞争文化的培育路径设计

鉴于竞争文化的重要性，目前，我国各方都在积极采取措施推动竞争文化的培育工作。

（一）香港地区竞争文化的培育

香港地区是世界上著名自由港之一，良好的外在环境不仅造就了香港发达的市场经济，也培育出了香港当前优良的竞争文化。香港政府认为：政府的重要职责之一就是要促进竞争以提高经济效益和自由贸易，从而惠及消费者；而让市场力量自由运作，政府尽量不加干预是促进和维持竞争的最佳方法；但是，当某种商业经营方法限制了市场进入或市场竞争，进而损害了经济效益或妨害了自由贸易，以致香港的整体利益受到损失时，政府应毫不犹豫地采取适当的矫正行动。很多民众也认为，香港当务之急是顺应国际潮流，强化推行与其他WTO成员经济的双边自由贸易协议，以自由港的优势，通过双边自由贸易协议，推动服务业的发展、升级和更加国际化，并以此带动与服务紧密结合的知识型制造业。①

为了适应经济的发展需求，1997年12月，香港成立了竞争政策

---

① 参见王先林：《WTO竞争政策与中国反垄断立法》，北京大学出版社2005年版，第35页。

咨询委员会，专责研究与竞争有关并对政策或制度有重大影响的事宜，并提供针对性意见。该委员会于1998年5月发表了《竞争政策纲领》，该纲领涉及领域广泛，并在协助相关机构促进不同行业竞争方面提供了指引。为了使该纲领落到实处，竞争政策咨询委员会指出：促进和确保公平竞争并非只是政府的职责，公众特别是商界，亦担当着十分重要的角色，因此，该委员会自2003年起，采取了双管齐下的方式，以鼓励商界和市民大众在第二阶段参与推动落实竞争政策的行动：

第一，出台《维持竞争环境及界定和处理反竞争行为的指引》。为进一步提高香港私人企业对竞争的重视度，委员会在咨询了30个商会和工商团体后，于2003年9月发出了《维持竞争环境及界定和处理反竞争行为的指引》。《指引》不仅为私营机构提供评估香港整体竞争环境及界定和处理反竞争行为的客观指标和准则，还确保竞争政策能在各行业中一致地推行。它包括一项分三个步骤进行的经济测试，以决定政府是否必须就有关行为采取行动，或者引入相关行动机制。另外还列举了私营机构就政府的决定提起上诉的情形。《指引》旨在提高市民对政府竞争政策的关注度和认识水平。然而，它并不具有强制性，而是要鼓励行业进行自我管控。

第二，推广狭义上的竞争文化。委员会认识到要在整个社会范围内推广竞争文化，须从学生和青少年开始。为此，委员会已展开宣传计划以提高学生和青少年对竞争概念的认识，包括（1）2004年6月与香港教育城合作，通过其网站（www. hkedcity. net）推出了一套以小学高年级学生（小四至小六）和初中学生（中一至中三）为对象的互动游戏，透过游戏向学生灌输竞争概念；以及（2）在2004年至2005年与教育统筹局合作，把竞争概念纳入高中综合人文科的课程范围内。

值得关注的是，在良好竞争文化的基础上，香港《竞争条例》已于2015年12月14日正式生效，该条例是以欧盟、英国有关法例为蓝本而制定的，被称为“香港反垄断法”。其全面实施可以有效禁止反竞争协议和滥用相当程度的市场权势、规制可能削弱竞争的并购交易，不仅使消费者直接获益，还可持续优化营商环境，在香港经济发展进程中具有里程碑式的意义。

（二）台湾地区竞争文化的培育

从历史上看，台湾地区同整个中国大陆一样曾经长期处于封建自然经济支配之下，缺乏自由市场经济因素以及相应的法律和文化传统。[①] 到20世纪50年代末60年代初，为了适应外向型发展需求，台湾当局开始逐步重视市场的作用。20世纪80年代后，台湾地区经济发展陷入重重困难，传统经济体制的弊端日益暴露。在此背景下，1986年，台湾当局正式提出了“自由化、国际化、制度化”发展战略。自由经济政策推动了经济的飞速发展，20世纪90年代台湾地区一跃成为亚洲四小龙之一。市场交易活动日趋复杂，市场竞争日渐激烈。为了创造公平、自由的经济秩序和法律环境，维护市场机制正常运行，在经过6年的酝酿后，台湾地区于1992年正式颁布了《公平交易法》。该法的颁布和实施标志着台湾地区经济管制时期的结束和真正自由竞争的来临。[②] 自由竞争的环境逐步培育了台湾地区民众良好的竞争意识。2002年，台湾地区掀起了一股反对美国微软垄断行为的热潮，包括大学生、教师团体、“立法委员”、中小企业主等在内的广大民众强烈谴责和抗议微软超高定价的垄断行为，要求公平交易委员会依法查处。该案最后以公平交易委员会接受微软提出的行政和解告终。

台湾地区的竞争文化发展模式属于外源式，但它的速度是非常

---

① 于雷：《市场规制法律问题研究》，北京大学出版社2003年版，第64页。

② 于雷：《市场规制法律问题研究》，北京大学出版社2003年版，第66页。

快的。这在很大程度上归功于公平交易委员会的不懈努力。公平交易委员会（简称“公平会”）成立于1992年1月27日，隶属于行政院，为台湾竞争主管机关，依法掌理拟订公平交易政策及法规，以及调查处理事业各种妨碍竞争的行为，包括独占、结合及联合等限制竞争行为及不公平竞争行为。为了促进竞争法律制度在台湾地区的有效实施，公平会一开始就十分注重竞争文化的培育。例如，行政院公平交易委员会①主任委员黄宗乐在2004年至2006年施政重点记者会上指出，该会在第五届委员任内之未来三年施政，将以“强化公平交易，落实竞争文化”为施政主轴，并从法制及组织、产业及行为、宣导及协调、国际交流等四大方面，提出二十项实施计划，藉以带动竞争政策的革新，期塑造一个更公平、更自由的竞争环境，提升台湾地区竞争力，再创台湾新的经济荣景。行政院公平交易委员会在2006年度施政目标与重点中明确规定：本会将配合台湾地区整体发展，研修公平交易法相关法规，以建立符合国际规范及时代需求的公平交易制度；加强查处事业不法行为；宣扬公平交易理念，深植竞争文化，以创造有利于公平竞争的环境。台湾竞争执法机构在培育竞争文化的同时，还积极将竞争文化贯彻到具体的执法中。例如行政院公平交易委员会在2006年表示，为秉承“强化公平交易，落实竞争文化”施政主轴，并进一步贯彻结合申报异议制管制精神，预计在年底前，建立最适合国内产业结构调整与现阶段经济情势的结合审查基准，降低执法结果的不确定性，减轻结合事业申报负担，进而营造更加公平和自由的竞争环境。

（三）澳门地区竞争文化的培育

由于独特的经济结构与社会环境，澳门地区竞争文化的发展也

---

① 行政院公平交易委员会是公平交易委员会的前身，于2012年2月6日改制更名。

呈现出诸多的特质。从法律制度层面上来看，澳门地区目前尚未制定专门的竞争法律制度，也没有一个独立的竞争执法机构。但是值得指出的是，正如澳门经济局代局长苏添平所言：“虽然澳门没有一个统一处理公平竞争的机构，但事实上，澳门特区不同的法律体系内均确立了公平竞争的制度。公平竞争主要反映在市场经济上，所以澳门的《商法典》就公平竞争事宜，作出了明确的规定；同时，特区政府也在电信及网络、金融、博彩和特定的行业，制定具体的法律法规，对公平竞争作出了具体的规定，当中既有原则性的也有具体处罚性的内容，不论是从司法方面、还是从行政手段方面来看，均体现了公平竞争的原则。①但是从意识层面上来讲，澳门社会尤其是年轻一代的竞争意识因为高福利而相对较低。目前，澳门地区政府正在通过执法系统、教育系统等途径积极推行竞争文化的培育工作。

（四）大陆地区竞争文化的培育

大陆地区自改革开放以来，市场经济高速发展，政府也在采取各种措施积极培育竞争文化：首先，在法律制度层面上，先后颁布了《反不正当竞争法》、《反垄断法》和《国务院关于在市场体系建设中建立公平竞争审查制度的意见》等法律、文件及其相关配套指南；其次，相关方面的执法、司法以及对应的法律制度宣传普及工作都在持续地展开；再次，以典型案例的形式通过媒体等途径培养公众的竞争意识。经过几十年的发展，大陆地区的竞争文化已取得较大进步，但是相对于目前的市场经济发展水平来讲还是存在明显的滞后问题。为了保证大陆地区市场经济的稳健发展，建议采取以下措施进一步促进竞争文化的发展：

---

① 丁波：《澳门经济局：澳门法律可保障公平竞争》，http：//news.sina.com.cn/c/2006－07－28/13309594702s.shtml，访问日期：2014年11月23日。

第一，配套相关法律制度。立法机构、执法部门与法院应当在各自的职能范围内做好有关竞争法律制度的细化工作，尤其是反垄断法和公平竞争审查制度。

第二，执法部门应当积极做好执法工作，尤其是要加强对各类垄断案件的查处力度。在处理典型案件后，执法部门应当做好宣传工作，对各类主体进行警示与教育。

第三，法院应当积极开展反垄断案件的司法审查，保证相关主体的合法权益，并通过司法审判进行竞争倡导。

第四，各级政府应当做好竞争法制的宣传工作，加大对政府执法人员、企事业单位等所有主体的竞争意识培养。

第五，教育系统应当从中小学开始对广大学生进行竞争意识的培养，通过课堂、课外活动等进行竞争意识的教育。

第六，社会媒体，尤其是政府的主流媒体应当进行竞争意识的倡导与传播，鼓励和弘扬有效和正当竞争的理念。

第七，国有企业单位，尤其是自然垄断行业、公用事业单位应当自觉遵守相关法律制度，以身作则。

三、我国反垄断法实施环境的展望

伴随着竞争文化建设的全面推进，我们有理由相信我国反垄断法的实施环境将得到极大的改善。

在反垄断的行政执法方面：第一，反垄断执法机构将以更为积极的姿态投入到反垄断执法工作中去，由被动的等待转变为有意识的预防或者积极的制止；第二，反垄断执法机构的综合执法素质将会有大幅度提升，整个队伍的执法能力都会提高。在执法组织已经较为健全的情况下，执法意愿与执法能力的强化将会促进反垄断行政执法的有效进行。

在反垄断的司法审判方面：第一，知识产权庭的法官的审判理念将会由传统的民商法思维转变为经济法思维，相关审判更具有法律的契合性；第二，经验的增加将会使法院在受理相关案件时更为开放，从而为私人执法机制的有效应用创造环境；第三，专业素质的提升将会使案件的审理趋于科学化。

在反垄断的守法方面：第一，经营者将会对反垄断法产生不同程度的敬畏，这种敬畏会使得违法事件发生的概率降低；第二，良性竞争理念的渗入会使得经营者更能够从内心深处去维护反垄断法，纸面上的反垄断法将会转变为实质性的“内在思想”；第三，消费者在市场交易过程中的行为将趋于成熟，自觉抵制不正当竞争行为和积极反抗垄断行为将成为一种普遍现象。

行政执法、司法审判与守法的升华将在很大程度上促进反垄断法律制度的完善，而这反过来又具有推动反垄断法实施的发展、促进竞争文化水平的提升的效果。

第二章　竞争执法

第一节　反垄断执法的移植与本土化

随着《反垄断法》实施的不断深入，反垄断执法的移植与本土化问题逐步凸显出来。在反垄断执法过程中应当如何利用国外的经验（移植）与如何周全中国的国情（本土化）不仅成为我国反垄断执法机构近年来一直潜心探究的重大实务课题，而且成为包括反垄断法专家学者、经济学家、政商精英等在内的社会各界人士所密切关注的重要社会问题。① 本节以“极左极右”为戒律，通过“点面透视”的方法对反垄断执法的移植与本土化问题进行较为系统化的深入研究，期望能够对提高我国反垄断执法的科学性有所裨益。

一、反垄断执法移植的必要性

在移植具有可行性的情况下，基于《反垄断法》有效实施的社会需求，我国反垄断执法机构应当积极学习并借鉴国外同行积累的

① 在社会实践中，前者主要表现在反垄断执法机构所开展的各类课题研究（内部自行研究与外部委托研究）与所处理的诸多具体案件（公开案件与未公开案件），后者集中表现在社会各界人士的言行（学术研究成果、个案实务评论、操作指南建议、论坛观点交锋、社会调查报告等）。基于关注群体的多样性和问题的社会性，本语境中的“反垄断执法”包括我国反垄断执法机构的相关言行和其他相关各类主体的相关言行。

良好经验（即移植）。①

（一）执法能力的快速培养

从当今世界反垄断法的发展史来看，各个国家的反垄断法存在一个共同的规律，即从“生效”到“实施”都存在一个时间空隙，只是在不同国家其期限长短不同而已。美国约为 12 年（1890—1902），德国约为 5 年（1958—1963），日本约为 8 年（1947—1955），韩国约为 7 年（1980—1987）……虽然导致这种现象出现的原因是多方面的，但是执法能力的缺失（尚未形成）是其中一个关键性因素。尽管一国政府可以在较短的时间内建立反垄断执法队伍，然而培养相应执法能力往往需要一定的时间。根据实践经验，这个时间的长短主要与是否存在可以学习借鉴的经验有关。② 越是没有可以学习借鉴的经验，培养相应执法能力需要的时间越长；反之则短。例如美国作为现代反垄断法的发源地，其反托拉斯执法机构在《谢尔曼法》开始生效之初是“无章可循”的；仅仅如何适用《谢尔曼法》第 1 条就折腾了美国反托拉斯执法机构长达 20 年之久，直到 1911 年“合理原则”正式确立下来。③ 与之形成鲜明对比的是，日本、德国、韩国的反垄断执法机构则通过学习借鉴美国的经验很快具备了相应的执法能力。

---

① 在反垄断执法移植方面，人们对移植的可行性与必要性基本上是秉持肯定性共识，认识分歧主要集中在移植的具体操作上。为了尽快将笔墨切入到认识存在分歧的问题并且适度兼顾行文的思维逻辑需要（必要≠盲从），在此仅对共识性内容的反垄断执法移植的必要性进行单独列点分析，而省略对共识性内容的反垄断执法移植的可行性的论证（但会在文中有所阐述）。

② 因市场经济的相对开放性，建立反垄断法律制度的国家都是存有反垄断执法移植的意愿；不同国家初步建立的反垄断执法队伍在整体素质上并没有太大的差异，基本上都只是具备一些简单的理论知识。

③ 参见李钟斌：《反垄断法的合理原则研究》，厦门大学出版社 2005 年版，第 18 页。

为了尽快具备相应的执法能力并且在最短的时间内比较全面、科学地实施《反垄断法》，我国反垄断执法机构通过多种方式学习和借鉴了美国、欧盟、日本、韩国等国家和地区的经验，在此过程中我国的反垄断执法能力有了很大提高。在2008年至2016年间，我国反垄断执法机构已经处理了多起各类重大反垄断案件，如美国辉瑞公司收购美国惠氏公司案、高通公司滥用市场支配地位实施排除限制竞争案、山东潍坊顺通医药有限公司与潍坊市华新医药贸易有限公司垄断案、中国联通公司与中国电信公司垄断案、山东省交通运输厅行政性垄断案等，这表明《反垄断法》实施将近10年以来，我国反垄断执法机构已经具备了较强的执法能力。为了较快地全面提升执法能力，我国反垄断执法机构应当进一步深入学习、借鉴国外相应的执法经验。

（二）执法失误的主动规避

反垄断法在发达国家素有“经济宪法”之称，这充分彰显出反垄断法重大的社会影响。鉴于此，各国政府都要求反垄断执法机构审慎执法，尽量减少和避免执法失误给本国的市场竞争机制带来重大负面影响（如由寡头格局变成独占格局）或者给本国的市场竞争者带来重大损害（如重组不畅引发破产）。但是相较于其他法律制度而言，反垄断法的应用更为复杂，它更多地涉及到经济学的分析。“反托拉斯执法机构想要成功地完成其执行反托拉斯法的工作，就离不开正确的经济学分析——事实上，今天反托拉斯调查中经济学方面的问题常常就是其中的关键所在。”① 反垄断法应用的复杂性与“智者千虑、必有一失”的定律使得各国的反垄断执法机构在执法过程中还是屡屡触礁，时不时地出现各种失误。

---

① Thomaso O. Barnett, Competition Law and Policy Modernization: Lessons from the U. S. Common - Law Experience, https://www.justice.gov/atr/speech/competition - law - and - policy - modernization - lessons - us - common - law - experience, Nov. 22, 2016.

以常规业务经营者集中（企业合并）案件中的结构性救济手段——资产剥离的应用为例，即便是执法能力较强的美国从20世纪90年代以来还是频频失手。根据美国联邦贸易委员会（Federal Trade Commission，FTC）在1999年发布的《委员会关于资产剥离研究报告》（A Study of the Commission' s Divestiture Process）："在从1990年到1994年的37个案例中，成功的只有28起，整体失败率高达24.3%。"① 从失败的9起案例来看，美国反托拉斯执法机构的执法失误是导致这些案件失败的主要原因。例如，在Institut Merieux & Connaught Bio Sciences案件中，FTC要求Institut Merieux必须将Connaught Bio Sciences位于加拿大境内的狂犬疫苗企业向FTC批准的一个买方出租，时间为25年；由于FTC没有考虑到加拿大境内狂犬市场的需求和实际情况，这一要求导致FTC的决定遭到了加拿大政府的严重抗议；FTC只好修改先前作出的决定，要求承租人必须取得加拿大政府的批准；正是因为此项修改内容，最终导致无法找到合适的承租人，FTC的决定最终被搁置。②

执法失误不仅可能会严重地影响到相关市场的有效竞争和特定竞争者的正常经营，而且往往会极大地降低反垄断执法机构的公信力。面对实践中种种惨痛的教训，各国的反垄断执法机构都在不断地总结经验，并形成了各式各样内容颇为丰富的成果，如研究报告、指南、示范文本等。通过学习借鉴这些经验成果，我国的反垄断执法机构可以在最大程度上减少执法失误。

---

① Bureau of Competition of Federal Trade Commission, A Study of the Commission' s Divestiture Process (Public Version), https://www.ftc.gov/news - events/press - releases/1999/08/ftc - releases - report - commissions - divestiture - process, May 6, 2017.

② See Russell W. Damtoft, Remedies in International Mergers, Presentation to US Trade and Development Agency & Chinese Ministry of Commerce Anti - Monopoly Law Program: Workshop on Geographic Market Definition, Retail Markets, and Remedies, Oct. 12 - 13, 2010.

二、反垄断执法移植的盲从症

虽然我国反垄断执法机构应当进行反垄断执法的移植，但是这并不意味着可以或者应当照抄照搬（盲从症）。目前，我国在反垄断执法的移植方面存在较为严重的盲从症，这应当引起我们的高度重视与理性警惕。

（一）盲从症的社会表现

目前，忽视本国的具体国情盲目地推崇国外的反垄断执法的现象在我国社会各个领域广泛存在。根据对象的不同，这些盲从现象可以粗略地分为“唯美主义”（以美国的反托拉斯执法为范式）、“唯先主义”（以含美国、欧盟在内的任何先发国家的反垄断执法为范式）、“唯外主义”（以任何外国的反垄断执法为范式）。但是，无论是“唯美主义”还是“唯先主义”或者“唯外主义”，他们的盲从症都无外乎两种类型：一是忽视《反垄断法》的现行规定逾制作出妄言，二是在《反垄断法》现行制度框架内忽视或者不当弱化中国社会的特殊情况在具体案件的权重影响。这些症状除了在各类学术研究成果、媒体评论、论坛研讨、个别案件裁决等不同地方频频表现出来之外，在一些重大时政场合也不乏形迹。

例如，在2011年两会期间，全国政协委员、清华大学政治经济学研究中心主任蔡继明提交了《关于整治百度垄断行为的建议》的提案，建议对百度进行拆分，令其搜索引擎与其他产品独立运营，保障相关领域的公平竞争。他在接受媒体采访时指出：百度滥用市场支配地位，在利益驱动下推出“竞价排名”，人工干预搜索结果，采取不付费即不予正常收录形式进行盘剥；在谷歌退出内地之后，百度几乎成为寡头，占据市场80%以上的份额，作为搜索引擎，就应该干搜索引擎的事情，但百度利用自己对搜索的支配能力，捆绑了其他业务，对其他行业造成不公平；在美国，对独家垄断的公司都进行过分拆，因此我国政府也应该对此进行管理。①

虽然美国的实践表明，美国反托拉斯执法机构确实在有些案件中对违反《谢尔曼法》、《克莱顿法》或者《联邦贸易委员会法》的企业采取过分拆措施，如“标准石油公司案”、“美国烟草公司案”、“电话电报公司案”等；但是根据《反垄断法》第47条“经营者违反本法规定，滥用市场支配地位的，由反垄断执法机构责令停止违法行为，没收违法所得，并处上一年度销售额百分之一以上百分之十以下的罚款”的规定，我国反垄断执法机构无权对任何经营者采取“分拆”性质的惩罚措施。②

（二）盲从症的社会成因

从我国的社会实践来看，导致上述盲从现象的原因是多方面的，这些因素分别或者相互交织使不同群体产生了不同程度的盲从症。

第一，市场经济规律同一性的僵化理解。市场经济规律具有同一性，这点在我国反垄断立法过程中已经得到广泛的认同，以欧盟、美国等发达国家的反垄断法律制度为蓝本制定《反垄断法》就是以此为基础的。作为我国反垄断立法移植的基础，市场经济规律的同一性也是反垄断执法移植具有可行性的关键所在。但是，市场经济规律的同一性并不意味着不同国家的反垄断执法应当完全同质化；哲学的普遍性与特殊性原理、相关市场竞争格局的潜在差异、竞争评估方法的选择（偶然）不同等客观上决定了不同国家的反垄断执法可能（也可以）存在差异。③ 然而，我国目前还有部分人士偏执

---

① 侯云龙：《涉嫌垄断　百度面临“被拆分”》，载《经济参考报》2011年3月18日第2版。

② 即便是其他政府部门，在现行法律制度框架内，都无权对百度采取分拆措施。

③ 根据实践来看，虽然各国的反垄断执法在宏观上具有趋同性，但是在微观上还是会时不时地存在不同程度的差异。以微软垄断案为例，美国、欧盟、日本、韩国的反垄断执法机构所作出的裁决就各不相同。

地认为：既然市场经济规律是同一的，那么我国的反垄断执法就应当与其他国家没有什么差异。

第二，经验缺失诱发的从众心理。羊群效应理论表明个体在各种环境下都可能出现从众心理，而从众心理很容易导致盲从症。在反垄断执法经验缺失的情况下，模仿他人（国外反垄断执法机构）的做法自然成为我国很多人心理上可以接受的一种选择，而从众心理很容易使这种模仿演变为一种机械的照抄照搬行为。

第三，“比”而不“较”的方法论。比较法是一种科学的方法论，但是我国不少人在使用过程中（大部分无意识地）将之异化为一种“比”而不“较”的伪科学方法论；较前者而言，后者只看比较对象的不同之处，而不分析差异的成因等其他情况，并且往往结论性地主张学习和借鉴比较对象的不同之处。在我国反垄断执法的移植问题上，不少研究成果亦不乏“比”而不“较”的方法论身影。

第四，崇洋媚外的惯性思维。近百年历史的落后发展导致的民族自卑心态使得崇洋媚外现象至今在我国社会各个领域仍然比较广泛地存在，崇洋媚外往往导致社会大众下意识地盲目崇拜国外的所有做法而否定自我的一切（优劣）。从社会大众对相关案件、时事等所作出的反应来看，崇洋媚外的惯性思维在我国反垄断执法移植的问题上多多少少都是客观存在的。

（三）盲从症的社会危害

首先，盲从现象容易导致我国反垄断执法出现错误（不合理）的结果。反垄断执法机构的单方盲从或者与社会舆论（非理性的大众意见）共振形成的多方盲从都可能导致反垄断执法出现不同程度的错误，这方面的典型案例就是商务部关于禁止可口可乐公司收购中国汇源公司的审查决定。① 根据商务部2009年第22号公告的内容，商务部作出禁止性裁决的核心理由是可口可乐公司有能力将其在碳酸软饮料市场上的支配地位传导到果汁饮料市场（传导效应）。“由于中国缺乏自己的并购反垄断理论研究成果和成功案例，中国商务部借鉴了欧盟、美国的混合并购反垄断中的传导效应理论，该理论指导欧盟、美国反垄断机构成功地处理了许多类似案例。其中值得关注的是2003年美国可口可乐公司并购澳大利亚贝里公司的案例（Coca－Cola Amatil/Berri），贝里公司是澳大利亚大型果汁企业，澳大利亚竞争和消费者保护委员会（Australian Competition and Consumer Commission）否决该案时，运用了传导效应理论，而该案与本案类似，似可借鉴。”② 然而，正如有的专家所指出的那样——“杠杆或者传导的唯一力量在于产品的互补性，比如Cannon打印机和墨盒，手机和标准没有统一的电池（当然，如果考虑中国的种种山寨情形，还可以继续讨论）等，但显然，碳酸饮料和果汁饮料并不具备这样的特征，甚至在一定程度上两者是相互替代的”。③

---

① 综合各个方面的信息来看，此项裁决是商务部迫于社会大众要求保住民族品牌“汇源”的舆论压力而依据“传导效应”理论（又称杠杆理论）作出的。这项裁决除了在竞争评估的理论依据选择上存在问题外，在《反垄断法》立法宗旨的理解上也存在很大问题，从而导致我国本土的果汁产业失去了一次绝佳的转型升级的机会。本案当事人中国汇源公司的原本经营计划是通过三倍溢价的转让获得巨额资金进入果汁的上游产业——果浆（包括规模化果园基地建设、果浆制作），而目前我国果浆市场（利润率远远高于果汁市场）的供给主要被国外所垄断。如果中国汇源公司能够成功地进入果浆市场，这将极大地影响我国果汁市场的价格（下降），整个民族果汁产业才能真正从源头上实现自主化，消费者将获益匪浅。这些恰恰是《反垄断法》致力于实现的更高层次的立法目标。

② 冯江：《“传导效应”——可口可乐并购汇源案解析》，载中华律师协会编：《使命责任发展——第八届中国律师论坛优秀论文集》，北京大学出版社2009年版，第334～348页。

③ 邓峰：《传导、杠杆与中国反垄断法的定位——以可口可乐并购汇源反垄断法审查案为例》，载《中国法学》2011年第1期。

其次，盲从现象容易导致我国反垄断执法身陷非理性的舆论漩涡之中。“人言可畏”这一用语凸显了社会舆论的威力，社会大众的单方盲从极容易导致我国反垄断执法机构的合理执法面临“差评如潮”的局面，而这将会在一定程度上直接减损我国反垄断执法机构的公信力。根据实践经验，这种现象已经在我国悄然发生，典型案例就是“中国联通公司与中国电信公司垄断案”。在该案中，虽然我们没有看到国家发改委正式作出中止调查的决定，但实质上它已经接受中国联通公司和中国电信公司作出的承诺。① 根据《反垄断法》第 45 条规定，国家发改委可以根据中国联通公司与中国电信公司的承诺情况作出中止调查的决定；然而，国家发改委针对中国联通公司与中国电信公司所作出的执法却遭受了铺天盖地的质疑。在这些质疑声中，除了少数是理性的，大多数是充满猜测的各种“阴谋论”。这些“阴谋论”者主要是以自身零星听闻的国外重大反垄断案件的裁决（罚款、分拆、刑责）为“想当然”的执法范式进而怀疑国家发改委针对中国联通与中国电信的现行做法有刻意袒护国有企业之嫌，他们认为国家发改委应当一查到底并依法处罚。②

三、反垄断执法本土化的缘由

在反垄断执法移植过程中，基于种种特定的社会缘由，我国必

① 参见《发改委：中国电信和联通已就反垄断案进行整改》，http：//tech. ifeng. com/telecom/special/fanlongduan/content - 2/detail _ 2014 _ 02/19/33968169_ 0. shtml，访问日期：2016 年 3 月 15 日。

② 根据实践来看，这些“阴谋论”者基本上不知晓我国反垄断法存在承诺制度，也很少了解国外反垄断执法也存在少数的和解案件（终止调查）。除了片面盲从的因素外，导致该现象的另外一个重要耦合因素是国家发改委在 2011 年 11 月对山东潍坊顺通医药有限公司和潍坊市华新医药贸易有限公司两家民营企业进行了重罚，没收两家企业违法所得并处罚款分别总计 687.7 万元和 15.26 万元。

须解决当前社会存在的较为严重的盲从现象，力求实现反垄断执法本土化（周全中国国情）。

（一）移植本体的土生特质

追本溯源，任何国外的反垄断执法在本源上都是基于各自具体的立法、政治、经济、文化甚至地理等环境而产生的。因此，从严格意义上来讲，它们（含经过本土化改造的移植内容）都具有土生特质。国外反垄断执法的土生特质启示我们：反垄断法后发国家在反垄断执法移植过程中不仅应当进行本土化，而且必须本土化——因为移植本体的土生特质直接决定了它们可能无法被原封不动地植入另一个存在“生理差异”的社会机体。从实践来看，除少数可以进行直接“拷贝”外，大多数需要进行各式各样的本土化改造，有些甚至无法进行移植。

以作为我国反垄断执法主要移植对象之一的欧盟为例：我们可以照抄照搬的内容只是主要集中在经济学性质的分析方法和各类的测试工具上，前者如寡头市场的竞争评估方法，后者如附加限制性条件的经营者集中案件里的市场测试（Market test）；相当部分的内容只有在经过因地制宜的改造之后才能被科学有效地应用到我国的反垄断执法工作中去，如相关市场中的地理维度分析、合理性的权衡因素范围、协同行为的具体认定、垄断协议豁免的具体操作规范与流程、反推规则下市场支配地位例外情形的反证、企业联合经营的竞争管辖方法以及经营者集中的竞争评估区间标准（数值）等；因环境的巨大差异，欧盟的有些做法对于我国而言是不具有可移植性的，典型代表如“具有共同体规模的集中”的排他性管辖。由于欧盟系由数个国家组成的区域性国际组织，因此它在经营者集中的竞争审查管辖上有着很强的特殊性，即欧盟竞争执法机构只对“具有共同体规模的集中”进行排他性管辖。“委员会对‘具有共同体规模的集中’享有排他性管辖权。这一概念旨在将所有涉及共同体利益的集中涵盖在内：即那些对共同体市场的竞争结构产生重大影响的集中，这些集中不同于那些仅对成员国国内市场产生影响的集中”。①

（二）受体环境的客观差异

众所周知，不同国家的社会环境客观上存在差异，这要求我们必须根据自身的具体情况进行实践操作，否则即使是有些在诸多国家实践中被广泛证实的貌似铁律的（其实内含少数人容易忽略的隐形条件）做法，也可能只是“逾淮之橘”。

以促进社会创新为例，西方发达国家主要倚重市场竞争机制，而竞争也在客观上推动了这些国家科技的飞速发展；正是如此，“竞争成就创新”被这些国家的社会大众奉为圣谕。受西方主流经济学和欧美发达国家的科技现况的影响，“怎样才能更好地激励创新、形成创新成果不断涌现的局面呢？理论研究和实践经验告诉我们，竞争是创新的基础，鼓励创新的最好方式就是努力营造公平竞争的环境”②，这几乎已经成为我国各界人士在任何情景下讨论社会创新问题时的惯性思维。深入分析“竞争成就创新”的逻辑推理“竞争→创新意识→创新”，我们不难发现它存在一个重要的并且隐含的前提条件，即特定时空下竞争区域内新技术不存在外来输入的可能性；因为如果这种情况下存在外来输入的可能性，那么竞争未必使竞争者产生自主创新意识，也有可能使他们产生引进技术的想法。

从单个国家层面上来看，“竞争成就创新”的逻辑推理所隐含的

---

① ［西］安德雷斯·冯特·葛拉雷兹、爱德娜·纳瓦罗·瓦罗纳、胡安·布罗尼·阿罗索、海姆·冯格拉·克里斯普：《欧盟企业合并控制制度法律、经济与实践分析》（第2版），解琳、叶军译，法律出版社2009年版，第59页。

② 冯子标、王建功：《竞争是创新的基础》，载《人民日报》2009年7月29日第7版。

重要前提条件在大多数情况下是无法得到满足的；除了单个国家遭受严密的技术封锁（如我国建国之初）或者单个国家处于绝对的技术领先地位（如近现代的欧美发达国家）等少数情况外，各个国家竞争区域内的竞争者原则上在任何时候都可以通过交易的方式从其他国家竞争区域内的相关主体获取新技术；如此，竞争未必使得单个国家竞争区域内的竞争者产生自主创新意识，也有可能使得其产生引进技术的想法。① 这两种结果发生的概率主要取决于单个国家竞争区域内竞争者的竞争意识，即竞争主体对竞争客体的认知。如果这种认知主要限于现有资源，基本没有考虑到潜在技术，那么意味着竞争者缺乏创新意识；在这种情况下，单个国家竞争区域内的竞争者在竞争的压力下可能会更多地倾向于选择考虑引进技术，而非自主创新；一旦如此，竞争不仅可能不会给这些国家带来大量甚至任何的技术创新，反而可能导致它们高度甚至完全依赖国外技术。

从发展中国家的经验与教训来看，上述结论绝非危言耸听。在创新意识缺乏的社会环境下，很多发展中国家，尤其是那些自然资源比较丰富或者市场规模比较大并且本国竞争者主要参与本国市场的国家，其竞争区域内的竞争者更容易成为“比较优势理论”的接受者，落入“比较利益陷阱”：为了维持企业生计或者片面追求经济财富，主动以自然资源或者市场换取外国技术，逐步沦为外国企业在本国的竞争代理人，导致本国产业发展水平长期处于低下状态，

① 尽管创新效果通常具有普适性，但是创新成果都是具有归属性。以国家为单位，创新成果的最终归属一般是根据实际控制人的国籍来确定的，而非创新成果的产生地等。因此，关注辖区内本国经营者的创新问题是一个国家管理市场竞争的核心所在。鉴于此，此处国家层面的“竞争区域内的竞争者”特指一个国家竞争区域内的本国经营者，而不包括外国经营者。“本国经营者”的判断标准是实际控制人的国籍，返程投资、VIEs 等投资形式不影响经营者的国别判断。

极大地弱化了本国的创新能力，从而进一步加深对外技术的依赖度。发展中国家（包括我国在内）至今还普遍存在的恶性经济现象——本国竞争者在劳动密集型行业、资源消耗型行业云集，同质竞争近乎白热化，而鲜少活跃在自主高新技术行业——就是这种后果的典型表现。

（三）有害内容的定向排筛

虽然此说有阴谋式思维之嫌，但是不能排除它存在的可能性，即国外的反垄断执法机构、各类反垄断专家智库及其学者等基于特定的不良动机通过各种途径向我国反垄断执法机构、专家学者“传递”一些有害的反垄断执法内容。以垄断协议的反垄断执法为例，美国近些年来开始逐步减小对垄断协议的规制力度，甚至对某些应当适用“本身违法原则”的垄断协议案采用了“合理原则”进行分析；作为我们学习借鉴（移植）的重要对象，美国反垄断执法机构的这一细微转变自然引起了我国反垄断执法机构以及反垄断专家学者的注意，美国的部分反垄断专家也在一些国际高峰论坛和经验交流会等场合向中国“重点介绍”美国反垄断执法的这一最新动态。

但是最新研究表明，垄断协议反垄断执法的宽严度将在很大程度上影响一个国家企业规模的大小。在各国的反垄断法原则上并不禁止甚至鼓励、支持企业规模化经营的情况下，企业是否存在相关方面的刚性需求就成为其是否进行规模化经营的关键所在。只有存在这种需求时，企业才会通过经营者集中的方式进行规模化经营。同时，这种需求的形成在很大程度上与规制垄断协议制度的宽严度有着直接的联动关系。当一国规制垄断协议的力度相对较小时，在垄断协议的显性成本相对较低、收益见效相对较快并且相应的法律风险大大降低的情况下，企业存在规模化经营的潜在需求有可能被垄断协议短期或者长期抑制，企业通常会通过实施垄断协议的方式来满足自我发展的需求，而不会考虑通过经营者集中来实现企业规模化经营；而当一国的规制垄断协议的力度相对较大时，慑于垄断协议的高违法性和相应法律责任的重罚性，企业通常不敢或不愿冒险实施垄断协议，这将在很大程度上直接催生企业规模化经营的刚性需求，很多企业不得不通过经营者集中的方式来提升自身的市场竞争能力。[①] 以往实践已经充分验证了这一结论。以近代工业化革命之初国情非常相似的美国和英国为例：由于美国反垄断执法之前对垄断协议一直秉持非常严厉的态度，这迫使美国的很多企业最终通过经营者集中走上规模化经营之路。“由于采用了这种路径，美国企业可能发展得更有效率了，变得更大了。”[②] 但是，“英国对卡特尔更宽容，因此小企业可以进行通谋，而不是采用合并方式或者内部增长方式。结果是，到 20 世纪中期，英国许多产业是由非效率的、家庭所有的小企业主导的。”[③] 美国与英国在垄断协议的反垄断执法力度上长期存在的差别使两国的企业规模在 100 多年后出现了巨大的反差。根据美国《财富》杂志对“全球最大 500 家公司”的统计，自 1995 年至 2010 年，位列世界 500 强的美国企业在数量上始终都是英国企业的 4 倍以上。

在美国规模以上企业林立并占据世界经济主导地位和中国企业开始不断壮大走向全球市场的国际背景下，我们应当慎重对待美国在垄断协议的反垄断执法上的细微转变与美国部分反垄断专家向中国“重点介绍”的现象（前者与后者也许是一种偶合），尽量避免或者减少类似不当采纳“比较优势理论”作为经济发展的战略思想

---

① 参见丁茂中：《反垄断法促进企业规模化经营的实现路径》，载《法商研究》2011 年第 6 期。

② ［美］赫伯特·霍温坎普：《联邦反托拉斯政策——竞争法律及其实践》，许光耀等译，法律出版社 2009 年版，第 542 页。

③ See Tony Freyer, *Regulating Big Business: Antitrust in Great Britain and America*, 1880 – 1990, Cambridge: Cambridge University Press, 1992, pp. 233 – 269.

给国家发展带来巨大不良后果的情况的发生。①

四、反垄断执法本土化的误区

从实践来看，我国目前在反垄断执法本土化过程中存在闯入一些误区的现实问题和少数不良倾向，这同样应当引起我们的高度重视与理性警惕。

（一）无谓本土化

无谓本土化，即在国外的反垄断执法（具体操作）具有较高的科学性并且能够适用于本国（进行反垄断执法移植的国家）特定环境的情况下，基于对法律移植过程中需要考虑本国特殊因素的认知，相关主体没有更好的改良方案而（盲目地）进行没有任何积极价值甚至实际效果变差的本土化改造。

以反垄断法实施过程中的相关市场界定为例，目前发达国家主要采取的方法是“假定垄断者测试法”（Small but Significant Not - transitory Increase in Price，SSNIP测试法）。虽然SSNIP测试法在具体应用过程中可能会因为人为操作失误而出现“南辕北辙”的现象，如玻璃纸谬论等；但是相对先前所有的相关市场界定方法而言，它无疑是最为科学的。这突出表现在以下三个方面：第一，替代分析的全面性；第二，垄断原理的贯通性；第三，市场外延的明确性。② 正是因为SSNIP测试法的诸多科学性，自它在美国“诞

---

① 在中美世纪交锋背景下，种种迹象表明，美国各种利益集团确实采取过不少阴暗的手段通过各种途径试图减缓或者阻碍中国经济、政治、军事等方面的发展。先祖告诉我们：害人之心不可有、防人之心不可无。包括那些对国家经济发展具有十分重要影响的反垄断执法机构和部分权威反垄断专家学者在内的所有人在学习借鉴美国的做法过程中都应当审慎进行，不能盲目地照抄照搬或者全盘接受，防止“病毒”乘机入侵。

② 参见丁茂中：《反垄断法实施中的相关市场界定研究》，复旦大学出版社2011年版，第33～36页。

生”以后便迅速地被很多国家所“相中”。英国公平交易局（Office of Fair Trading，OFT）在 2004 年发布的《相关市场界定——理解竞争法》（Market definition—Understanding competition law）、加拿大竞争局在 2004 年发布的《并购执行指南》（Merger Enforcement Guidelines）、日本公平交易委员会在 2004 年发布的《企业合并的反垄断法审查指南》（Guidelines to Application of the Antimonopoly Act Concerning Review of Business Combination）、欧盟在 1997 年发布的《关于为欧洲共同体竞争法界定相关市场的委员会通知》（Commission Notice on the Definition of the Relevant Market for the Purposes of Community Competition Law）、新西兰商业委员会在 2003 年发布的《合并指南》（Mergers and Acquisitions Guidelines）等都确立了 SSNIP 测试法在本国相关市场界定工作中的核心地位。SSNIP 测试法在很多国家的广泛应用充分表明了其具有普遍的适用性，它应当同样能够满足中国反垄断法实施的相关需求。①

虽然如《国务院反垄断委员会关于相关市场界定的指南》所言，界定相关市场的方法不是唯一的，我国相关理论与实务研究基于对中国市场特殊性的认知也提出了一些界定相关市场的“新方法”；但是客观而言，这些“新方法”不但没有在整体上或者局部上超越 SSNIP 测试法，反而呈现出不同程度的“退化”。② 这突出表现在以下三个方面：首先，它们在方法性质上都回到了纯粹的“定性分析”的思路上，无法比较精确地界定具体案件涉及的相关市场范围。而这个问题也正是 SSNIP 测试法出现以前的所有相

① 根据实践来看，我国不仅在相关法律文件中明确引入了 SSNIP 测试法，而且在各类垄断案件中已经大量运用了 SSNIP 测试法界定案件涉及的相关市场，取得了良好的执法效果。

② 目前我国有关“相关市场界定”的研究成果非常多，仅以“相关市场”为题名的文章在“中国知网”系统中就有几千余篇，这些成果中有些还提出了一些界定相关市场的新方法（视角）。

关市场界定方法的通病，“在过去几十年里，FTC 和美国司法部（Department of Justice，DOJ）在并购调查中都要对不同产品是否具有足够的替代性而属于同一个相关市场作出裁决。但是许多年来，对于市场的外延应当有多大这个问题一直没有做出刚性的回答。”① 其次，它们很多是以某个特定行业（如颇受反垄断法研究关注的“互联网行业”）或者某类具体垄断行为（如常见的“经营者集中”案件）为基础而构建的，其中不乏“不同行业或者不同类型垄断行为应当使用不同的相关市场界定方法”的思维痕迹，这违背了相关市场界定的统一性。即使是 SSNIP 测试法之前的所有相关市场界定方法，它们起码都具有通用性，更别说 SSNIP 测试法本身了。② 再次，它们很多是仅以某些特定的权衡因素（如双边市场结构）为视角而提出的，忽视了相关市场界定方法的系统性（“原理 + 维度 + 定量分析工具 + 考量因素组”），带有 SSNIP 测试法之前的部分相关市场界定方法所具有“管中窥豹”的缺陷，SSNIP 测试法在此方面近乎完美。

（二）违规本土化

违规本土化，即相关主体基于自身对国外反垄断执法现象的片面认识，主张我国反垄断执法机构在《反垄断法》现行框架内学习国外的部分具体做法进行定向执法以满足社会大众某些违背规律的特定诉求。

以解决社会贫富分化问题为例，在《反垄断法》颁布后，我国不少社会人士希望反垄断执法机构像美国在“标准石油公司

① David T. Scheffman & Joseph J. Simons, The State of Critical Loss Analysis: Let' s Make Sure We Understand the Whole Story, 3 *The Antitrust Source* 1 (2003), pp. 1 -9.

② 唯一影响 SSNIP 测试法适用的就是相关行业数据的可采集性，如果无法采集行业数据，SSNIP 测试法的使用就会受到影响。

案”、“美国烟草公司案”、“美国铝公司案”“电话电报公司案”、“英特尔公司案”等经典反托拉斯案件中那样借助反垄断法律制度重拳打击那些垄断企业（目标主要指向我国的大型国企）以缩小垄断暴利存在的空间，缩小不同主体之间的收入差距。类似的主张虽然可以一时迎合我国社会大众的口味，进而取得短期的“镇痛”之效；但是它是有悖于客观规律的，不符合我国的“科学发展观”。

虽然美国在“托拉斯爆破手”西奥多·罗斯福时代确有为了消除民众对社会贫富分化现象日益不满的情绪而非常严厉地实施反托拉斯法（如奉行极端的结构主义），但是它在整个美国反托拉斯执法史上只是个插曲。二战以来的美国反托拉斯执法目标主要指向经济效率，鲜有特意偏向社会财富分配问题。美国律师协会在 2003 年 2 月 12 日发布的《反垄断政策目标报告》更是明确指出：“应该将效率标准与社会目标分开使用，社会标准一般不应当作为“操作标准”对具体反垄断案件进行裁判和评估，因为在讨论反垄断政策目标时，不能忽视终极目标与操作性的执法标准之间的差异。”① 这种现象不仅出现在战后的美国，而且也存在于欧盟。欧盟在 1997 年佛罗伦萨举行的有关反垄断法目标的专门研讨会最终报告中决定：竞争政策的直接目标应限于经济效率和消费者利益。②

上述现象的出现并不是偶然的，它是由反垄断法的功能及其优化规律所客观决定的。反垄断法的主要功能是促进生产（生产功能），而不是分配财富（分配功能）。虽然市场是一种资源配置方式，即通过竞争将资源在全社会范围内进行优化配置；如果单纯

---

① ABA, Report on Antitrust Policy Objective, http://www.americanbar.org/content/dam/aba/administrative/antitrust_ law/report_ policyobjectives.authcheckdam.pdf, Feb. 12, 2003.

② Claus – Dieter Ehlermann & Laraine L. Laudati, *European Competition Law Annual* 1997: *Objectives of Competition Policy*, Oxford: Hart Publishing, 1998, p. 38.

从这点来讲，反垄断法的功能似乎主要是一种分配功能。但是如果进一步考究这种资源配置的根本目的，我们会发现反垄断法的主要目的不是进行社会财富的最终大分配，而是为了使有限的资源得到最有效的利用，从而生产出更多可以用于社会分配的利益。在市场经济中，资源的占用、使用与所有并不是等同的，非所有权人可以合法地占有、使用所有权人的资源。市场在进行资源配置时，可以将所有权人的资源配置给生产效率更高的非所有权人使用。① 政府通过市场进行这种资源的临时性转移的目的是实现社会资源的最大化利用，促进社会整体财富总量的增长。因此，反垄断法的功能主要是生产性功能。反垄断法的分配功能是极其有限的，它本身也不善于对社会财富进行分配。反垄断法的功能主要是依赖于市场竞争实现的，而市场竞争自身往往会导致社会财富分配的失衡。在优胜劣汰的市场规律的作用下，社会财富会加速向优势群体集中，而弱势群体的财富随着经济发展而不断地实质性地减损。②

五、反垄断执法本土化的路径

综观反垄断法后发国家的情况，虽然各国的本土化对象和本土化改造基本不同，但是它们却有着一条相同的路径。总结起来看，这条路径的基本操作规程如表2－1－1。

---

① 例如通过银行存款和贷款或者通过资本市场融资渠道，市场可以将广大公民的个人闲置资金配置给那些经营能力好的生产型企业。但是这种资源配置本身并不等于财富的分配，因为相关财富的所有权并没有发生转移。

② 参见丁茂中：《反垄断法的目标选择及其功能优化刍议》，载《现代财经》2011年第8期。

表2-1-1　反垄断法后发国家反垄断执法本土化的路径基本操作规程

<table>
<tr><td rowspan="2">第一步</td><td>环节名称</td><td>操作方法</td><td>权衡依据</td><td>评估结果</td></tr>
<tr><td>适需评估</td><td>目前主要采用以下2种方法：①经验法②比较法</td><td>主要需要考虑以下因素：①移植对象的生成环境，主要是经济因素、政治因素与法律体制；②与前者对应的本国概况；③移植对象的全球生存境况；④移植对象的性质及其潜在影响范围；⑤本国相应供给的替代性等。</td><td>A. 无法移植
B. 直接移植
C. 需要改造</td></tr>
<tr><td rowspan="6">第二步</td><td>环节名称</td><td>可分类别</td><td>归口内容</td><td>参考因素</td></tr>
<tr><td rowspan="5">分类改造</td><td>应用文本</td><td>保密协议、项目合同、申请书等。</td><td>本国相应的专业术语、语言组织的习俗、执法事项的表述特殊需求等。</td></tr>
<tr><td>操作流程</td><td>具体垄断行为的执法程序、特殊主体产生的顺序等。</td><td>本国的现行执法程序框架、法定工作时间、关联性执法环节的契合性、相对人履行义务的便捷性、法律时效等。</td></tr>
<tr><td>定量分析工具</td><td>数据模型、测试方法、调查手段等。</td><td>参评因素的范围、数据的差异、先前市场的相关反应、经营文化的特殊性等。</td></tr>
<tr><td>定性裁决依据</td><td>经济学理论、特定方面的标准等。</td><td>本国的经济体制、发展模式与水平、竞争政策的阶段性目标、上位法规则等。</td></tr>
<tr><td>……</td><td>……</td><td>……</td></tr>
</table>

续 表

<table>
<tr><td rowspan="2">第三步</td><td>环节名称</td><td colspan="2">适用对象</td><td>适用原则</td></tr>
<tr><td>轻手适用</td><td colspan="2">原则上涵盖所有移植内容，包括“直接移植”类型和经过“分类改造”的事项，少数内容如简易示范文本、节点性具体操作方法等可以例外。</td><td>在可控范围内大量试用，但在试用期间尽量减少在社会影响较大的反垄断案件中使用；在适用尚未完全成熟的定量分析工具或者定性裁决依据的反垄断案件中秉持慎罚慎刑态度。</td></tr>
<tr><td rowspan="2">第四步</td><td>环节名称</td><td>修正对象</td><td>修正模式</td><td>修正依据</td></tr>
<tr><td>反馈修正</td><td>在实践应用过程中存在局部瑕疵的事项，不包括存在系统性问题的内容。</td><td>及时、动态进行，局部完善操作。</td><td>归类案件的共性特征、社会各类主体的意见或者建议、执法机构的自身经验、他国的执法教训、关联性法律制度的修改、竞争政策的变化等。</td></tr>
<tr><td rowspan="2">第五步</td><td>环节名称</td><td colspan="2">适用对象</td><td>存在形式</td></tr>
<tr><td>文件化</td><td colspan="2">除简易示范文本等少数内容外，原则上必须是经过“轻手适用”没有发现问题或者经过“反馈修正”趋于稳定成熟的内容。</td><td>A. 法律法规或者部门规章
B. 指导性的法律文件</td></tr>
</table>

从实践来看，目前，我国国家发改委、商务部、国家工商总局三家反垄断执法机构在反垄断执法移植与本土化方面还没有统一的章法，基本上处于“各行其是”且“一案一议”的状态。为了保证我国反垄断执法移植和本土化的科学性，我国应当尽快建立一套完整统一的相关操作规程。

第二节　相关市场界定的国际化比较

虽然相关市场并不是反垄断法的一项基本制度，但是对相关市场的界定却是反垄断法实施中一项非常重要的基础性工作。目前，包括美国、欧盟、日本、英国、加拿大、澳大利亚、新西兰等在内的发达国家和地区先后都专门发布了相关方面的指导性操作文件。深入分析和比较这些国家或者地区的相关规定对于完善我国相关市场界定的指导性文件和提升具体操作水平都具有重要价值。

一、相关市场界定的方法比较

在其他条件既定的情况下，采用不同的方法对相关市场进行界定往往会产生不同的结果。因此，方法的选用对相关市场的界定至关重要。

（一）不同国家和地区方法选择的比较

美国司法部和联邦贸易委员会在1997年联合修订的《横向市场合并指南》① 中指出：一个市场是指一种产品或者一组产品以及生产或者销售这种或者这组产品的地区范围。在该地区内，假设一个无需服从价格管制并且追求利润最大化的企业，作为这些产品在当前和今后唯一的生产者或者销售者，在所有其他产品的销售条件保持不变的情况下，它可能会进行一个数额不大但很重要且非临时性的涨价。一个相关市场就是一组产品和一个范围上刚好满足这一检验标准的地域。

欧盟在1997年发布的《关于为欧洲共同体竞争法界定相关市场的委员会通知》② 中规定：假如所考察的产品和地区，相对价格发

① U. S. Department of Justice and the Federal Trade Commission, Horizontal Merger Guidelines, https：//www. justice. gov/atr/horizontal - merger - guidelines - 0, May 2, 2013.

② EU, Commission Notice on the Definition of the Relevant Market for the Purposes of Community Competition Law, http：//eur - lex. europa. eu/legal - content/EN/TXT/PDF/? uri = CELEX：31997Y1209 （01） &from = EN, May 4, 2014.

生了数目不大但是持久性的上涨，消费者是否很容易获得替代产品或者转向其他地区的供应商。如果这种替代使得供应商销售数量急剧下降，进而导致其涨价行为是无利可图的，则这些其他替代产品和地区应当包括在相关市场范围之内，直到在最后所确定的产品及其地区中，在相对价格发生了数目不大但是持久性的上涨时，供应商仍然能够赢利。

日本公平交易委员会在2007年修订的《企业合并的反垄断法审查指南》① 中规定：在考察使用者的替代性时，当局首先假定特定产品的提供是由特定地区内的单个垄断者来完成的。在这个假定的前提下，它将考虑消费者在单个垄断者追求利润最大化而持续实施了一个"数额不大但很重要且非临时性涨价"价格的情况下购买其他替代性产品或者转向其他地区购买涉案产品的程度。如果转向购买其他替代产品或者转向其他地区购买涉案产品的程度比较小，则单个垄断者因涨价行为而获得更多利润的行为就比较容易成功。

OFT在2004年发布的《相关市场界定——理解竞争法》② 中规定：相关市场的界定通常是从建立最具有替代性的产品或者产品群开始的，那些替代产品是对涉案产品供给者的最有效约束。为了确立哪些产品具有足够的替代性，当局通常采用假定垄断者测试法。该测试法的本质目的是建立一个最小范围的产品群和地理区域，在该地理区域内掌控产品供给的垄断者能够成功地实施一个超过竞争状态下的价格水平行为。

---

① Japan Fair Trade Commission , Guidelines to Application of the Antimonopoly Act Concerning Review of Business Combination, http：//www. jftc. go. jp/en/pressreleases/yearly_ 2007/mar/2007_ mar_ 28_ 1_ 1. files/2007 – Mar – 28_ 1_ 1. pdf, Jun. 6, 2016.

② UK Office of Fair Trading, Market Definition—Understanding competition law, https：//www. gov. uk/government/uploads/system/uploads/attachment _ data/file/284423/oft403. pdf, Aug. 1, 2016.

加拿大竞争局在2011年修订的《并购执行指南》① 中规定：相关市场一般是指至少包括涉案企业一种产品的最小的一个产品群和一个最小的地区，在该地区，假定的垄断者能够成功地实施和维持一个超过竞争水平的“数额不大但很重要且非临时性涨价”。

澳大利亚竞争与消费者委员会在2008年发布的《并购指南》②中规定：相关市场的界定可以视为建立一个包括产品、功能和地理在内的最小区域，在该区域内，一个假定的现在和潜在的以利润最大化为目的的垄断者能够实施超过正常竞争水平的“数额不大但很重要且非临时性涨价”。

新西兰商业委员会在2013年修订的《合并指南》③ 中指出：为了对市场竞争进行有效评估，目前一种全球通用的做法就是推定相关市场是这样的一个最小范围，即一个不受市场进入制约的以利润最大化为目的的唯一供给者能够在此成功地实施一个“数额不大但很重要且非临时性涨价”。

通过对比上述国家和地区的相关文件内容，我们可以直观地发现：目前，世界上主要发达国家和地区在相关市场的界定方面所采用的方法上是高度趋同的，它们主要采用假定垄断者测试法。由于此方法的核心要点在于一个“数额不大但很重要且非临时性涨价”(Small but Significant Not - transitory Increase in Price)，所以通常更多地被称为SSNIP测试法。

---

① Competition Bureau of Canada, Merger Enforcement Guidelines, http://www.competitionbureau.gc.ca/eic/site/cb-bc.nsf/vwapj/cb-meg-2011-e.pdf/$FILE/cb-meg-2011-e.pdf, Sep. 10, 2016.

② Australian Competition and Consumer Commission, Merger guidelines, https://www.accc.gov.au/system/files/Merger%20guidelines.pdf, Sep. 10, 2016.

③ New Zealand Commerce Commission, Mergers and Acquisitions Guidelines, http://www.comcom.govt.nz/business-competition/guidelines-2/mergers-and-acquisitions-guidelines/, Sep. 10, 2016.

（二）不同方法的比较

世界上主要发达国家和地区在相关市场界定方面所选用的方法呈现高度趋同的局面并不是通过协商形成的，而是相互学习与借鉴的结果。这主要得益于 SSNIP 测试法的相对科学性，而它的相对科学性可以通过与其他界定相关市场的方法比较中显现出来。

在 SSNIP 测试法出现以前，也存在其他一些相关市场界定方法。总的看来，它们主要有五种，即同质产品认定法、需求替代认定法、附属市场理论、商品群理论和供给替代认定法，这些方法均较早地产生于美国的反托拉斯司法审判活动中。

同质产品认定法是以产品性质的一致性标准来确定相关产品市场的范围，它在 1945 年美国诉美国铝公司垄断的案件中被典型运用。① 需求替代认定法是以需求的可替代性作为标准来确定相关市场的范围，它在 1956 年美国诉杜邦公司案件中被首次应用。② 附属市场理论是在需求替代认定基础上通过对市场细分的考察来确定相关市场的范围的，它在 1962 年布朗鞋业公司诉美国联邦政府的案件中得以采用。③ 商品群理论是在需求替代认定的基础上通过对一系列商品组合后形成的关系分析来确定不同产品之间形成的特殊竞争关系，它在 1963 年的美国诉费城国民银行案件中被创造性地提出。④ 供给替代认定法是重点从供给之间的竞争性关系来认定相关市场范围，它在 19 世纪 60 年代以后被广泛应用。

这五种方法都在不同范围内存在一些共性的不足：对于同质产品认定法、附属市场理论、商品群理论而言，三者都存在适用维度过于狭窄的问题，基本上限于相关产品市场的界定；对于需求替代

① United States v. AluminumCo. ofAmerica, 148 F. 2d 416 (2dCir. 1945) .

② United States v. Du Pont & Co. , 351 U. S. 377 (1956) .

③ Brown Shoe Co. , Inc. v. United States, 370 U. S. 294 (1962) .

④ United States v. Philadelphia Natl Bank, 374 U. S. 321 (1963).

认定法和供给替代认定法而言，两者都存在对替代性原理的片面性应用的问题；对于除同质产品认定法以外的四种方法而言，它们都存在一个致命缺陷，即相关市场的范围存在极大的不确定性，因为这些方法都没有指出替代性分析的适用边界。“在过去几十年里，FTC 和 DOJ 在并购调查中都要对不同产品是否具有足够的替代性而属于同一个相关市场作出裁决。但是在这么多年中，对于市场的外延应当达到多远这个问题一直没有作出刚性的回答”。①

而 SSNIP 测试法则在较大程度上解决了上述方法所存在的不足：第一，它具有普遍的适用性，可以应用于所有相关市场界定的维度，如产品维度与地理维度；第二，它科学、全面地应用了替代性原理，周全地考虑了供给替代性和需求替代性；第三，也是最重要的，它能够相对确定相关市场的外延。SSNIP 测试法通过借助一个相对确定的涨价幅度来考察假定垄断者的获利情况而最终确定替代性的最佳边缘，从而能够对相关市场的外延进行适度定位；而从根本上实现量化分析的临界损失分析法则进一步提升了 SSNIP 测试法对相关市场外延定位的精确程度。

但是值得指出的是，SSNIP 测试法在现阶段也不是尽善尽美的，它也存在一些不足，例如：第一，SSNIP 测试法存在适用前提，即“其他产品的销售条件保持不变”和“市场上不存在价格歧视”，而这在现实中有时是难以实现的；第二，SSNIP 测试法可能导致相关市场范围被技术性地放大，在 1956 年美国诉杜邦公司案件中，人们已经意识到并重视这一点；第三，SSNIP 测试法对数据的依赖性比较高，而有些情况下相关方面的数据是难以获取的。例如，欧盟委员会在 British interactive broadcasting 案的裁决中指出：采用 SSNIP 测试

---

① David T. Scheffman & Joseph J. Simons, The State of Critical Loss Analysis: Let’s Make Sure We Understand the Whole Story, 3 *The Antitrust Source* 1 (2003), pp. 1 –9.

法描述互动广播产业的相关市场是不可能实现的，因为对于一项刚刚兴起的产品来说，无法获得任何关于它的市场数据。[1]

二、相关市场界定的维度比较

相关市场是由多个维度复合而成的，维度选择的差异也会对界定的结果产生比较大的影响。所以，很多国家和地区都十分重视相关市场界定维度的选择。

（一）形式层面的比较

从形式上来看，主要发达国家和地区在相关市场界定的维度选择上基本可以划分为四种类型，即五维度论、四维度论、三维度论和二维度论。

五维度论是指一个国家的反垄断执法机构从五个复合维度对相关市场进行界定。从实践来看，目前采取这种做法的国家是新西兰。新西兰《合并指南》第 3.1 条指出，委员会根据以下五个维度对相关市场进行界定：供给和购买的商品或者服务（product dimension）、商品或者服务获取或者供给的地理区域（geographic dimension）、生产和分配链中的层次（functional dimension）、时间范围（temporal dimension）和市场中不同消费者的类型（customer dimension）。

四维度论是指一个国家的反垄断执法机构从四个复合维度对相关市场进行界定。目前采取这种做法的国家是澳大利亚。澳大利亚《并购指南》第 5.40 条明确指出，一个市场包含四个维度，即产品（product）、地理（geographic）、功能（functional）和时间（time）。

三维度论是指一个国家的反垄断执法机构从三个复合维度对相关市场进行界定。从实践来看，目前采取这种做法的国家主要是英国。虽然英国《相关市场界定——理解竞争法》第 2.15 条和第 5.3

---

① OJ [1999] L 312/1, [2000] 4 CMLR 901.

条指出：相关市场的界定通常有两个维度，即产品（product）和地理（geographic area）；在某种程度上，时间维度是产品维度的简单延伸，产品可以界定为在特定时间内所提供的服务。但是，在第2.15条的注释部分，它也明确地指出：时间在某些情况下是界定相关市场的一个深层次维度。

二维度论是指一个国家或者地区的反垄断执法机构从两个复合维度对相关市场进行界定。目前很多国家都采取了这种做法，如美国、日本、欧盟、加拿大等。美国《横向市场合并指南》第一部分分别从产品和地理两个维度对存在价格歧视和不存在价格歧视两种情况下的相关市场界定问题做了说明。日本在《企业合并的反垄断法审查指南》的第二部分有关“特定交易领域”的规定中明确了两个基本分析视角，即产品和地理。欧盟在《关于为欧洲共同体竞争法界定相关市场的委员会通知》的导言部分明确指出，本通告的目的是为欧盟委员会如何应用相关产品和地域市场概念提供指导……产品和地域范围的相关市场界定通常对竞争个案的评估有着决定性的影响。加拿大在《并购执行指南》第3.1条明确规定，对相关市场的分析从两个角度进行，即产品维度和地理维度。

从前面的初步比较分析可以看出，产品与地理是大多数国家和地区界定相关市场的两个基本形式维度，不同国家和地区在是否将时间、功能和消费者三者列为界定相关市场的形式维度问题上在不同程度和不同范围内存在相应的认识分歧。

（二）实质层面的比较

从实质上来看，主要发达国家和地区在界定相关市场的维度实质内容上并不存在很大的差异，反而呈现出一种较强的趋同性发展态势。

作为在认识范围上存在差异最小的形式维度，时间在美国、欧盟、日本和加拿大等界定相关市场的具体操作中都是有相应安排的，这主要集中表现在 SSNIP 测试法有关替代性考察周期的考虑上面。通过前面的分析和比较可以肯定的是，SSNIP 测试法是美国、欧盟、日本和加拿大等目前界定相关市场主要采取的方法。当这些国家和地区的反垄断执法机构或者法院在使用 SSNIP 测试法对相关市场进行界定时，它们必须对在“假定的垄断者实施一个数额不大但很重要且非临时性涨价”情况下不同产品之间或者地区之间的替代性问题做出判断。由于不同产品或者地域之间的替代性程度同消费者和经营者对市场信息刺激做出反应的时间长短存在直接关系，所以这些反垄断法实施机关还必须对这种替代性考察设定一个合理的期限，而这个期限在性质上与英国、澳大利亚、新西兰等国家的时间维度是基本相同的，唯一的差别主要在于前者在考虑的种类上与后者相比较为狭隘。

澳大利亚和新西兰在形式维度上所考虑的“功能”在其他发达国家和地区的相关规定也是有所涵盖的，只是这些国家和地区在不同范围内有着各自不同的做法。总体来看，大概有三类做法：第一类以美国、欧盟和加拿大为代表，它们虽然在发布的相关文件中没有对生产与分配不同环节中的市场划分作出直接的细化规定，但是可以通过相关市场界定的原则、SSNIP 测试法和产品与地理两个维度的权衡因素在具体操作中有效处理相应的问题。第二类以日本为代表，它在发布的相关文件中指出了分配环节在相关市场界定中的作用。日本的《企业合并的反垄断法审查指南》第二部分的第 4 点要求当局在界定相关产品市场和相关地理市场过程中合理考虑分配层次（distribution levels）和其他因素。第三类以英国为代表，它在《相关市场界定——理解竞争法》第 5.12 条中相对具体地指出了该方面内容，但是没有像澳大利亚和新西兰那样详细列举对应的权衡因素。

作为新西兰在形式上独有的维度，消费者维度在其他发达国家和地区的相关文件中也有着实质性的规定。美国在《横向市场合并指南》第一部分中明确指出：在假设的垄断者对不同的买方集团在价格上有歧视行为时，例如对不同的客户和不同的销售地域存在价格差异时，当局应当根据不同的买方集团界定不同的相关市场。英国的《相关市场界定——理解竞争法》第3.9条规定：在假定的垄断者对不同的消费群体实施价格歧视的情况下，每一个消费群体可能形成一个独立的市场。澳大利亚《并购指南》第5.54条强调，在有些情况下，不同的消费群体可能适宜被界定成为不同的市场。日本在《企业合并的反垄断法审查指南》第二部分第4点中指出：在向小型消费群体提供的产品价格出现上涨的情况下，由于受到交易的限制，小型消费群体就无法购买向大型消费群体提供的商品，公司在小型消费群体中的涨价行为就很容易成功，所以它们属于两个不同的交易领域。加拿大的《并购执行指南》第3.1条强调，在存在价格歧视的情况下，根据购买者的类型特征或者特定位置可以将整个市场界定为多个相关市场。欧盟的《关于为欧洲共同体竞争法界定相关市场的委员会通知》在有关评估产品之间替代性的证据内容部分规定："在存在不同顾客群体时，产品市场的范围也会被缩小。当对相关产品的某个独立顾客群体存在价格歧视时，这一群体就可以成为一个更狭小的独立市场"。

通过前面的比较分析，我们不仅可以看出大多数国家和地区界定相关市场的维度在实质内容上具有高度的趋同性，而且可以发现产品维度与地理维度可以有效涵盖功能维度和消费者维度。因此，产品、地理和时间是界定相关市场的三个基本维度，相关市场的存在形态通常呈现三维性。

三、相关市场界定的权衡因素比较

各个维度的权衡因素是判断替代性的具体考量因素，它们对具体案件相关市场的界定通常会产生直接的影响，尤其是产品、地理与时间三个基本维度的诸多权衡因素。

（一）产品维度的权衡因素比较

在产品维度的权衡因素处理技术上，整体上有两种做法：一种是没有在相关文件中明确列举，而是结合个案考察所有可以影响替代性的因素；另外一种是在相关文件中概括地列举主要权衡内容。前者的典型代表是美国，它并没有在《横向市场合并指南》的第1.1部分对衡量不同产品之间替代性的因素进行说明，而是在实际操作中由法院根据个案具体情况自由裁量。例如，在美国诉西方石油公司案件中，法院主要是采取价格、用途和转换供给等权衡因素进行分析的。① 后者是大多数国家和地区采取的做法，包括英国、欧盟、日本、加拿大、澳大利亚、新西兰等。

在采取概括列举方式的国家和地区中：根据《相关市场界定——理解竞争法》第三部分规定，OFT重点考虑价格、产品用途、物理特征、消费转移成本和品牌忠诚度等；根据《关于为欧洲共同体竞争法界定相关市场的委员会通知》第三部分规定，欧盟委员会重点考虑顾客和竞争者的看法、顾客喜好、转向潜在替代品的需求所涉及的障碍和开支、顾客类型和价格歧视等；根据《企业合并的反垄断法审查指南》第二部分规定，日本公平交易委员会重点考虑用途、定价与数量等的变化、使用者的认知和行为反应等；根据《并购执行指南》第三部分规定，加拿大竞争局一般会根据消费者对价格的变化反应、功能、消费转移成本等来分析产品之间的替代性；根据《并购指南》第5.59条规定，澳大利亚消费者与竞争委员会根据以下七个因素进行分析，即涉案产品和潜在替代产品的最终用途、涉案产品和潜在替代产品的物理与技术方面特征、涉案产品和潜在替代产品的消费转移成本、消费者对相关产品之间替代性的认知程度

---

① See United States v. Occidental Petroleum Corp., 1986 - 1 Trade Case. (CCH) 67071, (D. D. C. 1986).

和行为反应、从一个产品的生产与销售系统转向接近涉案产品所需要的成本、现行供应商就潜在替代产品的其他供应商的定价和市场营销策略对自身的定价行为和市场营销所产生的影响秉持的看法和相应的行为反应或者相关方面的商业记录、相对替代产品而言的相关产品的价格水平和价格变化动态；根据《合并指南》第 3.2 条规定，新西兰商业委员会主要考虑购买者行为、消费类型、价格趋势、经营者反应、市场参与者的看法等权衡因素。

由于替代性分析的复杂性和概括列举式的有限性，上述国家和地区在具体个案中会根据实际需要考虑其他一些权衡因素。例如，OFT 在 Aberdeen journals II 案件中重点考察了涉嫌企业的具体行为和自我陈述①；澳大利亚在 Westpac/Bank of Melbourne 案件中考虑了信用风险和信息优势因素等②。

值得注意的是，在采取概括列举式的国家和地区中，被列举出来的权衡因素在相关文件中的存在形态或者性质有一定的差异。③ 英国、欧盟、加拿大和新西兰强调它们的证据性（Evidence），日本强调它们的标准性（Criterion），澳大利亚则仅强调了它们的信息性（Information）。

（二）地理维度的权衡因素比较

在地理维度的权衡因素技术处理上，大多数国家和地区在发布的相关文件中都做了简要的列举，例如：

英国《相关市场界定——理解竞争法》第四部分指出：在界定

① Aberdeen journals（remitted case），Sep. 25，2002，p. 94 – 99，http：//www. oft. gov. uk，Dec. 28，2009.

② Australian Competition and Consumer Commission，Merger guidelines，https：//www. accc. gov. au/system/files/Merger%20guidelines. pdf，Sep. 10，2016.

③ 地理维度的权衡因素在相关文件中的存在形态或者性质也存在这个问题。

相关地理市场时，除了需要考虑界定相关产品市场时所需要权衡的因素外，还需要特别考虑产品价值、搜寻成本和运输成本等内容，因为在产品价值相对较高的情况下，消费者更倾向到更广的范围去搜寻和购买其他更为便宜的商品。

欧盟《关于为欧洲共同体竞争法界定相关市场的委员会通知》有关界定相关地理市场的证据部分指出，它们主要考虑以下几个内容，即基本需求特性、顾客和竞争者的看法、当前的购买地域类型、贸易流通情况/运输方式、把订单转移到位于其它区域的公司所涉及的障碍和转换开支等。

澳大利亚《并购指南》第 5.62 条明确规定，在界定相关地理市场时，委员会将综合考虑以下九个方面的信息，即消费者获取可替代性资源供给的便捷性、转向购买可替代性资源所需要的成本、购买者对于不同地理区域上供给之间的转移可能性所秉持的看法与实际行为反应、替代性资源供给所涉及到的搜寻与运输成本、产品的抗腐蚀性、其他供应商向消费者出售涉案企业所提供的产品存在的管制性障碍或者其他客观存在的障碍、转换或者扩展涉案产品的生产或者销售系统所存在的成本、供应商就某一个地区内的供应商的定价行为和市场营销策略对另外一个地区所可能产生的影响秉持的观点或者实际行为反应或者相关方面的商业记录、供给的不同区域形成的相对价格水平和价格发展动向。

加拿大《并购执行指南》第三部分指出，在判断不同地理市场之间是否具有较为紧密的替代性时，需要合理考虑产品的特定特征、转换成本、运输成本、价格关系、相对的价格水平、运送方式和国外竞争情况。

日本《企业合并的反垄断法审查指南》的第二部分规定，在界定相关地理市场时，以下因素会被合理考虑，包括运输的方式或者成本、商品的特性、供给者所在区域、购买者购买行为发生地等。

新西兰《合并指南》第 3.3 条规定，在分析相关地理市场时，商业委员会会考虑一系列因素，包括产品是否需要供给者和购买者当面提供、产品在不同地区之间的价格趋同程度、产品在特定地区的进出情况、市场参与者的广告覆盖范围等。

由于上述国家和地区都是采取概括列举式，因此，权衡因素在相关文件中的形式差异不足以说明它们之间存在某种实质性的不同；而在有限列举范围内的诸多因素在不同程度上趋于一致恰恰表明很多国家和地区在相关方面的趋同性。①

考虑到替代性分析权衡因素的复杂性和概括列举式的有限性，也有些国家没有在发布的相关文件中对地理维度的权衡因素进行阐述，而由相关主体根据替代性分析需要结合个案进行。采取这种做法的典型代表仍然是美国，美国《横向市场合并指南》第 1.2 部分没有对界定相关地理市场时需要具体考虑的权衡因素进行说明。在实践中，美国法院是根据个案的具体情况进行考虑的。例如，在美国诉莫瑞赛康复医疗集团案件中，法院从服务获取的便捷性、消费者偏好、地区距离等因素考虑对此案相关地理市场做出认定。②

（三）时间维度的权衡因素比较

从目前实践来看，在相关文件中将时间作为界定相关市场的一个独立形式维度的国家主要是英国、澳大利亚和新西兰，它们各自对时间维度的权衡因素做了不同程度的阐述。

英国《相关市场界定——理解竞争法》第 5.1 条和第 5.2 条指出，当消费者的消费需求或者供给者的供给替代在时间周期上无法替代时，需要合理考虑时间维度，例如以下情形，高峰期与非高峰期、季节变化、产品升级或者革新等。

---

① 有关产品维度的权衡因素比较同样可以得出这个结果。

② See United States v. Mercy Health Services Group, 902 F. Supp. 968 (N. D. Iowa 1995).

澳大利亚仅仅对放松管制这一种情况做了说明，《并购指南》第5.74条指出，已经规划好的放松管制可能会对一些行业中的相关产品市场和相关地理市场的外延产生影响。消费者与竞争委员会是否依据目前替代的可能性来界定相关市场主要取决于放松管制的确定性和时间问题、当前价格和产量受到将来替代可能性的约束程度和发生在放松管制前的反竞争行为的损害程度。

新西兰《合并指南》第3.5条中对相关时间市场的考虑情形做了简要列举，它指出：在涉及长期合同或者诸如森林和天然气这些消耗性资源情况下①，时间问题是非常重要的。此外，在涉及到诸如家电这些耐用品市场时，时间问题也是需要重视的，因为在面对“数额不大但很重要且非临时性涨价”的情形时，购买者通过继续使用现有产品可以延缓替代性购买。

从前面三个国家的规定来看，不难发现它们在时间维度的权衡因素上存在较大的认识差异。但是由于上述国家对相关方面的权衡因素是通过列举方式进行的，所以存在的这些差异只能反映出在某一时间段内它们在这个领域各自探索的范围有所不同，而不足以证明它们之间在相关时间市场界定上存在何种实质性的差异。

四、结语

方法、维度、权衡因素三者的有机集合构成相关市场界定的基本框架，它们主导着反垄断法实施中的相关市场界定工作。通过前面对相关市场界定的方法、维度和权衡因素的比较与分析可以看出，到目前为止，主要发达国家和地区在相关市场的界定方面整体上呈现出高度的趋同性，这在一定程度上充分表明了相关市场界定的相

① New Zealand Commerce Commission, Decision No. 408: Shell Exploration Co BV/Fletcher Challenge Energy, http://www.austlii.edu.au/cgi-bin/sign.cgi/nz/cases/NZComComm/2000/27, pp. 15-16, May 3, 2016.

对客观性。

在相关市场的界定呈现出高度趋同性和具有相对客观性的情况下，作为在反垄断法律制度建设与实施方面后发的国家，科学借鉴发达国家和地区的经验应当是我国目前最为合理的选择。

尽管我国国务院反垄断委员会在 2009 年 5 月 24 日发布了《国务院反垄断委员会关于相关市场界定的指南》，初步建立了我国相关市场界定的指导性制度框架；但是从目前的实践来看，至少需要在以下三个方面进行完善：

第一，SSNIP 测试法的地位有待提升。作为目前相对比较科学的界定方法，SSNIP 测试法应当成为界定相关市场的基本方法。而根据《关于相关市场界定的指南》第 7 条规定，在反垄断执法实践中，根据实际情况，可能使用不同的方法；在经营者竞争的市场范围不够清晰或不易确定时，可以按照 SSNIP 测试法来界定相关市场。

第二，时间应当提升为一个独立的界定维度。鉴于竞争的动态性、市场支配地位存续的临时性和成本核算的阶段性，时间应当成为相关市场界定的一个独立维度。而我国目前仅在当生产周期、使用期限、季节性、流行时尚性或知识产权保护期限等已构成商品不可忽视的特征时，时间性在相关市场界定中才被考虑。

第三，相应维度的权衡因素需要进一步细化。影响各个维度下的替代性分析因素是很多的，虽然无法通过列举方式穷尽，但是从增强法律的指引性角度来看，有必要在最大范围内加以细化和说明。

期望通过对我国相关市场界定工作的完善能够有效地推动我国反垄断法律制度的科学实施，从而促进我国市场经济稳健发展。

第三节 维持转售价格的违法认定困境及出路

伴随着贵州茅台酒销售有限公司纵向价格垄断协议案、宜宾五粮液酒类销售有限责任公司纵向价格垄断协议案、广州合生元生物制品有限公司等多家婴幼儿奶粉企业纵向价格垄断协议案、北京锐邦涌和科贸有限公司诉强生（上海）医疗器材有限公司、强生（中国）医疗器材有限公司纵向价格垄断协议纠纷案等大量案件的频繁出现，《反垄断法》有关纵向价格垄断协议的法律规定在具体操作中的适用问题就逐步凸显出来。

一、适用本身违法原则的困境

本身违法原则的基本含义是，企业的某些特定行为，不管事实是否已经产生了限制竞争的后果，均被视为非法垄断。① 《反垄断法》第 14 条规定，禁止经营者与交易相对人达成下列垄断协议：（一）固定向第三人转售商品的价格；（二）限定向第三人转售商品的最低价格；（三）国务院反垄断执法机构认定的其他垄断协议。② 若仅依据上述规定对维持转售价格进行法律认定，它应当被共识性地理解为采用了本身违法原则。在适用本身违法原则的情形下，反垄断执法机构将面临着经营者普遍性违法和其自身选择性执法的困境。

（一）普遍性违法

从实践来看，受经营资本的有限性、销售体系的复杂性、商业文化的地域性等多种因素的影响，绝大多数国家和地区的企业目前还是主要采用非直销模式的产品营销机制，这些生产商所制造的产品通常经由一个层级或者一个层级以上、总数不等的经销商的中间转售才能到达终端用户的手中。根据 4P 营销理论与 5C 营销理论，

---

① 参见钟明钊主编：《竞争法》，法律出版社 2008 年版，第 227 页。

② 基于行文需要，以下使用“维持转售价格”来统称“固定向第三人转售商品的价格和限定向第三人转售商品的最低价格”，它在本书语境里为中性名词。

价格是所有商品的固有组成要素；因此，产品定价也是采用非直销模式的企业在制定营销方案过程中所必须考虑的重要内容。非直销模式的产品营销机制与产品定价在营销方案中的固有地位的叠加就为维持转售价格的滋生提供了基础条件。单纯站在企业的角度来看，维持转售价格有着非常重要的商业价值，这突出地表现在以下四个方面：第一，通过保证经销商能够获得足够的利润吸引他们的加入来构建企业的销售网络；第二，可以避免和减少企业品牌内部在流通过程中潜在的"搭便车"等不良竞争问题以保证经销商系统的稳定性；第三，通过维持相对高价使得企业获得高额的经济利润；第四，可以给企业塑造一种高端的商业形象等。在这种情况下，可以合理推测生产商应当都是有着强烈的动机和欲望去实施维持转售价格行为。因此，维持转售价格的发生具有极高的天然性，并且往往契溶于企业的营销模式之中，与其浑然一体。这就客观上决定了维持转售价格的存在具有普遍性，这点已为各国实践所充分证明。

就我国而言，即使《反垄断法》已经实施将近 10 年，维持转售价格在我们的日常经济生活中并不少见，很多企业一如既往有意或无意地实施他们在 2008 年 8 月 1 日以前的"传统商业做法"，消费者似乎对此也是习以为常。若仔细考察我国目前的各类市场，不难发现：除了基于被反垄断执法机构调查、被利害关系人起诉等原因而被置于公众舆论之下拷问的白酒市场、婴幼儿奶粉市场、药品市场、汽车市场等之外，还有很多领域的市场存在维持转售价格行为的现象，如图书市场、品牌服装市场、家电市场、建材市场、食品市场、办公设备市场、通讯器材市场等。仅以汽车市场为例，不少汽车制造商尤其是知名品牌的汽车制造商对经销商的转售价格作了严格的限定，例如：北京奔驰汽车有限公司在 2011 年 3 月 1 日实施"双限"政策，其中之一就是"限价"，它包括规范和统一电话报价、严禁在媒体发布低价信息以及规范零售成交价；第三项最为关键和严格，北京奔驰汽车有限公司明确规定，3 月份奔驰 C 和 E 级轿车共计 11 款不同型号车型的最低限价，并且今后将在每个月初发布 11 款车型当月的最低限价，授权经销商需统一执行。①

若采用本身违法原则对这类存在于各个经济领域的行为进行法律认定，则它们都构成纵向价格垄断协议，无一幸免地成为《反垄断法》严厉规制的垄断行为，这就意味着我国境内的很多企业普遍存在纵向价格垄断协议的违法行为。普遍性违法将使得反垄断执法机构面临着一系列挑战：第一，执法理念挑战。尽管黑格尔的“存在即合理”并非真理，但是维持转售价格的普遍性存在、经济学对维持转售价格的是非争论②、美国对维持转售价格的执法转变等本身就使得反垄断执法机构难免会对其采用本身违法原则的做法产生疑虑，而适用本身违法原则出现的普遍性违法格局更容易加剧这种疑虑并可能导致反垄断执法机构的自我“心虚”现象。③ 第二，执法资源挑战。普遍性违法的格局意味着反垄断执法机构将面临着海量案件，若再算上这些执法可能引发的潜在行政诉讼而派生的工作量，这将使反垄断执法机构的执法资源面临严峻的考验。第三，执法抗压挑战。即便在对维持转售价格适用本身违法原则合理、必要的情况下，我国“法不责众”的恶俗观念本身就容易使反垄断执法机构的正常执法遭到种种非议，更何况上述前提条件还存在较大的争议；若再考虑到《反垄断法》对纵向价格垄断协议的罚款绝对额都比较高，这往往会波及投资者、地方政府、员工等广大群体的利益，进

① 参见王昉：《北京奔驰渠道内乱火山爆发双限踢爆车业潜规则》，http://auto.163.com/11/0331/00/70EESGHE00084JTI.html，访问日期：2015 年 7 月 21 日。

② 经济学理论对维持转售价格有三种不同的解释，即不同品牌制造商之间的卡特尔、同一品牌零售商之间的卡特尔、制造商的单方商业行为。

③ 如在贵州茅台酒销售有限公司纵向价格垄断协议案与宜宾五粮液酒类销售有限责任公司纵向价格垄断协议案中，按理说反垄断执法机构应当对违法者进行重罚以儆效尤，然而它却通过缩小涉案的“相关市场”使涉案企业的“上一年度销售额”这个基数最小化并按照最低的比例进行处罚。

而可能导致“院外游说”等，反垄断执法机构所面临的各种压力可想而知。

（二）选择性执法

正如前文所言，若采用本身违法原则，我国境内的很多企业普遍存在纵向价格垄断协议的违法行为。根据《反垄断法》第38条规定，反垄断执法机构有责任主动采取措施全面查处这些垄断行为。虽然我国的反垄断执法机构目前已经立案查处了多起此类案件，但是这些相对于整个体量而言只是冰山一角；即便将这些案件归置于各自的市场之下，它们也只是其中的一部分。以被反垄断执法机构立案调查的婴幼儿奶粉市场为例，除了被调查的合生元、多美滋、美赞臣、惠氏、雅培、富仕兰（美素佳儿）等婴幼儿奶粉企业存在维持转售价格外①，该市场还有其他企业同样存在此类行为；事实上，对经销商的转售价格作出种种限制在婴幼儿奶粉市场上是一种非常普遍的做法。在这种情况下，人们难免会对我国反垄断执法机构的做法产生这样的质疑，即是否存在选择性执法的问题。“选择性执法现象是作为执法主体的国家或政府面临情势变化，运用剩余执法权以保证实现其政治、经济及社会目标的结果；选择性执法尽管在转轨时期有其合理性，但弊端已经随着改革的深入日益凸显，包括对人们预期的扰乱，执法代理人的渎职、腐败，对执法体制进一步改革的阻碍等。”② 因此，现阶段公权力主体在履行职能时原则上应当避免或者减少甚至不得选择性执法。否则，将会造成巨大的负面社会影响，最为直观的至少有以下两个方面：首先，反垄断执法机构的公正性形象将极大受损。选择

---

① 参见钟晶晶：《发改委掀奶企反垄断风暴》，载《新京报》2013年7月3日第B03版。

② 戴治勇：《选择性执法》，载《法学研究》2008年第4期。

性执法将会在一定程度上减损甚至完全摧毁我国反垄断执法机构刚刚树立起来的较为稚嫩脆弱的执法形象。人们可能因为国企民企、内资外资等相关因素习惯性地质疑或者否定反垄断执法机构作出的任何裁决，《反垄断法》与反垄断执法机构“工具论”将可能彻底淹没社会仅存的理性声音。其次，相关市场的竞争机制可能被人为地不当地扭曲。因为纵向价格垄断协议通常会给实施者带来超额利润，并且《反垄断法》对纵向价格垄断协议的实施者处罚非常严厉，所以选择性执法会造成纵向价格垄断协议的实施者在企业资金增加和减损上的巨大反差，而这将不同程度地影响到这些企业之间的市场竞争。

尽管反垄断执法机构目前可以通过陆续立案调查的方式暂时回避潜在的选择性执法问题，并且利用涉案企业被处相对高额的罚款所产生的威慑力在一定程度上制止企业继续实施纵向价格垄断协议或者预防企业加入实施这类违法行为的队伍，但是如果反垄断执法机构不能在合理的期限内对违法存量和增量进行全面清查，那么毫无疑问地会出现选择性执法问题。从我国现阶段反垄断执法机构的人员数量、工作时间等来看，目前的执法资源在短时间内难以支持其全面地对纵向价格垄断协议开展执法“普查”，这就注定了我国反垄断执法机构在一段时间内至少在形式上存在选择性执法问题。

二、适用合理原则的困境

合理原则的基本要义是“对某些行为是否在实质上构成限制竞争并在法律上予以禁止不是一概而论，而需要对经营者的动机、行为方式及其后果加以慎重考察后作出判断，予以认定”①。尽管适用

---

① 王先林主编：《中国反垄断法实施热点问题研究》，法律出版社2011年版，第38页。

合理原则对维持转售价格进行法律认定可以直接避免适用本身违法原则所出现的问题①，但是这种做法目前也有其难以彻底消除的法律问题。

（一）合理原则的适用拓展

近年来，采用合理分析原则的协议范围越来越宽，在美国已有对限制最低转售价格采用合理分析原则的案例，如2007年美国最高法院审理的Leegin Creative Leather Products, Inc. v. PSKS, Inc. 案。②目前，我国在对维持转售价格进行法律认定上也有所突破，合理原则的身影开始出现在一些案件的裁决中，典型案例非北京锐邦涌和科贸有限公司诉强生（上海）医疗器材有限公司、强生（中国）医疗器材有限公司纵向价格垄断协议纠纷案一审莫属，它被誉为中国纵向价格垄断协议纠纷第一案。③

在该案中，被告与原告在2008年1月签订了经销合同，约定原告必须在被告指定的相关区域销售相关产品，同时也对经销指标和最低产品售价进行了规定。2008年7月，被告以原告未经许可擅自降价、非法获取非授权区域的缝线经销权为由，扣除原告保证金、中止并取消原告在部分医院的经销权；同时，被告对原告于同年8月发出的订单也未进行交货，并最终停止供货、取消原告的经销权，致使原告遭受经济损失1400余万元。原告认为，被告以直接限制竞争为目的，在经销合同中以合同条款限定原告向第三人转售的最低价格，以警告、中止或者终止合同等方法，胁

① 因为适用在合理原则的情况下，维持转售价格并不一定违法，所以也就不存在普遍性违法问题；再加上合理原则下的自由裁量空间，反垄断执法机构至少可以在形式上避免选择性执法问题的困扰。

② 参见郑鹏程：《反垄断法专题研究》，法律出版社2008年版，第83页。

③ 参见顾颖：《全国首例纵向垄断纠纷案一审宣判——强生医疗前经销商巨额索赔被驳回》，载《人民法院报》2012年5月19日第3版。

迫和威胁原告维持最低转售价格；同时，被告还实施价格监督制度，以达到更有效实施限定最低转售价格行为的目的；被告的上述行为构成了反垄断法所禁止的限定最低转售价格行为，对原告造成了损害，故诉至法院要求依法判令被告赔偿其经济损失1400余万元。

一审审理此案的上海市第一中级人民法院认为：对于《反垄断法》第十四条所规定的垄断协议的认定，不能仅以经营者与交易相对人是否达成了固定或者限定转售价格协议为准，而需要结合该法第十三条第二款所规定的内容，即需要进一步考察此等协议是否具有排除、限制竞争的效果。本案中，原、被告之间所签订经销合同的确包含有限制原告向第三人转售最低价格的条款，对于此类条款是否属于垄断协议，还需要进一步考量其是否具有排除、限制竞争的效果；具体而言，需要进一步考察经销合同项下的产品在相关市场所占份额、相关市场的上下游竞争水平、该条款对产品供给数量和价格的影响程度等因素，才能够得出正确的结论。①

根据一审判决，上海市第一中级人民法院是采用了合理原则。如1918年布兰代斯（Brandeis）法官在Board of Trade of Chicago v. United States案中所言，“每个协议都会限制交易，因此对合法性的真正检测是，强加的限制是否仅仅是规制并且也许因此促进了竞争，或者是压制甚至破坏了竞争。”② 换言之，即首席大法官怀特（White）在1911年Standard Oil Company v. United States案中所表达的主要观点：并非《谢尔曼法》所规定的一切限制竞争协议都是违法的，只有不合理的限制，其背后如果存在损害公共利益的意图，

---

① 参见（2010）沪一中民五（知）初字第169号民事判决书。

② ［美］基斯·N. 希尔顿：《反垄断法——经济学原理与普通法演进》，赵玲译，北京大学出版社2009年版，第83页。

才是违法的。[①] 因此，任何主体只要不是采用本身违法原则对纵向价格垄断协议作出裁定，其在实质上都采用了合理原则，即对特定的限制竞争协议是否具有存在的合理性作出判断。

（二）合理原则的适用障碍

若反垄断执法机构效仿法院的做法，依据《反垄断法》第 14 条和第 13 条第 2 款转而采用合理原则，虽然此举可以避免适用本身违法原则所出现的普遍性违法和选择性执法问题，但是它本身却也存在一个致命的问题，即适用的法律依据可能存有重大缺陷。

孤立地审视上海市第一中级人民法院的做法，我们很难发现其中的问题；但是如果将其置于《反垄断法》第 2 章垄断协议整体框架之下，它的潜在缺陷就基本显现出来了。由于《反垄断法》第 13 条第 1 款与第 14 条的行文方式是一致的，都是“禁止……达成下列垄断协议”；因此，若依据上海市第一中级人民法院的做法，则对于企业实施的固定或者变更商品价格、限制商品的生产数量或者销售数量、分割销售市场或者原材料采购市场、限制购买新技术新设备或者限制开发新技术新产品、联合抵制交易等都可以甚至应当采用合理原则进行法律认定，显然这与理论、现实都是完全相反的。“如固定价格、限制数量和分割销售市场的卡特尔，因为这些行为不管什么情况下都是对市场竞争的不合理限制，都会严重损害消费者的利益，这些限制竞争原则上应当视为违法，适用‘本身违法’的原则。”[②] 但是若上述做法仅限于维持转售价格，那么又有悖于法律统一解释原则。因此，依据《反垄断法》第 14 条和第 13 条第 2 款对维持转售价格适用合理原则的做法是非常值得商榷的。

---

① 李钟斌：《反垄断法的合理原则研究》，厦门大学出版社 2005 年版，第 2 页。

② 王晓晔：《反垄断法》，法律出版社 2011 年版，第 108 页。

尽管如此，这一做法的形成也是情有可原的，原因主要在于《反垄断法》有关垄断协议的立法瑕疵。从现行的立法条款来看，无论是对第 13 条第 1 款的固定或者变更商品价格、限制商品的生产数量或者销售数量、分割销售市场或者原材料采购市场、限制购买新技术新设备或者限制开发新技术新产品、联合抵制交易等还是对第 14 条的维持转售价格的法律认定都存在两种不同的理解。以维持转售价格为例：一种理解可以称为概念说，即第 13 条第 2 款完全属于概念条款，依据第 14 条可以认定维持转售价格构成第 13 条第 2 款的“本法所称垄断协议”，具有“限制、排除竞争”的效果；另一种理解可以称为要件说，即第 13 条第 2 款属于要件条款，其条文中的“排除、限制竞争”字段作为独立的构成要件与第 14 条的行为模式构成要件共同组成纵向价格垄断协议的法律认定要件。很显然，上海市第一中级人民法院的做法是选择了要件说，只是这种选择之下存在上述法律问题。

三、适用豁免制度的困境

豁免制度是指“对于违反法律规定的企业之间的协议或者联合行为，由于具有某些有益的作用，并且足以抵消其限制竞争所造成的危害，经审批机关批准予以豁免其违法责任的制度”①。在适用合理原则不畅的情况下，虽然《反垄断法》第 15 条的豁免制度在理论上不失为解决在对维持转售价格进行法律认定时适用本身违法原则所出现问题的上策，具体操作路径如图 2－3－1；但是，这种做法在实践操作上亦是存在很多困难的。

---

① 徐士英主编：《新编竞争法教程》，北京大学出版社 2009 年版，第 65～66 页。

图 2－3－1：豁免制度解决适用本身违法原则对维持转售价格进行法律认定时所出现问题的具体操作路径

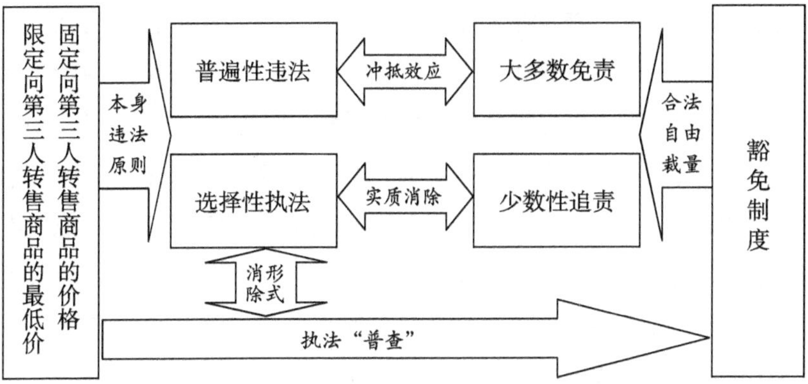

（一）执法资源难以支撑

《反垄断法》第 15 条规定，“经营者能够证明所达成的协议属于下列情形之一的，不适用本法第十三条、第十四条的规定：（一）为改进技术、研究开发新产品的；（二）为提高产品质量、降低成本、增进效率，统一产品规格、标准或者实行专业化分工的；（三）为提高中小经营者经营效率，增强中小经营者竞争力的；（四）为实现节约能源、保护环境、救灾救助等社会公共利益的；（五）因经济不景气，为缓解销售量严重下降或者生产明显过剩的；（六）为保障对外贸易和对外经济合作中的正当利益的；（七）法律和国务院规定的其他情形。属于前款第一项至第五项情形，不适用本法第十三条、第十四条规定的，经营者还应当证明所达成的协议不会严重限制相关市场的竞争，并且能够使消费者分享由此产生的利益”。

因《反垄断法》没有对豁免制度的程序性内容作出任何规定和受 2004 年欧盟取消垄断协议豁免的申报制度等影响，目前我国不少人士倾向于将上述规定对应理解成欧盟豁免模式，即只要符合法律规定的情形，就自动得到豁免。仔细考察《反垄断法》第 15 条，我们不难发现这条规定只是列明了垄断协议的豁免条件和举证责任；

因此，直接将其与欧盟豁免模式等同起来较为牵强。退一步来讲，即便这种理解成立，也并不意味着企业单方认为符合法定豁免条件的垄断协议就可以被反垄断执法机构推定为应当免除法律责任。欧盟豁免模式中的“自动得到豁免”的核心要义在于限制反垄断执法机构的自由裁量权以保护企业的合理预期。因此，一方面，“自动得到豁免”并不等于企业自认为符合法定豁免条件的垄断协议就必然得到豁免，“如果反垄断执法机构在监管过程中发现经营者达成的垄断协议不属于本法规定的豁免情形，经营者将承担达成垄断协议的法律后果”①；另一方面，“自动得到豁免”并不等于免除反垄断执法机构的相应调查义务。不管企业实施的垄断协议是否可能被豁免，反垄断执法机构首先都负有对这些违法行为进行调查的职责。

所以，若通过适用豁免制度来解决适用本身违法原则所伴生的问题，那么反垄断执法机构首先需要采取的措施就是在合理的期限内对所有实施维持转售价格的企业进行立案调查以从形式上消除选择性执法问题。而正如前文所言，我国目前的执法资源在短时间内难以支持反垄断执法机构对纵向价格垄断协议开展全面的执法“普查”活动。撇开审查涉案企业提起的豁免申请不谈，仅立案调查之前的基本情况摸排和立案调查的正式启动两个环节的工作量就可能因为转售维持价格的普遍存在而使得反垄断执法机构超负荷运作。

（二）执法意愿难以保证

若为了解决适用本身违法原则所出现的普遍性违法问题而有目的地进行大多数免责，这就会导致反垄断执法机构针对维持转售价格的执法活动在大多数情况下处于一种无谓游戏之中，即仅为了解决现存问题而不得不按照法定的操作规程进行执法以得出一个“未

---

① 全国人大常委会法制工作委员会经济法室编：《中华人民共和国反垄断法条文说明、立法理由及相关规定》，北京大学出版社2007年版，第84页。

卜先知”的结论。

如果这个无谓游戏可以允许反垄断执法机构通过“你向我认罪、我对你免责”的走秀模式来进行，那么它还是有着较强的执法意愿进行“参演”的。然而，因为：第一，反垄断执法机构在豁免制度的适用上具有较大的自由裁量权，“认罪”可能获得免责具有较高的不确定性；第二，根据《反垄断法》第46条第1款规定，除没收违法所得外，反垄断执法机构可对垄断协议的实施者处上一年度销售额百分之一以上百分之十以下的罚款；第三，企业在反垄断执法机构的行政调查案件中所作出的“认罪”可能成为其他主体在民事诉讼援引的法律证据等，所以可以预计的是，在没有足够的事实和证据能够证明企业的行为违法的情况下，即便反垄断执法机构事先通过除正式法律文件以外的其他各种明示或者默示的方式向被调查对象传递将对其豁免的信息，企业一般都会非常慎重地主动做出“认罪”。这也就意味着反垄断执法机构针对企业实施的维持转售价格的立案调查在大多数情况下都必须“真枪实弹”地进行，法定操作规程下的执法难以通过“你向我认罪、我对你免责”的走秀模式多快好省地完成。

“你向我认罪、我对你免责”的走秀模式难以通行客观上加重了反垄断执法机构的工作量，这本身就使得现有的执法资源难以持续支撑反垄断执法机构适用豁免制度来解决适用本身违法原则所伴生的问题。更为严重的是，即便在通过延长工作时间、增加工作强度或者增编执法人员等措施使得执法资源比较充足之后，无谓游戏下实实在在的巨大执法付出与轻描淡写的简单执法结果之间鲜明的反差更容易击垮反垄断执法机构的执法意愿，再加上执法成就感的缺失、被调查对象的博弈可能引发个别执法人员产生恶意报复的想法，刻意追求高额罚款背后潜在的关联利益等其他潜在因素的影响，即便在社会舆论没有对这种无谓游戏作出批评的情况下，反垄断执法机构也将本能地产生抵制适用豁免制度的抗体；即使基于种种原因被迫适用豁免制度，反垄断执法机构也很有可能合理地利用豁免制度的举证责任“阳奉阴违”，即在较大的自由裁量范围内以被调查对象的举证不足为由较为普遍地驳回豁免申请，根据各种需要少量地批准一些豁免申请。但是无论反垄断执法机构采取哪种做法，都会导致对维持转售价格适用本身违法原则所伴生的问题依然不同程度地存在，只是存在方式有所不同而已。

四、适法分野派生的困境

因部分法院与反垄断执法机构在纵向价格垄断协议的法律认定原则上出现了重大分野，我国司法审判系统在处理纵向价格垄断协议的行政诉讼案件过程中在宏观上陷入了“不是出现司法审判的人格分裂问题，就是出现司法替代行政执法的问题”的左右为难的困境。

（一）适法分野的法律表现

“纵向限制较之横向关系往往更为复杂，其经济效果和对竞争危害模棱两可；从现代各国反垄断立法和执法实践来看，均未能通过经济分析为纵向限制提供一个反竞争或者促进竞争的简单标准。”① 正因如此，各国的反垄断执法机构和司法审判机关在纵向价格垄断协议的法律认定原则上通常都会在适用本身违法原则与适用合理原则这个关键问题上发生重大分歧。从实践来看，这种现象在我国已经悄然出现。目前，我国的反垄断执法机构是采用本身违法原则，而部分法院则是采用合理原则。

根据《反垄断法》第10条第1款、第十一届全国人民代表大会第一次会议批准的国务院机构改革方案和《国务院关于机构设置的

---

① 古红梅：《纵向限制竞争的反垄断法规制》，法律出版社2011年版，第31页。

通知》（国发〔2008〕11号），国家发展和改革委员会负责含纵向价格垄断协议在内的价格垄断行为的执法工作，具体职责由其内设机构价格监督检查与反垄断局（以下简称反垄断局）承担。根据《反垄断法》第10条第2款的规定，反垄断局可以根据工作需要授权省、自治区、直辖市人民政府相应的机构进行反垄断执法。目前，反垄断局已授权省级相应机构查处了多起纵向价格垄断协议案件，例如，2013年年初轰动国内外的贵州茅台酒销售有限公司纵向价格垄断协议案与宜宾五粮液酒类销售有限责任公司纵向价格垄断协议案。2013年2月22日，贵州省物价局发布公告称：2012年以来，贵州茅台酒销售有限公司通过合同约定，对经销商向第三人销售茅台酒的最低价格进行限定，对低价销售茅台酒的行为给予处罚，达成并实施了茅台酒销售价格的纵向垄断协议，违反了《反垄断法》第十四条规定，排除和限制了市场竞争，损害了消费者的利益，依法对该公司处以2.47亿元的罚款。① 同日，四川省发展和改革委员会发布公告称：2012年12月，宜宾五粮液酒类销售有限责任公司依据《五粮液营销督查处理通报（督字001号）》，对14家经销商“低价、跨区、跨渠道违规销售五粮液”的行为给予扣除违约金、扣除市场支持费用等处罚，该公司的上述行为违反了《反垄断法》第十四条的规定，决定对其处以2.02亿元的罚款。② 显而易见，这两起案件都采用了本身违法原则。因贵州省物价局、四川省发展和改革委员会与反垄断局之间为行政授权关系且在实践操作上是采用“反垄断局亲临指导+省级机构具体执行”模式，所以这些案件的裁决完全可以反映出反垄断局在纵向价格垄断协议的法律认定原则上倾向采用本身违法原则。事实上，这种倾向已经在反垄断局自身查

① 参见贵州省物价局《行政处罚决定书》（黔价处〔2013〕1号）。

② 参见四川省发展和改革委员会《行政处罚决定书》（川发改价检处〔2013〕1号）。

办的广州合生元生物制品有限公司等多家婴幼儿奶粉企业纵向价格垄断协议案得到了证实。①

如前所述，在北京锐邦涌和科贸有限公司诉强生（上海）医疗器材有限公司、强生（中国）医疗器材有限公司纵向价格垄断协议纠纷案的一审中，上海市第一中级人民法院采用了合理原则。尽管上海市第一中级人民法院的做法不能完全代表国内所有同行在纵向价格垄断协议的法律认定上的态度，但是因反垄断纠纷案件的管辖特殊性、上海法院在全国司法审判行业的地位以及我国法院对合同纠纷案件的传统裁定理念，它的做法基本上能够反映出我国法院目前在此方面的倾向。② 根据《中华人民共和国行政诉讼法》和《关于审理因垄断行为引发的民事纠纷案件应用法律若干问题的规定》，有权审理反垄断行政诉讼案件、反垄断民事诉讼案件的法院本就相对较少；若计上案源不平衡、指定管辖等因素，实际能够有机会审理这类案件的法院就更少。因较为独特的机遇优势、人才优势等，上海法院在很多领域的“先行先试”一直处于国内领先地位，相应成果往往会被其他法院广泛地参考、学习和借鉴。虽然越来越多的人深刻地意识到垄断协议作为一种特殊的商事合同有其独特的内涵与外延，在概念

---

① 此次国家发改委依据《反垄断法》第 46 条的规定，决定对合生元、美赞臣、多美滋、雅培、富仕兰、恒天然共六家乳粉生产企业的价格垄断行为进行处罚，共处罚款 6.6873 亿元。其中，对违法行为严重的广州合生元处上一年度销售额 6% 的罚款，计 1.63 亿元；对不能主动配合调查的美赞臣处上一年度销售额 4% 的罚款，计 2.04 亿元；另对配合调查的多美滋、雅培、富仕兰和恒天然均处上一年度销售额 3% 的罚款。同时，对于积极主动整改的惠氏、贝因美和明治免除惩罚。参见于祥明、王莉雯：《我国开出反垄断最大罚单》，载《上海证券报》2013 年 8 月 8 日第 F04 版。

② 上海市高级人民法院对此案的二审似乎初步证明了这种倾向，虽然上海市高级人民法院民事判决书（2012）沪高民三（知）终字第 63 号推翻了一审判决，但是二审采用的依然是合理原则。

上已经“突破了传统的民商事合同概念的藩篱”①，但是我国大部分法院在这类新型案件的裁定上仍然停留在传统的民商事审判理念上，即便较为先进的上海市第一中级人民法院似乎亦是如此；虽然其裁决采用了合理原则在形式上是选择要件说的偶然结果，但实质上它是坚守传统民商事审判理念的必然结果。因此可以合理推断，我国法院在纵向价格垄断协议的法律认定原则上总体应当是倾向于采用合理原则的。

（二）适法分野导致的难题

因“司法是正义的最后一道防线”②，这注定了反垄断执法机构和司法审判系统在纵向价格垄断协议的法律认定原则上局部所存在的适法分野迟早会打破“隔空对话、各行其是、相安无事”格局而直接进行交锋。一旦出现企业依据《反垄断法》第53条规定对反垄断执法机构就纵向价格垄断协议的裁决提起行政诉讼，这些潜在的直接进行交锋就会变成现实；抛开行政诉讼的司法审查标准之争③，无论审理此类案件的法院是采用所谓的合法性标准还是采用所谓的合理性标准对反垄断执法机构的裁决进行司法审查，我国的司法审判系统都会面临非常棘手的法律问题。

若采用合法性标准，则面临着司法审判的人格分裂问题。根据《中华人民共和国行政诉讼法》第89条的规定，多数学者认为，合法性审查原则体现于对事实是否确凿、适用法律法规是否正确以及是否遵守法定程序的审查方面。“如果证据确凿，适用法律法规正

① 周昀：《从垄断协议的特质看其对传统民商事合同概念理论的突破》，载《比较法研究》2010年第4期。

② 吕忠梅：《司法公正价值论》，载《法制与社会发展》2003年第4期。

③ 我国理论界和实务界对行政诉讼的司法审查标准一直存在激烈的争论，相关争鸣的观点归纳参见刘东亮：《行政诉讼程序的改革与完善：行政行为司法审查标准问题研究》，中国法制出版社2010年版，第214～215页。

确，符合法定程序的，判决维持；如果不符合上述情形之一或者超越职权、滥用职权的，判决撤销或者重作等。"① 因此，如果反垄断执法机构在法定的权限范围内按照规定的操作流程查证涉案企业存在维持转售价格并依据《反垄断法》第14条、第15条、第46条第1款等实体性条款作出行政处罚决定，那么审理的法院就应当维持判决。但是如果审理的法院对此判决维持，则意味着支持了反垄断执法机构对维持转售价格在法律认定原则上适用本身违法原则，或者说其在纵向价格垄断协议的行政诉讼案件中对维持转售价格实质上采用了本身违法原则。这明显与部分法院在纵向价格垄断协议的民事诉讼案件中对维持转售价格采用合理原则不同，这就直接造成了司法审判系统内部的行政审判与民事审判在同一个问题上出现了两种截然不同的处置结果。这种尴尬的局面既可能发生在不同法院的不同审判庭室，也可能发生在同一法院的不同审判庭室。但是无论这种局面具体发生在何处，都会导致我国司法审判系统出现人格分裂问题，而这将不同程度地影响到司法审判系统的权威性。

若采用合理性标准，则面临着司法替代行政执法的问题。合理性范畴的事项，属于行政主体职权范围之内的事项，包括法院在内的其他机关不应当干涉。② 如果审理的法院在对纵向价格垄断协议的行政诉讼案件进行司法审查过程中认为在对维持转售价格的法律认定原则上采用合理性原则比采用本身违法原则更为合理，姑且不论现行《反垄断法》下合理原则的适用障碍，在维持转售价格这个具体问题上各自都具有一定合理性的情况下，这种做法是不科学的。"合理性审查的目的不是发现一个惟一正确的答案——即法官自己的答案，或决定行政行为和正确答案之间的距离，而只要求行政决定

① 江必新、梁凤云：《行政诉讼法理论与实务》（第二版上卷），北京大学出版社2011年版，第38页。

② 参见杨小君：《行政诉讼问题研究与制度改革》，中国人民公安大学出版社2007年版，第408页。

有可能正确，从而达到了一个良好判断。”① 它在实质上造成了司法替代行政执法，这不仅导致《反垄断法》有限的实施资源的浪费，而且还将可能导致反垄断行政执法机构的消极怠工；更为严重的是，因“大多数反垄断法体系的内在演化和内在修正机制尤其需要那些研究和实施竞争政策的能力，这种对技能的要求不仅体现在法律的专业技术上面，也体现在经济学家、历史学家、政治学家和国际关系专家的专业能力上面；”② 在司法审判系统的比较优势并不明显甚至不存在的情况下，有可能造成法院版的“第 I 类失误或第 II 类失误”③。

五、当前困境的出路

为了摆脱目前纵向价格垄断协议的法律适用所出现的困境，从长远来看，我国立法机关——全国人民代表大会常务委员会应当尽快修改《反垄断法》有关垄断协议的现行相关法律规定。④

---

① 张千帆：《司法审查的标准与方法》，载《法学家》2006 年第 6 期。

② ［美］欧内斯特·盖尔霍恩、威廉姆·科瓦契奇、斯蒂芬·卡尔金斯：《反垄断法与经济学》（第 5 版），任勇等译，法律出版社 2009 年版，前言第 6～7 页。

③ 1984 年，著名反垄断专家、大法官 Frank H. Easterbrook 发表了经典论文“反垄断的局限性”。他指出，反垄断执法机构对垄断行为的认定不可能百分之百地准确，失误是无法避免的；这些失误可以分为两类：一是积极失误（第 I 类失误），即有效的竞争性行为被误认为是反竞争的，从而被反垄断执法机构禁止；二是消极失误（第 II 类失误），即垄断行为被反垄断执法机构认定为有效的。See Frank H. Easterbrook, The Limits of Antitrust, 63 *Texas Law Review* 1 (1984), pp. 1 – 40.

④ （全面）启动修改《反垄断法》既有必要性，也有可行性。必要性在于：经过将近 10 年的施行，《反垄断法》暴露出很多立法问题，除正文提及的问题外，其他问题如经营者集中的范畴不明、缺乏个人法律责任等，这些都直接影响了《反垄断法》的有效实施。可行性在于：从各国的实践来看，反垄断法律制度的修改周期都较短，如德国大约为 6 年、俄罗斯在 2006 年到 2012 年间进行了 3 次修改、美国则可根据需要通过判例方式随时进行。

（一）修改建议

在《反垄断法》其他有关垄断协议的现行立法保持不变的前提下，《反垄断法》第2章垄断协议的现行规定应当修改成如下条款（以下简称建议条款）：

第A条　本法所称垄断协议，是指排除、限制竞争的协议、决定或者其他协同行为。

第B条　禁止具有竞争关系的经营者达成下列垄断协议：（一）固定或者变更商品价格；（二）限制商品的生产数量或者销售数量；（三）分割销售市场或者原材料采购市场；（四）限制购买新技术、新设备或者限制开发新技术、新产品；（五）联合抵制交易；（六）国务院反垄断执法机构认定的其他垄断协议。

第C条　经营者能够证明所达成的协议属于下列情形之一的，不适用本法第B条的规定：（一）为改进技术、研究开发新产品的；（二）为提高产品质量、降低成本、增进效率，统一产品规格、标准或者实行专业化分工的；（三）为提高中小经营者经营效率，增强中小经营者竞争力的；（四）为实现节约能源、保护环境、救灾救助等社会公共利益的；（五）因经济不景气，为缓解销售量严重下降或者生产明显过剩的；（六）为保障对外贸易和对外经济合作中的正当利益的；（七）法律和国务院规定的其他情形。属于前款第一项至第五项情形，不适用本法第B条规定的，经营者还应当证明所达成的协议不会严重限制相关市场的竞争，并且能够使消费者分享由此产生的利益。

第D条　禁止经营者与交易相对人达成下列垄断协议：（一）没有正当理由，固定向第三人转售商品的价格；（二）没有正当理由，限定向第三人转售商品的最低价格；（三）国务院反垄断执法机构认定的其他垄断协议。

第E条　行业协会不得组织本行业的经营者从事本章禁止的垄断行为。

（二）修改效果

建议条款可以有效地解决我国目前在纵向价格垄断协议的法律适用上所出现的困境①，具体效果如图2-3-2。

图2-3-2：建议条款解决我国目前在纵向价格垄断协议的法律适用所出现的困境的具体效果

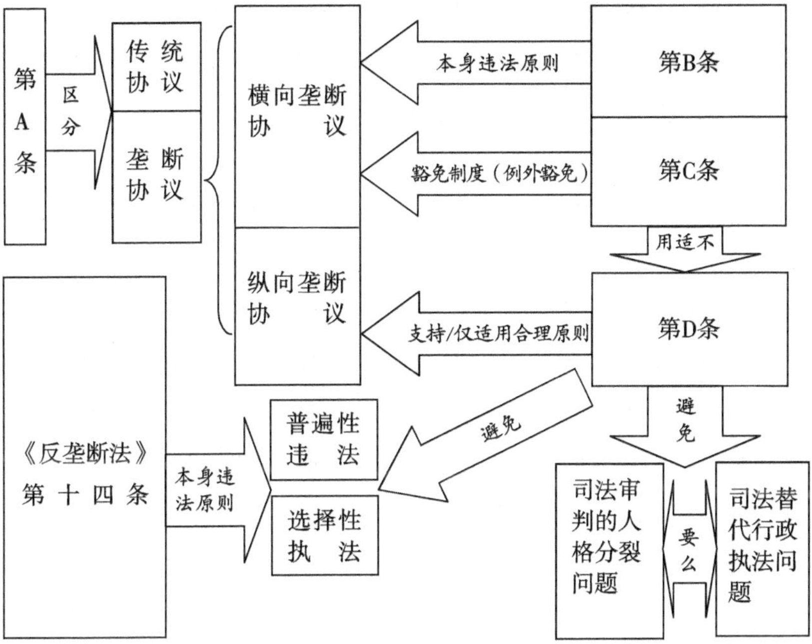

（三）修改说明

1. 主旨性内容的修改说明

针对文章探讨的主旨性内容，建议条款在立法上对纵向价格垄

---

① 值得指出的是，修改后的条款虽然可以使得我国司法审判系统在处理纵向价格垄断协议的行政诉讼案件过程中避免宏观上陷入“不是出现司法审判的人格分裂问题，就是出现司法替代行政执法的问题”的左右为难困境，但是它无法彻底解决潜在的司法替代行政执法的问题，相反将可能会使得这个问题更加突出，但这个问题是适用合理原则的其他垄断行为都会遇到的问题。

断协议明确采用合理原则。理由如下：第一，在经济学理论对维持转售价格的解释还存在较大分歧的情况下，立法本身就应当秉持“谦抑慎罚”的态度，避免出现政府过于激进地干预市场的问题；况且经济学理论只是审视企业商业行为的重要视角之一，各国反垄断立法宗旨中提及的消费者保护、社会公共利益、经济民主等意味着对企业商业行为的审视还不同程度地涉及社会伦理学等。① 第二，至少我国的实践充分表明，Lester G. Telser 对维持转售价格的经济学理论解释“制造商的单方商业行为”② 更为贴近现实，其他两种解释“不同品牌制造商之间的卡特尔”和“同一品牌零售商之间的卡特尔”成立的可能性很低，即便较为容易被部分人理解的“同一品牌零售商之间的卡特尔”也只有不高于 15% 的可能性③。第三，即便其他两种解释可能真实存在，它们严格意义上也不再属于纵向价格垄断协议，而是属于横向垄断协议。在各国反垄断法重典规制横向垄断协议的环境下，别说不同品牌制造商之间的横向垄断协议，就连同一品牌零售商之间的横向垄断协议都易于受到起诉。④ 第四，反垄断法维护的市场竞争应当定位于不同品牌制造商及其各自单方打造的销售系统之间的竞争。“制造商之间的竞争将趋于达到最能满足消费者需求的服务与价格决策，不管它是不是通过垂直限制来实现的。”⑤ 第五，制造商单方实施的维持转售价格更多的属于单个企业自主经营权范畴，它在大多数情况下不会对其所处的“相关市场”的竞争产生抑制效果。

---

① 参见叶卫平：《反垄断法的价值构造》，载《中国法学》2012 年第 3 期。

② See Lester G. Telser, Why Should Manufactures Want Fair Trade? 3 *Journal of Law and Economics* 86 (1960), pp. 86 – 105.

③ See Pauline M. Ippolito, Resale Price Maintenance: Economic Evidence from Litigation, 34 *The Journal of Law and Economics* 263 (1991), pp. 263 – 294.

④ See Frank H. Easterbrook, Vertical Arrangements and the Rule of Reason, 53 *Antitrust Law Journal* 135 (1984), p. 173.

⑤ 胡甲庆：《反垄断法的经济逻辑》，厦门大学出版社 2007 年版，第 212 页。

2. 联动性内容的修改说明

建议条款因对纵向垄断协议进行了重大修改而引发了两个方面关联性内容的修改：一是将“本法所称垄断协议，是指排除、限制竞争的协议、决定或者其他协同行为”独立成条，并置顶于垄断协议的立法专章；二是调整了豁免制度的适用范围，仅针对横向垄断协议。前者修改的理由如下：第一，《反垄断法》的现行安排不符合常规立法思维逻辑，将其置于横向垄断协议与纵向垄断协议的立法条款之前更符合人们习惯的认知模式；第二，此举可以更容易让人们理解该条的立法本意，即它是一个概念条款，而非要件条款。后者修改的理由较为简单，因纵向垄断协议在立法上采用了合理原则而使得豁免制度失去了适用空间。

六、结语

在反垄断执法机构陆续公布贵州茅台酒销售有限公司纵向价格垄断协议案、宜宾五粮液酒类销售有限责任公司纵向价格垄断协议案、广州合生元生物制品有限公司等多家婴幼儿奶粉企业纵向价格垄断协议案的行政裁决后，与其在同期公布多起横向垄断协议案件的行政裁决后受到社会公众一致好评的局面不同，社会各界对这些案件提出了较为强烈的质疑与批评，其中不乏著名的专家学者尖锐直言，“发改委此次对茅台和五粮液的处罚后患无穷，会对其他行业带来很大影响”①、“发改委用调查纵向限制的武器，得到了一个逻辑上不能得到的良好结果”②，这种观点迥异的局面应当引起我们对这样的问题的思考，即反垄断执法机构的现行做法是否需要重新检视？尽管理论上

---

① 引文内容系商务部国际贸易经济合作研究院研究员梅新育在接受《法治周末》的专访时所做的表述。参见肖莎：《“限价令”该不该罚?》，http://www.legalweekly.cn/article_show.jsp?f_article_id=6899，访问日期：2016年4月2日。

② 邓峰：《看不懂的奶粉反垄断调查》，载《中国外资》2013年第17期。

反垄断执法机构可以移植美国根据需要选择适用本身违法原则或者合理原则的执法模式，但是上海市第一中级人民法院的做法所遇到的问题表明，以欧盟的反垄断立法为主要蓝本的《反垄断法》是难以支持反垄断执法机构这一作为的，或许这是反垄断执法机构选择本身违法原则进行“一刀切”执法的重要原因。综观我国在纵向价格垄断协议的法律适用中所出现的困境，如果说维持转售价格颇有争议的属性是“元凶”，那么移植自不同机体的“立法”与“执法”之间产生的生理排斥则是“帮凶”。“反垄断法在发达国家素有‘经济宪法’之称，这充分彰显出反垄断法的社会影响。”① 可以说，我国在纵向价格垄断协议的法律适用中所出现的困境不仅严重影响了反垄断执法机构的执法科学性，而且在很大程度上影响了很多企业的日常经营。因此，我国应当尽快采取措施解决《反垄断法》目前在实施过程中遇到的问题，以确保我国市场经济的稳健发展。

第四节　专利高价许可的反垄断规制法律问题

伴随着全球知识产权反垄断案件的不断增加，尤其是专利垄断纠纷的频发及案件当事人的持续交锋以及他们对反垄断执法机构或者法院作出的裁决所产生的激烈反应，专利高价许可的反垄断规制问题日益引起社会各界的高度关注。

一、必要性之争：中美知识产权反垄断考察

从目前的实践来看，针对专利高价许可的法律规制，中国与美国的知识产权反垄断对此存在较为明显的实质性差异，并且基本已经形成了一种认知分歧。

---

① 丁茂中：《反垄断执法的移植与本土化研究》，载《法商研究》2013年第4期。

（一）美国对专利高价许可的反垄断态度

专利权滥用是美国知识产权反垄断的重要规制对象。早在20世纪初叶，美国联邦最高法院就明确提出了“专利权滥用”原则。在1917年发生的影片专利公司诉环球电影公司（Motion Pictures Patents Co. vs Universal Film Co.）案件中，美国联邦最高法院不仅首次承认了“专利权滥用”可以作为侵害专利权诉讼的抗辩事由，而且首次判定原告的行为构成“专利权滥用”。[①] 20世纪70年代，美国司法部确立了著名的“九不规则”（The Nine No-Nos），包括：（1）在许可协议中，将购买非专利产品作为许可条件；（2）在许可协议中，附加回授条款；（3）限制购买者转售专利产品；（4）限制被许可人在专利范围之外的自由经营；（5）专利权人与被许可人订立不再授权予第三方的协议；（6）强制性的一揽子许可；（7）没有合理理由，将许可使用费用与被许可人的销售额绑定；（8）限制被许可人对以专利方法制造的产品的使用；（9）限定专利产品的最低转售价格。[②] 1988年，美国国会通过了《专利权滥用修正法案》：“扩充了第271（d）条的规定，增加了不构成专利权滥用的第（4）和第（5）项，即：（4）拒绝许可或者使用其专利；（5）以另一项专利的许可或者专利产品的销售作为授予专利的许可权和专利产品的销售权的条件，除非，根据事实情况，专利权人在设定上述条件的专利许可或销售专利产品的相关市场上具有市场支配力量。”[③] 不过，集中反映美国反托拉斯法在这个领域的丰富经验和最新发展动向的是

---

① 参见易继明：《禁止权利滥用原则在知识产权领域中的适用》，载《中国法学》2013年第4期。

② 参见吕明瑜：《知识产权垄断的法律控制》，法律出版社2013年版，第140页。

③ 高华：《国际贸易中知识产权滥用的概念及判定标准分析——以美国判例、立法及TRIPS为背景》，载《国际贸易问题》2011年第10期。

美国司法部与联邦贸易委员会于1995年4月6日联合发布的《知识产权许可的反托拉斯指南》与2007年4月17日联合发布的《反托拉斯执法与知识产权：促进创新和竞争》的报告。①

但是高价许可从未成为美国调查专利权滥用的法律事由。无论是国会的立法还是反垄断执法机构的指南，美国知识产权反垄断的"成文法"均无规制专利高价许可的踪迹。除了明示公权力部门对知识产权保护与反托拉斯法的基本立场及原则等宏观事项外，它们在微观上主要对行使专利权的下列内容作了较为深入的风险指引，包括：第一，专利组合的交叉许可及专利联营；第二，专利拒绝许可；第三，专利搭售；第四，专利排他性交易；第五，专利回授；第六，专利有效性的质疑限制；第七，专利过期的交易安排；第八，专利产品的转售价格维持；第九，专利嵌入标准的权利限制；第十，专利使用获得的商业回报分享等。② 美国知识产权反垄断的"判例法"亦是如此，至今尚未出现一例因专利许可费过高而被判决构成垄断行为的民事案件，莫顿食盐公司诉萨平格案（Morton Salt Co. vs G. S. Suppiger Co.）、麦克伊德公司诉明尼阿波利斯—哈尼维尔管理公司（Mercoid Corp. vs Minneapolis—Honeywell Regulator Co.）、图像技术服务公司诉柯达公司（Image Technical Services, Inc. vs Eastman Kodak Co.）等众多专利纠纷案件都充分证明了这一点。事实上，规制过高定价始终是美国整个反托拉斯法律制度回避的问题，私权保护与激励创新更使得美国在知识产权反垄断上对此慎之又慎。他们不使用反垄断执法来规制专利费。价格控制的理念会干预市场自由竞争，并打击创新的积极性。因此，美国反托拉斯法并不禁止过高

---

① 参见王先林：《知识产权与反垄断——知识产权滥用的反垄断问题研究》，法律出版社2008年版，第101页。

② 参见王先林、潘志成：《反垄断执法与知识产权保护之间的平衡——美国〈反托拉斯执法与知识产权：促进创新和竞争〉报告述评》，载《知识产权》2007年第6期。

收费本身。相反，合法的垄断者如果愿意可以完全自由地制定垄断价格。这种做法鼓励创新，使之从竞争对手或者被巨大利益所吸引的新进入者中胜出。①

（二）中国对专利高价许可的反垄断态度

《反垄断法》第 55 条规定：经营者依照有关知识产权的法律、行政法规规定行使知识产权的行为，不适用本法；但是，经营者滥用知识产权，排除、限制竞争的行为，适用本法。而该法第 17 条第 1 款规定，禁止具有市场支配地位的经营者从事下列滥用市场支配地位的行为：（一）以不公平的高价销售商品或者以不公平的低价购买商品；（二）没有正当理由，以低于成本的价格销售商品；（三）没有正当理由，拒绝与交易相对人进行交易；（四）没有正当理由，限定交易相对人只能与其进行交易或者只能与其指定的经营者进行交易；（五）没有正当理由搭售商品，或者在交易时附加其他不合理的交易条件；（六）没有正当理由，对条件相同的交易相对人在交易价格等交易条件上实行差别待遇；（七）国务院反垄断执法机构认定的其他滥用市场支配地位的行为。据此可以得出结论：不仅专利权滥用是我国知识产权反垄断的重要规制对象，而且高价许可完全可能成为我国调查专利权滥用的法定事由。尽管如欧共体委员会在其发表的《关于竞争政策的第五次年度报告》中所言："在查处垄断高价的滥用市场支配地位案件中，要认定一个案件因为滥用了支配地位而存在垄断高价是困难的，因为还没有一个可以准确认定应当包括

① See Bill Baer, Reflections on the Role of Competition Agencies When Patents Become Essential, https：//www. justice. gov/opa/speech/assistant - attorney - general - bill - baer - delivers - remarks - 19th - annual - international - bar, May 3, 2016.

成本加合理利润的价格的客观方法。"① 然而，负责价格垄断行为反垄断执法的国家发展改革委员会对此还是坚持不懈地进行了各种积极探索，并且在2015年年初就作出了首例涉及垄断高价的反垄断裁定，而且是针对专利权滥用的，这就是影响巨大的美国高通公司滥用市场支配地位案。作为反垄断执法机构，国家发展改革委员会在行政处罚决定书中明确指出："当事人滥用在无线标准必要专利许可市场的支配地位，收取不公平的高价专利许可费，具体表现在两个方面：第一，对过期无线标准必要专利收取许可费。截至2014年1月1日，在当事人持有的无线标准必要专利中，有部分相关专利已经过期，且包含一定数量的重要无线标准必要专利。当事人的过期无线标准必要专利包含在对外许可的专利组合中，被许可人未能获得公平协商的机会以避免对当事人的过期专利支付许可费。当事人对新增加的专利是否为被许可人所必需以及是否具有价值均不予评估和明示，不衡量和分析过期专利和新补充专利的价值对比和变化，而以不断有新专利加入专利组合为由，笼统地对专利组合持续多年收取同样的许可费，实际上模糊了被许可人获得专利许可的具体标的，被许可人需要对当事人的过期无线标准必要专利继续支付许可费。第二，要求被许可人将专利进行免费反向许可。当事人在无线标准必要专利许可中，强迫某些被许可人将持有的相关非无线标准必要专利向当事人进行许可，强迫某些被许可人免费进行反向许可，要求某些被许可人不能就持有的相关专利向当事人及当事人的客户主张权利或者提起诉讼；当事人在某些无线标准必要专利许可谈判中并不实质性地考虑和评估被许可人专利的价值，拒绝向被许可人就反向许可的专利支付合理的对价。根据调查取得的证据，不能证明当事人要求专利免费反向许可具有公平性。因此，认定当事人违

---

① 王晓晔主编：《中华人民共和国反垄断法详解》，知识产权出版社2008年版，第138页。

反《反垄断法》第十七条第一款关于禁止具有市场支配地位的经营者以不公平的高价销售商品的规定。"①

美中知识产权反垄断在专利高价许可上的认知分歧给我们带来的启示应当不是盲从的"唯美"主义，权利属性的非特殊化、竞争与创新的动态协调客观上决定了专利高价许可必须纳入竞争规制的基本视野，但是美国对此所持的慎重态度非常值得我们认真学习，尽量避免因反垄断执法的不当干预而严重影响技术市场的创新发展。

二、关注重点：标准必要专利及其纵向交易

授予独占权以给天才之火添加利益之油是催生专利等知识创新的力量根源。将专利高价许可的反垄断规制泛泛指向所有具有市场支配地位的情形，客观上容易影响社会创新的发展动力。因此，反垄断执法机构应当将目光集中在那些非仅依赖于专利本身而具有市场支配地位的情形，标准必要专利（Standard Essential Patent ，SEP）便是这类问题的重点。

（一）SEP 的专利劫持与义务制衡

无论专利持有人先前在相关市场上是否因为专利权的独占性而具有市场支配地位，一旦其专利被纳入由国际和国内官方或者官方授权的标准化组织倡导和主持制定的法定标准而成为 SEP 时，则至少往往随之在相关技术许可市场上不同程度地获得市场优势地位②，这使得 SEP 的专利持有人通常因此具有实施专利劫持的能力。所谓专利劫持，即一个上游的专利权人对一个下游的使用者（用户）强

---

① 《中华人民共和国国家发展和改革委员会行政处罚决定书》（发改办价监处罚〔2015〕1 号）。

② 参见董新凯：《标准必要专利持有人市场支配地位认定的考量因素》，载《知识产权》2015 年第 8 期。

制索取远远高于正常合理许可费的现象。[①]“由于标准采用后产生的“沉没成本”和“转换成本”导致技术标准的专利权人的市场优势大大增加，增加了专利权人对标准（技术）使用者的讨价还价能力。这使得采用这一标准的企业会被这一标准（技术）锁定，而无法转向另一个可以替代的标准（技术），劫持行为由此得以发生。”[②] 显而易见，这不仅直接损害了被许可人的公平交易权，而且也会影响到特定行业的市场竞争。“标准的持有人通过高价许可的方式，一方面可以获得高额的垄断利润；另一方面也可以通过增加技术标准被许可人的生产成本，迫使被许可人放弃生产该标准产品，不得不退出相关市场的竞争。”[③] 对此，各类标准化组织与多数国家及地区都对 SEP 的专利持有人从事前到事后强加了一系列特殊义务以进行适度制衡，包括：第一，专利持有人在专利确有必要进入某项特定标准之前必须按照规定向各方披露其拥有和知悉的必要专利；第二，禁止专利持有人违反其在标准制定过程中所作的明确放弃行使专利权的承诺而向标准采用者主张权利；第三，专利持有人必须按照“公平、合理、无歧视”（Fair Reasonable and Non - discriminatory，FRAND）原则或者“合理、无歧视”（Reasonable and Non - discriminatory，RAND）原则向他人进行专利许可。[④]

如果 SEP 的专利持有人违背上述义务，在其专利被纳入标准之后向被许可人收取过高的许可费，无论是基于受害人的依法举报还

---

① See Carl Shapiro, Navigating the Patent Thicket: Cross Licenses, Patent Pools, and Standard Setting, 1 *Innovation Policy and the Economy* 119 (2000), pp. 119 - 150.

② 吴广海：《标准设立组织对专利权人劫持行为的规制政策》，载《江海论坛》2009 年第 1 期。

③ 吴太轩：《技术标准化的反垄断法规制》，法律出版社 2011 年版，第 119 页。

④ 参见王先林：《涉及专利的标准制定和实施中的反垄断问题》，载《法学家》2015 年第 4 期。

是自身的法定职责，反垄断执法机构都应当积极采取措施进行重点规制。首先，这类专利高价许可通常会对相关市场的公平竞争造成较为严重的直接损害。除了可能实质性地制造出市场进入壁垒外，早些年日立、松下、三菱电机、时代华纳、东芝、日本胜利公司组成的6C联盟凭借在DVD技术市场拥有的“事实标准”地位向中国DVD制造企业收取高昂的专利费导致后者很多停止出口、转产或者倒闭的事实表明：高价许可还可能成为SEP的专利持有人排除或者限制市场竞争的重要手段；但是无论是前者还是后者，都会直接威胁到市场竞争机制的正常运转及其作用的发挥。其次，这类专利高价许可并非纯粹缘于技术创新本身所应当获得的社会经济奖励。SEP的专利持有人能够实施超高定价获得超额利润，除了因专利创新本身而具有的经济价值外，还在于借助标准化进行了增值；前者具有正当性，“专利不是对某人发明的道德赋权，而是政府对市场的刻意干预，是刺激创新的人为经济政策”①。后者没有正当性，“FRAND许可费应当限制在基于该专利技术经济价值的合理使用许可费用，而不应考虑该专利被纳入标准后的经济增值部分”②。再者，查处这类专利高价许可不是针对专利权的独占性，因而不会影响企业创新的动力。在性质上，此举是依法针对SEP的专利持有人因标准的制定而获得市场优势地位所强加的特殊义务，并非仅仅缘于专利权的独占性而具有或者可能具有的市场支配地位，没有任何实质性地动摇甚至触及专利权保护的制度根基。

（二）SEP的FRAND劫持与情形区分

伴随着各类标准及其SEP的深入实施，除了不断发生专利劫持

① 刘孔中：《解构知识产权法及其与竞争法的冲突与调和》，中国法制出版社2015年版，第5页。

② 史少华：《标准必要专利诉讼引发的思考FRAND原则与禁令》，载《电子知识产权》2014年第1期。

问题外，还逐渐开始出现 FRAND 劫持现象。“在过分强调 FRAND 原则矫正标准必要专利权对专利实施者的专利“劫持”等不利后果的作用下，事情正向另一个方向转化：标准实施者策略性地利用 FRAND 原则，反向“劫持”标准必要专利权人，事实上已经或者正在形成标准实施者利用 FRAND 原则反过来“劫持”标准必要专利权人的现象。”① 从实践来看，这类行为的实施方式是非常多样的，诸如：在已经使用他人的 SEP 情况下恶意拖延 SEP 许可费的谈判时间，想方设法尽量晚些开启 SEP 的付费时间节点；以向竞争执法机构进行垄断举报为筹码，要求 SEP 的专利持有人按照被许可人的议价进行授权；以自身知晓的信息无法判断其是否受到公平、合理、无歧视对待为由向法院提起诉讼，获取 SEP 的专利持有人的商业秘密作为他项许可的议价基础或者获取最低的许可价格。但是无论如何，它们在争议末端上始终都绕不开一个最为核心的问题，即专利的许可费。这就使得反垄断执法机构（包括法院）在处理 SEP 的 FRAND 劫持纠纷案件过程中通常面临着解决 SEP 的专利劫持所遇到的相同问题，包括所作的裁决可能会给技术市场的有效竞争及其创新发展所产生的各种影响。

从实践来看，按照当事人在市场上的经营关系所存在的差异标准，FRAND 劫持在整体上可以分为两类：纯粹上下游企业实施的 FRAND 劫持与竞争对手实施的 FRAND 劫持。在通常情况下，反垄断执法机构应当将精力更多地放在前者的垄断纠纷上，即 SEP 的纵向交易领域。② 一方面：首先，SEP 的专利持有人所处的地位在客观上比较可能实施了被许可人所投诉或者举报的专利劫持，导致出现

---

① 李扬：《如何应对“FRAND 劫持”》，载《中国知识产权报》2015 年 6 月 10 日第 11 版。

② 需要特别指出的是：凡是具有竞争关系的经营者之间达成的专利许可交易在本书中都归为横向交易，这有别于美国知识产权反垄断指南将具有竞争关系的经营者之间达成的专利许可交易列为纵向交易的做法。

“锁喉”效果，影响上下游产业的市场健康发展，因此必须及时清理这些不合理的障碍，确保产业链条顺畅运行；其次，中立性地检视SEP的专利持有人所提出的报价等是否客观上有悖于公平、合理、无歧视原则对于有效预防和及时制止FRAND劫持非常重要，事关技术创新市场的生态平衡及SEP专利持有人的商业声誉，调查及其结论必须规范、清晰、明确，具有足够的说服力和看法的指引性。另一方面：第一，激烈竞争往往迫使竞争对手相互防范甚至封锁，具有竞争关系的经营者相互之间实施的近似“垄断行为”的商业举措在性质上极为可能属于正常竞争的基本范畴，除了可能导致出现积极失误（第I类失误）外①，反垄断执法机构的不当介入很有可能影响到市场竞争的动态平衡与互博节奏；第二，以某些行为违反特定法律规定导致自身利益受损为由进行举报或者诉讼在实践中已经成为企业打击、迟延或者影响竞争对手发展的一个重要策略选项，而影响非常深远的反垄断执法极易成为这种商业战术的设计组成，即便是反垄断执法机构因此仅仅可能开展的必要询问或者正常调查。根据近些年来苹果与三星、华为与IDC、微软与摩托罗拉等专利巨头围绕SEP发生的恩恩怨怨，这些问题在SEP的许可包括费率上都不同程度地有迹可循；所以，作为常态规制力量的反垄断执法机构必须慎重介入竞争对手之间所主张的FRAND劫持，特别是针对SEP的许可费问题。

但是如果作为纠纷当事人的竞争对手只有一方拥有SEP时，反垄断执法机构则应当依法进行合理调查，包括以SEP的许可费过高为由进行的反垄断投诉或者举报。虽然在各类技术标准化过程中总会存在SEP出现的先后之差现象，且竞争对手之间的追赶总是存有不同程度的时滞甚至失败；但是倘若率先拥有SEP的专利持有人滥

① See Frank H. Easterbrook, The Limits of Antitrust, 63 *Texas Law Review* 1 (1984), pp. 1–40.

用因其专利被纳入标准而取得的优势地位使得竞争对手在正常市场竞争状态下所作的种种跟踪与突击反应几乎无法成为一种可能时，负有维护市场公平竞争使命的反垄断执法机构在此种情形下必须及时介入。一旦调查所获得的证据和行业经验充分表明 SEP 的专利持有人针对同行实施的专利高价许可或者其他行为在客观上实质性地影响到相关市场的公平竞争，如导致市场进入出现实质性壁垒或者产生明显的排挤效应，则反垄断执法机构应当责令 SEP 的专利持有人停止违法行为，没收违法所得并处上一年度销售额百分之一以上百分之十以下的罚款。特别值得强调的是：如果针对 SEP 的专利持有人所实施的专利高价许可所进行的反垄断调查最终无法非常肯定地确认当事人争议的许可费是否显著性地限制或者排除了相关市场的公平竞争，则反垄断执法机构原则上应当采取“疑罪从无”的慎重态度，力求在最大程度上避免破坏标准化推进机制的生态平衡。

三、认定标准：排除或者限制市场公平竞争

虽然专利高价许可的法律认定在原则上必然涉及价格比较问题，但是由于除政府价格管制以外的其他情形不存在一个可以参照的绝对标准，所以很难纯粹地借助“形而上”的价格标准作出科学且令人信服的裁决，这客观上决定了反垄断执法机构（包括法院）必须深入探究“形而下”的评判标准，而它应当就是排除或者限制市场公平竞争。

（一）“形而上”的价格标准之操作困境

虽然作为坚定规制者的欧盟为反垄断法上超高定价的法律认定提供了四种方法：“一为成本加合理利润比较法，即首先考察实际发生成本与实际索取价格之间的差距是否超高，如果确实超高，那么再考察索取的价格本身是否就是不公平的，或者同竞争产品相比是不是不公平的；二为产品比较法，将一个垄断企业或者占市场支配

地位企业的产品或者服务的价格与具有可比性的同类产品或者服务的价格进行比较；三为空间比较法，将一个垄断企业或者占市场支配地位企业的产品或者服务的价格与外国市场上同类产品或者同类服务的价格进行比较；四为时间比较法，把同一垄断企业或者占市场支配地位的企业在过去某个时刻的产品或者服务价格作为一个参照点，来评价该企业以后的涨价行为。"[①] 但是这并没有从根本上解决除政府定价和政府指导价以外不存在一个可以比较的绝对标准的问题，从而仍然不断引发各种激烈的争议甚至是彻底性的否定。在这种背景下，针对 SEP 的高价许可纠纷，各国审理案件的法官们又开创性地提出了不少方法或者思路，诸如：专利许可费不得超过产品总利润的一定比例；专利对标准的贡献及专利对产品的重要性；按比例从专利池许可费中的应得部分，加上标准内容交叉许可应得的许可费，作为许可费下限；促进技术标准的建设与实施，既要吸引专利权人将专利放入标准，又要吸引标准实施者实施标准等。然而，正如我国著名的知识产权与反垄断专家丁文联法官所言，它们也是存在很多问题的：第一，难以找到合适地进行比较的对第三方的许可费价格、专利池许可费价格；第二，摩托罗拉案强调了专利对于标准的贡献值，分析了标准的发展历程，从发展历程来看涉案专利对于标准的贡献值，这个思路是正确的，但是同样难得出一个非常精确的结论；第三，难以确定交叉许可所代表的许可费价值；第四，难以仅仅以"按比例分配的许可费 + 交叉许可应得的许可费"确定专利技术的市场价值；第五，难以找到防止专利费堆叠的实践依据；第六，难以适用市场价格的动态变化。第七，难以执行判决和实质性解决争议。[②] 显然，中外实践已经充分表明：无论是法院还

---

① 孙威：《用法律手段规制垄断高价的研究》，载《价格理论与实践》2010 年第 9 期。

② 参见丁文联：《专利劫持与反向劫持：裁判定价或谈判定价》，载《竞争政策研究》2015 年第 2 期。

是反垄断执法机构，在不存在政府价格管制的情形下，纯粹地采取“形而上”的价格标准对包括SEP在内所引发的所有超高定价纠纷作出一个令人信服的法律裁决是非常困难的。

（二）“形而下”的评判标准之选择缘由

若要确保更为科学地作出令人信服的法律裁决，无论是法院还是反垄断执法机构都必须进一步借助更为深层次的评判标准。诚如美国著名反垄断法专家博克法官所言：“只有在对‘法律的出发点是什么’，即对‘何为反垄断法的目标’的问题作出肯定回答之后，反垄断政策才会变得合理。”① 因此，对包括专利高价许可在内的所有超高定价纠纷的解决都应当最终回到反垄断法的立法宗旨上来。《反垄断法》第1条规定：为了预防和制止垄断行为，保护市场公平竞争，提高经济运行效率，维护消费者利益和社会公共利益，促进社会主义市场经济健康发展，制定本法。可以看出，我国反垄断法的目标是多元化的，包括保护市场公平竞争、提高经济运行效率、维护消费者利益与维护社会公共利益。这些目标在大部分情况下具有一致性，但是在有些情况下也会出现冲突。② 这就意味着我们必须对此进行具体选择，或个案化，或类型化。

针对禁止具有市场支配地位的经营者以不公平的高价销售商品的规定，有些专家认为：“禁止独占者的超高定价是一种保护消费者的措施，而不是保护竞争的设计。”③ 对此，我们认为不能一概而论，至少专利高价许可的反垄断规制并非如此。综观各国规制知识产权滥用的立法初衷，目的基本都在于促进市场有效竞争以此驱动

① Robert H. Bork, *The Antitrust Paradox: A Policy at War with Itself*, New York: Basic Books, 1978, p. 50.

② 参见王翀：《论反垄断法的价值目标冲突及协调》，载《政法论丛》2015年第3期。

③ 孔祥俊：《反垄断法原理》，中国法制出版社2001年版，第562页。

企业不断进行创新。“反垄断法对知识产权的滥用进行限制，不仅是反垄断法与知识产权法进行协调的一种结果和表现，而且也是两者进行协调的一个过程，其目的是在使自由公平的竞争得到维护的同时，也使知识产权法律制度得到正确的实施，使其内在机能得以实现。”① 所以，全国人大常委会法制工作委员会经济法室在《中华人民共和国反垄断法条文说明、立法理由及相关规定》中明确指出：“如果知识产权的权利人超出法律对其专有权规定的范围而滥用其权利，以谋取或者加强其垄断地位，这种权利是不受保护的，这种行为如果排除、限制了竞争，就应当受反垄断法的调整。”② 因此，针对包括 SEP 在内的专利高价许可及其他知识产权滥用的反垄断规制均应当以保护市场公平竞争为目标导向③，深层次地考察当事人的做法是否排除或者限制了相关市场的公平竞争。

（三）构成认定标准的应然情形

第一，专利高价许可导致相关市场出现实质性的市场进入壁垒。利润最大化的商业诉求及其博弈客观上决定了专利持有人在通常情况下都会在最大程度上向被许可人收取尽可能多的许可费用。被许可人在按照专利持有人的许可价格支付费用后可能面临以下两种不利境地：一是经营行为无利可图，即平摊他项经营费用和支付的许可费用所形成的单个商品成本不低于甚至远远高于现行市场的一般售价；二是没有任何竞争优势可言，即平摊他项经营费用和支付的

---

① 王先林：《竞争法视野的知识产权问题论纲》，载《中国法学》2009 年第 4 期。

② 全国人大常委会法制工作委员会经济法室编：《中华人民共和国反垄断法条文说明、立法理由及相关规定》，北京大学出版社 2007 年版，第 341 页。

③ 另外，专利许可尤其是 SEP 的许可在通常情况下不会直接面向消费者，这也决定了针对这类高价许可的反垄断规制不宜直接以维护消费者利益为目标导向。

许可费用所形成的单个商品成本在平均数值上都大幅高于同行对手，但尚未出现个体成本与市场均价倒挂情形。根据实践经验，导致上述情形发生的原因可能有两个方面，即被许可人的他项经营成本较高或者专利持有人的专利许可价格过高。前者是一种正常的市场优胜劣汰现象，后者涉及人为扭曲市场竞争问题。如果因为专利持有人的专利许可价格过高导致被许可人在相关市场上面临经营行为无利可图或者没有任何竞争优势可言，就会使得相关市场出现实质性的市场进入壁垒；即便不存在拒绝交易问题，被许可人也很难实质性地进入相关市场从事商品生产或者提供服务。在这种情况下，专利持有人实施的专利高价许可就产生了排除或者限制市场公平竞争的后果，必须及时对其加以有效规制。

第二，专利高价许可导致相关市场出现实质性的被动驱离问题。如果在位厂商在正常经营过程中合计成本过高，无论由此导致的经营行为不再有利可图还是竞争优势基本丧失，若在市场竞争机制能够给予的时间内不能及时进行扭转，那么这些经营者将会被踢出市场。虽然交易的双边特质决定了专利持有人在存有许可意愿以获取商业回报的情况下不会通过高价许可将现有的被许可人逼入退出市场的恶性境地，但是当专利持有人与被许可人出现竞争关系时，情形则完全可能反转；在形式上避免触及拒绝交易或者差别待遇的情况下，专利持有人特别是 SEP 持有人极有可能通过收取较高的许可费以增加被许可人的经营成本从而迫使其离开市场，这在垄断相关市场所获得的利润在可预期范围内要比先前明显得多的情形下尤其可能发生。[①] 如果有较为确切的证据能够合理证明专利持有人主观上具有这种动机且客观上采取了行动，即便尚未因此造成其他经营者现实性地被迫退出相关市场，反垄断执法机构也必须及时加以制止，

① ［美］道格拉斯·伯恩海姆、迈克尔·惠斯顿著：《微观经济学》，项婷婷译，北京大学出版社 2010 年版，第 650 ~ 661 页。

因为这种专利高价许可在客观上已经具有排除或者限制市场公平竞争的效果。

四、结语

正如我们目前在制定《知识产权反垄断指南（草案）》过程中所普遍强调的一个原则：将知识产权与其他财产性权利不作区别对待，这就决定了专利高价许可应当同样受到反垄断法有关超高定价立法的全面规制。但是为了避免和减少可能影响经营者创新积极性的第I类失误，反垄断执法机构应当重点关注标准必要专利领域尤其是非竞争对手之间发生的相应类型的垄断纠纷。在认定标准上，不能简单地停留在"形而上"的价格标准上，必须依据是否排除或者限制市场公平竞争的"形而下"的根本标准进行科学判断。唯有如此，方能在最大程度上促进包括专利在内的知识产权的保护与规制的平衡发展。

第五节　滥用市场支配地位"初犯"的从减免

世界范围内长期普遍存在的诸如美国微软公司通过不合理的搭售行为"点杀"网景公司、中石油/中石化通过不合理的拒绝交易行为"遏制"民营油企等垄断企业滥用市场支配地位打击竞争对手、掠夺消费者福利的经济现象使得垄断企业（具有市场支配地位的经营者）在人们心目中的印象往往是较差的。除平时进行口诛笔伐外，强烈要求对犯事的垄断企业进行重罚以儆效尤几乎成为社会公众在特定垄断案件中的一致态度，鲜有人（除利害关系主体外）为具体涉案企业进行求情——建议反垄断执法机构进行从轻处罚、减轻处罚或者免除处罚（从减免），即使它是初次违反（初犯）禁止滥用市场支配地位制度。我们认为：区分情形原则上对初犯滥用市场支配地位的企业酌情进行从轻处罚、减轻处罚或者免除处罚是很有必要的，这在反垄断法后发的国家（主要是发展中国家）是具有非常重要的意义的。

一、滥用市场支配地位“初犯”的从减免问题之法律缘起

滥用市场支配地位“初犯”的从减免问题的提起主要缘于经营者在正常情况下客观上无法采取合理的措施来确保其永远避免触犯反垄断法的禁止滥用市场支配地位制度。

禁止滥用市场支配地位制度与反垄断法的禁止垄断协议制度、经营者集中控制制度不同，它并不适用于参与市场竞争活动的所有主体，仅针对少数的特殊市场群体——具有市场支配地位的经营者。①《反垄断法》第 17 条第 1 款明确规定，禁止具有市场支配地位的经营者从事下列滥用市场支配地位的行为：（一）以不公平的高价销售商品或者以不公平的低价购买商品；（二）没有正当理由，以低于成本的价格销售商品；（三）没有正当理由，拒绝与交易相对人进行交易；（四）没有正当理由，限定交易相对人只能与其进行交易或者只能与其指定的经营者进行交易；（五）没有正当理由搭售商品，或者在交易时附加其他不合理的交易条件；（六）没有正当理由，对条件相同的交易相对人在交易价格等交易条件上实行差别待遇；（七）国务院反垄断执法机构认定的其他滥用市场支配地位的行为。因此，如德国法学家狄特瑞希·霍夫曼（Dietrich Hoffmann）所言，“一种行为若由其他企业实施则可能是正常的竞争，但若由拥有

---

① 虽然不同国家在相关方面的立法体例、专业术语等方面有所不同，但是各国的反垄断立法（这里称之为广义上的反垄断法）在此方面采取的做法是完全相同的。各国的相关法律详细规定请参见尚明主编：《主要国家（地区）反垄断法律汇编》，法律出版社 2004 年版；时建中主编：《三十一国竞争法典》，中国政法大学出版社 2009 年版；林燕萍等著：《发展中国家十国竞争法研究》，北京大学出版社 2010 年版。

市场支配地位的企业实施就构成‘滥用’并受到禁止。”①

深度观察各国禁止滥用市场支配地位制度规制的“行为”（行为本体），如高价销售商品、独家交易协议、捆绑销售、差别定价等，我们不难发现，这些“行为”本质上都属于企业的正常经营策略（竞争手段）。从企业管理学、市场营销学的基本理论和各国的企业发展实践来看，任何经营者在成为一个市场的独立竞争者后都会规律性地根据自身的经营需求有选择性地实施上述“行为”。

在这种背景下，是否具有市场支配地位对于经营者至关重要，它直接关系到企业先前的正常经营行为是否有可能嬗变成为一种法律处罚非常严厉的垄断行为，即滥用市场支配地位行为。因此，判别自身是否具有市场支配地位对于企业而言是非常重要的。②

但是受以下三个方面因素的影响，除与生就具有市场支配地位（法定垄断）等少数特殊情形外，企业在没有触犯禁止滥用市场支配地位制度之前通常无法对自身是否具有市场支配地位作出准确的判别：第一，市场支配地位获取的动态性。虽然作为特殊市场群体的资格标签是静态的，但是市场支配地位的获取却是动态的：伴随着经营的动态发展，企业可能在某个时间的临界点瞬间发生质变。这种动态特性使企业很难精准地把握自身在何时开始拥有了市场支配地位，甚至可能出现很多“浑然不知”的情形。第二，市场支配地位判断的复杂性（不确定性）。反垄断法上的市场支配地位是以相关市场这个特定的竞争范畴为考量背景的，而相关市场的界定涉及到经济学、社会学、财会学、法学等多学科知识，具有较高的专业技术性，定向原理、考察维度、权衡因素、操作方法（尤其是 SSNIP 测试法）、模型参数等各个方面的任何细微的不当操作都会极大地影

---

① 曹士兵：《反垄断法研究》，法律出版社 1996 年版，第 140 页。

② 从各国的实践来看，具有市场支配地位的企业需要承担因反垄断法的不确定性而可能带来的违法风险。参见沈敏荣：《国际反垄断法的不确定性及其发展》，载《法学》2000 年第 12 期。

响界定结果的科学性。除此以外，市场支配地位的具体判断除特殊情况下适用“推定规则”外，它在界定的相关市场内需要综合考虑市场份额、市场集中度、市场控制力、财务状况、技术能力、市场进入壁垒等多个因素，具有相对的不确定性。第三，市场支配地位确认的事后性。在企业没有涉及滥用市场支配地位案件之前，反垄断执法机构原则上不会对任何一个经营者在相关市场上是否具有市场支配地位问题作出说明；而一旦反垄断执法机构对特定企业的上述问题作出认定（告知），这至少意味着其已经卷入了一个滥用市场支配地位案件。

虽然优胜劣汰的发展规律使得大部分的经营者在“有生之年”的竞争生涯可能都没有“资格”去适用禁止滥用市场支配地位制度，但是企业天生具有的做强做大的欲望与前面种种因素的叠加使得任何经营者在没有相关经验（经历）的情况下都无法确保其永远不会触犯禁止滥用市场支配地位制度。

在禁止滥用市场支配地位是反垄断法基于公共利益而针对少数的特殊市场群体设立的“特别义务”和诸多客观因素导致经营者无法确保其永远不会触犯禁止滥用市场支配地位制度的情况下，基于法律最低限度的公平考虑①，反垄断执法机构应当根据个案的具体情况对初犯滥用市场支配地位的企业酌情从轻处罚、减轻处罚或者免除处罚。

二、滥用市场支配地位“初犯”的从减免问题之现实影响

滥用市场支配地位“初犯”的从减免问题对反垄断法后发国家的企业通过合并、取得控制权等经营者集中方式进行规模化经营具

---

① 除了基于法律最低限度的公平因素外，“反垄断的局限性”是滥用市场支配地位“初犯”的从减免问题的另外一种重要注解（笔者注：反垄断的局限性问题本质上主要关注的是效率因素）。See Frank H. Easterbrook, The Limits of Antitrust, 63 *Texas Law Review* 1 (1984), pp. 1 –40.

有非常重要的现实影响，它通过“减负”的方式能够像产业政策那样在某种程度上“鼓励”企业进行规模化经营。①

根据现代经济学研究，规模化经营在大多数情况下是可以给企业带来规模经济的（含范围经济效应）。②“企业规模扩大以后，通过合理的组织结构把各种分散、无序的资源协调起来，统一有序地生产经营，产生1+1>2的合力效果。提高管理工作的专业化程度，从而提高管理效益和节省人员；市场交易内部化，节省交易成本；把一些生产经营环节结合在一个企业内部，节省能源与运输成本、减少寻价成本等，都是企业通过组织和管理而获得规模效益的途径和方法。”③“规模经济是市场经济条件下企业取得竞争优势的重要手段。企业通过大规模批量化的生产方式，降低生产经营成本，利用规模经济所形成的低成本优势，扩大市场份额。”④ 规模经济所固有的增进收益的作用形成了一种有效的市场激励⑤，企业往往都会因此产生规模化经营的初始动力。因为风险可能会导致潜在收益的蚀损，所以在在相应成本具有经济效益性的前提下，任何对于企业规模化经营可能构成风险威胁的内容都会在一定程度上挫伤企业规模化经营的初始动力。

虽然在反垄断法的不确定性、刑法的谦抑性原则、垄断行为的隐蔽性等相关因素的作用下，大多数国家和地区的反垄断法在立法

① 规模化经营是指企业通过经营者集中的方式将企业的规模壮大到“规模经济”的临界点。

② 参见戴骥、葛琼：《规模经济问题的文献综述》，载《经济师》2009年第1期。

③ 赵全民：《企业竞争优势的根源——规模经济及其形成机制研究》，载《财经理论与实践》2007年第3期。

④ 林民书：《现代社会生产与消费的自动平衡机制——规模经济外溢》，载《中国经济问题》2010年第4期。

⑤ ［美］曼昆：《经济学原理》（第三版），梁小民译，机械工业出版社2003年版，第6页。

和执法上都呈现出一种“慎刑”态势①，但是相对于企业而言，这并没有影响反垄断法对企业在经济方面的“峻罚”力度，这在禁止滥用市场支配地位制度的行政处罚上表现得尤为明显。从实践来看，如果企业的行为一旦被裁定为构成滥用市场支配地位，反垄断执法机构通常都会依据涉案企业的上一会计年度销售额在法定比例范围内或者最高限额内对它们处以不同程度的相对高额罚款，如英特尔公司被欧盟竞争总司开出10.6亿欧元的罚单、法国电信被法国竞争委员会处以1.2亿欧元的罚款、高通公司被韩国公平交易委员会处以2 600亿韩元的罚款等，少数企业甚至还被反垄断执法机构处以“肢解”这样的极刑，如美国电话电报公司（AT&T）被美国司法部分拆成美国电话电报公司和七个本地电话公司。反垄断法对滥用市场支配地位的重罚性使得企业都十分害怕触犯禁止滥用市场支配地位制度，担心因此被反垄断法这支“达摩克利斯之剑”所重伤进而直接影响到企业的长远发展。客观而言，“在现代市场法治化的环境下，单纯滥用市场支配地位的违法重罚性本身并不构成企业规模化经营的风险。但是，如果禁止滥用市场支配地位制度的“违反”在事前预防上因存在不确定性问题而变成风险来源时，滥用市场支配地位的违法重罚性也会因此嬗变成为企业规模化经营的重大法律风险。”② 但是，正如前面所指出的，经营者在正常情况下客观上无法确保其永远不会触犯禁止滥用市场支配地位制度。

正是如此，很多企业在准备进行兼并重组之前普遍性地担忧在实现规模化经营后将有可能被卷入到各种各样滥用市场支配地位纠

---

① 参见李国海：《论反垄断法中的慎刑原则——兼论我国反垄断立法的非刑事化》，载《法商研究》2006年第1期。

② 丁茂中：《反垄断法促进企业规模化经营的实现路径》，载《法商研究》2011年第6期。

纷中去。① 根据实践经验，这种担忧在一定程度上影响了企业规模化经营的动力，它在刚刚施行反垄断法的国家表现得尤为突出和严重。以我国为例，在2008年8月30日由上海市浙江商会、华东政法大学竞争法研究所和上海瑛明律师事务所共同举办的“《中华人民共和国反垄断法》实施研讨会”上，受访的企业70%因担心触犯反垄断法遭到巨额罚款而出现“钱财竹篮打水一场空”的结果表示不愿意成为市场的“领导者”（营销学上对具有市场支配地位企业的称呼）。

在企业规模化经营的收益和成本既定的情况下，根据传统产业政策（或者其他经济政策）的施行理论与实践效果，政府所采取的任何能够缓解企业上述后顾之忧的举措，包括反垄断执法机构对初犯滥用市场支配地位的企业酌情从轻处罚、减轻处罚或者免除处罚，都将对企业规模化经营起着不同程度的鼓励作用。

三、滥用市场支配地位“初犯”的从减免问题之适用情形

除以下两种情形外，反垄断执法机构原则上都应当对初犯禁止滥用市场支配地位制度的企业酌情从轻处罚、减轻处罚或者免除处罚。

第一，涉案企业知道或者应当知道自身具有市场支配地位。如

---

① 根据调查来看，企业担忧的潜在纠纷主要有两类：一是竞争对手主导的恶意投诉。考虑到因滥用市场支配地位的违法重罚性和相应法律认定存在不确定性以及特定情况下的举证责任倒置，一旦被投诉，被投诉对象通常都会被迫调动自身的各种资源来进行应对以避免遭受意外的重罚和反垄断执法机构在接到举报后负有相应不同程度的法定调查义务，有些企业可能会通过各种方式不正当地利用禁止滥用市场支配地位制度对竞争对手进行打击，借此相对提升或者巩固自己在相关市场中的地位。二是交易相对人或消费者的滥诉。在实行惩罚性赔偿的国家，如三倍损害赔偿的美国，在巨大利益和机会主义等因素的综合作用下，为数不少的交易相对人或者消费者根据禁止滥用市场支配地位制度对特定企业进行滥诉，企图借此获得高额的损害赔偿或者和解费。

果涉案企业知道或者应当知道自身在“相关市场”上具有市场支配地位，则它在初次触犯禁止滥用市场支配地位制度时不应当被酌情从轻处罚、减轻处罚或者免除处罚。主要原因如下：首先，这不存在法律的公平问题。此种情形下的经营者能够清楚地知晓其是否需要承担禁止滥用市场支配地位这个“特别义务”，包括“特别义务”因适用合理原则而存在的不确定性法律风险。其次，这没有现实价值。此种情形通常表明涉案企业的经营规模已经达到一定程度，通过合并、股权控制等方式进一步集中将很可能会严重影响市场的有效竞争。从我国的实践来看，以下四种情形可以推定经营者知道或者应当知道自身具有市场支配地位：（1）因政府的行业进入管制而取得独占地位或者寡占地位；（2）在无刚性进入壁垒的行业公认的市场上单个市场份额超过二分之一；（3）在无刚性进入壁垒的行业公认的市场上两个市场份额超过三分之二或者三个市场份额超过四分之三且单个市场份额不低于十分之一；（4）对外发布的信息自称其具有市场支配地位。①

第二，涉案企业在其他国家有过此项违法前科。滥用市场支配地位“初犯”的判断应当以企业在全球范围内被确认违法次数的绝对值为依据，不应当以单个国家的竞争执法辖区为参照背景。如果涉案企业在其他国家已经被反垄断执法机构或者法院裁定为构成滥用市场支配地位，即便它在特定国家的竞争执法辖区内客观上是“第一次”触犯禁止滥用市场支配地位制度并以此为由申请从宽处理，反垄断执法机构也不应当酌情从轻处罚、减轻处罚或者免除处罚。因为：首先，违法前科的经历客观上使得这些经营者有能力采取合理的措施进行预防。虽然不同国家在相关市场的界定、市场支

① 参见《中华人民共和国邮政法》、《中华人民共和国电信条例》等行业法律法规与《中华人民共和国反垄断法》第19条、《最高人民法院关于审理因垄断行为引发的民事纠纷案件应用法律若干问题的规定》第10条、国家发改委查处的中国联通与中国电信垄断案。

配地位的判断、行为类型的厘定、合理原则的分析上都存在不同程度的差异①，但是在任何国家违反禁止滥用市场支配地位制度的经历都应当对经营者起到惩戒作用，经营者最起码应当参照某个具体裁决中确认的具有市场支配地位的“身份”检视、调整自身的所有经营行为。其次，对有违法前科的企业进行从减免处罚将会在一定程度上纵容甚至是鼓励经营者实施滥用市场支配地位行为。在2012年12月8日由华东政法大学举办的“反垄断法与企业竞争合规国际研讨会”上，联合国贸发会竞争与消费者政策处总干事哈桑·卡卡亚（Hassan Qaqaya）先生指出，滥用市场支配地位在不少情况下已经成为部分跨国公司攻击竞争对手的潜在手段：在采取不合理的拒绝交易、限定交易、差别待遇等做法给自身带来的潜在利益（现实的营业收入、潜在的客户资源、转型升级的机遇、市场领导地位的声誉等的总和）大于因违反反垄断法可能遭受的损失（主要是经济损失）的情况下，这些经营者将会毫不犹豫地采取这种手段攻击竞争对手。② 如果一国对在其他国家有过此项违法前科的跨国公司等此类企业在本国的“第一次”同样违法行为进行酌情从轻处罚、减轻处罚或者免除处罚，这将在很大程度上助长这些经营者进入该国后采取滥用市场支配地位的手段打击竞争对手（主要是该国的本土企业）的动机。值得指出的是，基于法律的可预期性考虑，对于涉案企业在其他国家有过此项违法前科的事实判断应当仅以反垄断执法机构、法院生效的裁决（后者含相应的反垄断民事诉讼判决）为依据。

---

① 不同国家在滥用市场支配地位的违法认定各个环节所存在的细微差异。参见李小明：《滥用市场支配地位法律规制研究》，法律出版社2008年版，第84~114页。

② 哈桑·卡卡亚（Hassan Qaqaya）先生例举了欧盟查处的一个案件，在该案件中，涉案企业的高管在内部的邮件中明确写道：宁愿被布鲁塞尔（注：欧盟竞争执法机构所在地）罚款，也不愿意让竞争对手获取公平的发展机会，这样可以起到斩草除根的效果。

四、滥用市场支配地位“初犯”的从减免问题之操作路径

因不同国家的反垄断法对滥用市场支配地位的法律责任设置和相关配套制度的设置存在不同程度的差异①，所以不同国家的反垄断执法机构对初犯滥用市场支配地位的企业酌情进行从轻处罚、减轻处罚或者免除处罚的具体操作路径是不同的，各国应当根据各自的国情设计、选择具体的操作路径。

依据《反垄断法》的规定，如果我国反垄断执法机构（国家发改委、国家工商总局）对初犯滥用市场支配地位的企业进行从宽处理，也只能根据案件的具体情况酌情选择进行从轻处罚或者免除处罚，而无权酌情选择进行减轻处罚。

《反垄断法》第47条规定：经营者违反本法规定，滥用市场支配地位的，由反垄断执法机构责令停止违法行为，没收违法所得，并处上一年度销售额百分之一以上百分之十以下的罚款。根据这条规定，我国反垄断执法机构有权对初犯滥用市场支配地位的企业酌情进行从轻处罚。站在企业的角度，反垄断执法机构酌情进行从轻处罚的着手点除调低罚款的比例（≥1%）外②，目前在大部分案件中还有缩小违法所得的范围的情形。因禁止滥用市场支配地位制度的特殊性，它的“违法所得”在认定上还存在较大的弹性：以“以不公平的高价销售商品”为例，它的“违法所得”可以有两种各自均有相应合理性的认定方法，即商品的销售价格×销售数量和（商

---

① 就滥用市场支配地位的法律责任设置来看，在法律责任类型上，大多数国家没有刑事责任，少数国家如美国存在刑事责任；在特定类型的法律责任规定上，各国采用的具体手段、惩罚严厉程度等是不尽相同的。在相关配套制度的设置上，如执法体制等，不同国家的情况差异比较明显，如欧盟采取的行政主导模式，美国采取的则是司法主导模式。

② 以中国联通与中国电信垄断案中的中国电信为例，它的互联网接入业务每年收入约为500亿，如果国家发改委按照10%进行执法，则罚款将高达50亿；若按照1%进行执法，则大约仅有5亿，差距非常明显。

品的销售价格 - 商品的市场均价）×销售数量。[①] 但是，在目前我国反垄断法指南（主要是《关于认定经营者垄断行为违法所得和确定罚款的指南》）尚未出台的情况下，反垄断执法机构有权根据执法的需要酌情择用。

《反垄断法》第45条规定：对反垄断执法机构调查的涉嫌垄断行为，被调查的经营者承诺在反垄断执法机构认可的期限内采取具体措施消除该行为后果的，反垄断执法机构可以决定中止调查，中止调查的决定应当载明被调查的经营者承诺的具体内容；反垄断执法机构决定中止调查的，应当对经营者履行承诺的情况进行监督。经营者履行承诺的，反垄断执法机构可以决定终止调查。根据这条规定（国内称为"承诺制度"），我国反垄断执法机构有权对初犯滥用市场支配地位的企业酌情免除处罚。虽然经营者的承诺不能证明其行为的违法性和有些学者认为"在证据充分的案件中，执法机关可直接处罚行为人，而无需再接受行为人的承诺"[②]，但是基于"反垄断执法的目的不是为了处罚违法经营者，而是为了预防和制止垄断行为，保护市场竞争，维护消费者合法权益，促进经济健康发展"[③]，并且《反垄断法》第45条并没有对承诺制度的适用情形作出特别限制；因此，如果初犯滥用市场支配地位的企业在反垄断执法机构认可的期限内采取具体措施消除了不良影响，反垄断执法机构应当有权决定终止该项执法工作，这将使涉案企业避免遭受严厉的法律处罚。

---

① 因滥用市场支配地位的最终目的都是为了获得高额的利润，因此这两种方法在超高定价的案件和其他滥用市场支配地位的案件中都被建议和使用。

② 焦海涛：《电信、联通垄断案中承诺的消极效应》，载《法学》2012年第3期。

③ 全国人大常委会法制工作委员会经济法室编：《中华人民共和国反垄断法条文说明、立法理由及相关规定》，北京大学出版社2007年版，第270页。

五、结语

尽管寡头企业向来不招人待见，但是就连钱德勒、德鲁克、熊彼特、波特等世界著名的经济学家都不得不肯定大型企业在一国经济发展中的核心角色和推动技术进步中的主导作用。发达国家近200年的发展历史充分表明：培育具有较强国际竞争力的大企业大集团，提高产业的市场集中度，对于一国市场整体运行绩效的提升有着举足轻重的作用。因此，在适用反垄断法禁止滥用市场支配地位制度的执法过程中，反垄断执法机构应当“力排”类似“劫富（大企业）济贫（消费者）”的非理性“众议”，中立、科学地对待涉嫌滥用市场支配地位的企业，特别是处于成长过程中的初次触犯禁止滥用市场支配地位制度的企业，以在最大程度上减少、避免政府对市场的不当干预，以促进本国企业和市场经济的稳健发展，从而为提升整个社会公共福利水平奠定坚实的物质基础。

第三章　竞争合规

第一节　企业竞争合规政府指引模式

企业竞争合规不仅对经营者自身具有重要价值，而且对整个社会具有正外部效应。[①] 因此，欧盟、美国、英国、加拿大、澳大利亚、日本、印度、土耳其等多个国家和地区的政府采取各样措施积极推进企业竞争合规的发展。以告知企业如何才能够有效遵守竞争法律规范（权力机关的立法）为要义的政府指引是政府推进企业竞争合规的工作核心[②]，不同国家和地区在此方面的模式则不尽相同。目前，中国亟需建立一套科学的企业竞争合规政府推进机制。因此，深入研究企业竞争合规的政府指引模式在我国具有非常重要的现实意义。

---

① 本语境中的企业竞争合规是指企业根据自身的工作计划和合规惯例采取相应的措施努力使得企业在最大程度上合乎竞争法律规范、避免违反竞争法律规范的动态过程。企业竞争合规的内部价值包括减少违法罚款、提高商业声誉、减少合约因违法而无效导致的损失等，它的正外部效应诸如控缩反垄断执法机构的执法投入、提高竞争法实施效果、培育竞争文化等。考虑文章篇幅、主旨和架构等因素，在此不对企业竞争合规的社会价值进行赘述。

② 本语境中企业竞争合规的政府指引限于行政执法机构的行政性指引。从实践来看，告知企业如何才能够有效遵守禁止滥用市场支配地位、禁止垄断协议等（实体）竞争法律规范的指引也可能是立法机构的立法性指引。如南非的《公司治理法典》（The King Code on Corporate Governance）在 2009 年的修订案 King III Report 中专门对企业竞争合规作了规定。

一、法律性指引的调整方式

企业竞争合规的政府指引在性质上属于竞争执法范畴①，是法律性质的指引，不同国家和地区的此类法律性指引所采用的调整方式存在一定的差异。

（一）调整方式的类型考察

以调整对象的点面为标准，不同国家和地区企业竞争合规的政府指引在整体上可以分为规范性调整方式和个别性调整方式两大类型。

规范性调整方式，即针对某一类主体、某一类情况而采用一般行为规则进行的重复性调整。根据 OECD 2011 年发布的《推进竞争合规的圆桌论坛》报告，目前大部分国家和地区企业竞争合规的政府指引是采用这种方式的。② 例如：欧盟在 2011 年颁布的《合规事宜——公司如何更好地遵守欧盟竞争规则》（Compliance matters - What companies can do better to respect EU competition rules）、英国在 2011 年新颁布的《企业如何遵守竞争法指南》（How your business can achieve compliance with competition law guidance）、澳大利亚在 2005 年颁布的《企业商业行为合规计划》（Corporate trade practices compliance programs）、加拿大在 2010 年更新的《企业合规计划》（Corporate compliance programs）、印度在 2008 颁布的《企业竞争合规计划》（Competition compliance programme for enterprises）、日本在

---

① 因不同国家和地区具体承担企业竞争合规的政府指引的组织名称和具体职责范围不尽相同，故除特别说明外，本语境抽象统称它们为“竞争执法机构”。

② Mr. Joseph Murphy, Promoting Compliance with Competition Law, http://www.oecd.org/daf/competition/Promotingcompliancewithcompetitionlaw2011.pdf, May 16, 2013.

2006年颁布的《企业合规机制——企业遵守反垄断法的现状和问题》（Corporate compliance system – the present status and issues of corporate compliance mainly with the Antimonopoly Act）、土耳其在2011年颁布的《竞争法合规计划》（Competition law compliance program）等。从上述国家和地区的执法来看，这些采用规范性调整方式的企业竞争合规的政府指引都是任意性规范。即便企业没有按照相应的政府指引进行作为，竞争执法机构也不会因此对其进行处罚；如果企业因此出现滥用市场支配地位、限制竞争协议等竞争违规问题，竞争执法机构则依据相应的竞争法律规范作出裁决。

个别性调整方式，即按照针对具体人、具体事所确定的行为方式，对义务主体的行为进行的一次性调整。目前，全球采用这种方式的国家和地区较少，如美国、越南、泰国、斯里兰卡等，但是这些国家具体采用的做法却存在很大差异。越南、泰国、斯里兰卡等竞争法后发国家的个别性调整方式往往是发生在企业与竞争执法机构的常规咨询、非正式磋商等场合，原则上不具有任何的强制性；美国的个别性调整方式则通常发生在少数的具体案件中，性质上都属于"强制性规范"。从FTC和DOJ的执法实践来看，两部委至今没有就企业竞争合规的问题专门颁布过指南；即便在具体的案件中，两部委通常也不会对企业应当如何遵守它们作出的裁定进行说明；但是在少数情况下，两部委会在同意令中对涉案企业的竞争合规问题作出明确的具体要求。例如：在全视线案件中，FTC要求全视线公司"指定一位企业官员协调教育员工、向员工和第三方传达执法机构命令、培训员工、保管相关文件、维护网站等涉及到裁定执行的相关事宜"①；在微软案件中，DOJ要求微软"任命一名合规官员监督其对同意令的遵守情况，统一负责反托拉斯合规工作，传送同

① See final order at Paragraph III, http://www.ftc.gov/os/caselist/0910062/100427transopticaldo.pdf, May 23, 2013.

意令副本并向所有管理决策人员提供有关反托拉斯法和同意令的相关规定的年度性培训”。①

（二）调整方式的优劣比较

虽然法理学视野下的规范性调整方式和个别性调整方式各有优缺点，但是在企业竞争合规的政府指引这个具体问题上，规范性调整方式明显优于个别性调整方式。

首先，规范性调整方式具有相对的事前性，个别性调整方式则具有相对的事后性。众所周知，“反垄断法具有相对较大的不确定性”②，因此，企业竞争合规的政府指引的事前性显得格外重要。只有竞争执法机构及时为企业的竞争合规提供必要的指引，企业才可能在最大程度上避免出现竞争违规问题，它们开展的竞争合规活动才因此具有成功意义。“在采取实际行动进行竞争合规过程中，企业应当牢记它们的付出是以结果来进行评价的，换言之，是否成功仅以是否避免违规作为判断标准。”③ 显而易见，欧盟、英国、澳大利亚、加拿大、印度、日本、土耳其等大部分国家和地区企业竞争合规的政府指引所采用的规范性调整方式具有相对的事前性，这些政府指引自颁布时便为其“时空段”内的企业在个案竞争违规之前提供普遍性的指引。美国、越南、泰国、斯里兰卡等国家企业竞争合规的政府指引所采用的个别性调整方式则相反，它们往往在企业出现或者已经可能出现个案竞争违规之后才提供一些指引。FTC 和

---

① See final judgment at Sections IV. C，IV. D，http：//www. justice. gov/atr/cases/f245100/245110. htm，May 28，2013.

② 沈敏荣：《国际反垄断法的不确定性及其发展》，载《法学》2000 年第 12 期。

③ FECC，Compliance matters – What companies can do better to respect EU competition rules，http：//www. fecc. org/images/stories/downloads/NEWS/compliance_ matters_ en. pdf，Jun. 6，2013.

DOJ 的做法毋庸多言，事后性特征非常明显。越南、泰国、斯里兰卡等竞争法后发国家的做法虽然在形式上具有相对的事前性和在实质上局部客观可能具有相对的事前性，但是根据发展中国家的经验，这些政府指引通常是竞争执法机构因企业的主动咨询或者磋商要求而被动发生，并且这往往意味着企业已经存在或者可能存在特定的竞争违规问题，它们所做的咨询或者磋商在大多数情况下只不过是事后寻求应对之策的一种做法而已。

其次，规范性调整方式具有较强的系统性，个别性调整方式则具有相对的零散性。从采用规范性调整方式的国家和地区颁布的政府指引来看，这些政府指引通常都对企业如何才能够有效遵守竞争法律规范作了较为系统的阐述。以英国为例，OFT 在《企业如何遵守竞争法指南》中不仅告诉企业应当如何筹建竞争合规的组织体系，如采用全员参与原则、自上而下推进模式等，而且以“企业自上而下的竞争合规承诺”为基础设计了一套包含风险识别、风险评估、风险消减和系统检审等在内的“四步法”操作规程供企业参考使用。① 但是，采用个别性调整方式的政府指引实质上是对企业竞争合规的个别方面问题作了说明。② 以 FTC 和 DOJ 在上述两个案件中所作出的明示内容为例，它们实质上只是对特定企业的竞争合规的组织体系建设问题作了说明，更准确来讲，是作了具体要求，并没有告诉企业以后如何去识别潜在的竞争风险、如何评估自己的风险级别、如何消除和控制不同类别的风险等。个别性调整方式

---

① See OFT, How your business can achieve compliance with competition law guidance, https://www.gov.uk/government/uploads/system/uploads/attachment_data/file/284402/oft1341.pdf, Jun. 15, 2013.

② 根据常规咨询、非正式磋商的惯例来看，因竞争事项涉及内容的复杂性、执法资源的有限性、执法个体的自保意识、行政解答的直接性等，竞争执法机构通常只会对企业提出的问题进行点对点的回答，原则上不会对相关问题涉及到的其他间接性内容进行逐项系统阐述，企业通常对其他间接性内容也不感兴趣。

具有的相对零散性使得本来作为其传统特征和优点的针对性逊色很多，在企业竞争合规的政府指引上未必强于规范性调整方式。美国、越南、泰国、斯里兰卡等国家竞争执法机构所作出的相关指引虽然在形式上做到了对症下药，但是个别性调整方式下企业与竞争执法机构之间在问诊过程中所存在的固有缺陷注定了这是一种“头痛医头、脚痛医脚”的模式；而实践充分表明，企业的竞争合规必须是系统化的。因此，这些指引未必真正适合特定企业竞争合规的整体机理需求，它们的最终效果可能还不如规范性调整方式的综合调理。

二、规范性指引的立法体例

采用规范性调整方式的企业竞争合规的政府指引称为规范性指引，不同国家和地区的相关规范性指引在立法体例上是有所不同的。

（一）立法体例的类型考察

从欧盟、英国、澳大利亚、加拿大、印度、日本、土耳其等国家和地区的相关情况来看，规范性指引的立法体例在整体上可以分为两类，即通则型和专项型。

通则型立法体例是指规范性指引对企业所有类型的合规作出一个通用性的说明，可适用于但是并不局限于竞争合规的做法。目前，澳大利亚、加拿大等国家采用这种立法体例。澳大利亚竞争与消费者委员会（Australian Competition and Consumer Commission，ACCC）在《企业商业行为合规计划》中为企业如何有效遵守《1974 年商业行为法》（Trade Practices Act 1974）提供了必要的帮助，该指引文件由“序言、商业行为合规计划的厘定、合规文化、企业开展合规计划的缘由、ACCC 的企业商业行为合规计划模板、企业合规计划模板中的权衡因素、ACCC 的监督与管理程序”等七个部分组成，具体内容着眼于企业所有类型的合规涉及到的一般性问题。① 加拿大竞争局（Canadian Competition Bureau，CBC）在2010年更新发布了《企业合规计划》，该指引文件在特别声明部分指出："本项公开文件为适用《竞争法》（Competition Act）、《消费者包装和标签法》（Consumer Packaging and Labelling Act）、《纺织标签法》（Textile Labelling Act）和《贵重金属标记法》（Precious Metals Marking Act）提供便捷和指引的基本信息。"虽然CBC在《企业合规计划》中多处对竞争合规的相关问题作出特别说明，如5.2.1部分的有关竞争法的豁免和宽恕、5.2.5部分的有关竞争法实施中的同意令等，但是整个指引文件的核心内容是围绕企业合规的共性问题进行设计的，这在"合规重要性"、"培育合规文化"和"可行有效的企业合规计划的构成要件"等主体框架部分表现的非常明显。②

专项型立法体例是指规范性指引对企业的竞争合规作出一个专门性的说明，内容只涵盖和适用于竞争合规的做法。目前，采用这种立法体例的国家和地区较多，如欧盟、英国、印度、日本、土耳其等。正如这些国家和地区规范性指引的文件名称所示，它们是专门针对企业竞争合规的。以欧盟为例，欧盟竞争委员会（European Union Competition Commission，ECC）在《合规事宜——公司如何更好地遵守欧盟竞争规则》中针对企业的竞争合规问题作了较为全面详尽的阐述。该指引文件的核心内容共有四部分：在"遵守欧洲的竞争规则：公司的义务"部分，ECC重点阐述了竞争合规的好处与竞争合规的成功标准；在"公司违规的代价"部分，ECC分别从企业罚款、个人制裁、协议无效引发损失、负面报道及其连锁反应四

① See ACCC, Guide to corporate trade practices compliance programs, https: //www. accc. gov. au/media – release/guide – to – corporate – trade – practices – compliance – programs, Jun. 23, 2013.

② CBC, Corporate compliance programs, http: //www. competitionbureau. gc. ca /eic/ site/cb – bc. nsf/eng/03927. html, Jul. 3, 2016.

个角度指出了竞争违规的成本；在“遵守欧盟竞争规则”部分，ECC深入揭示了企业可能面临的两类重大竞争违规风险和竞争法实施的公权力机构的相关作为；在“如何确保公司合规”部分，ECC除了建议企业采取明确竞争合规策略、将竞争合规纳入员工考评体系、持续开展竞争合规培训、增加竞争法律问题的咨询网点、加强监督和审计等具体措施外，还对竞争合规的风险防控价值、ECC对竞争合规的态度等作了详细阐述。

（二）立法体例的优劣比较

虽然企业的竞争合规和企业的其他合规具有诸多的共性，但是企业的竞争合规客观上存在很多的个性，这首先就决定了规范性指引在立法体例上存在强烈的专项型需求。以企业合规的风险涉及的人员范围为例，诸如保险合规、证券合规、信托合规等企业其他合规的风险涉及的对象往往是企业的管理层和部分核心操作人员，但是企业的竞争合规则涉及所有人员。尽管受企业经营管理体制的内部分工形式（职能部门的常规设置）等因素的影响，很多人习惯性地误以为企业竞争合规的事情只是法务部门和管理层的工作，与企业其他人员没有（责任）关系；然而企业的竞争合规必须全员参与，因为代表企业参与市场竞争的并不只有法务人员和核心管理层，而是企业的全体员工，包括总裁、董事、部门经理、普通销售员、后勤工人等在内的所有企业职员都有可能给企业带来竞争违规风险，特别是核心卡特尔问题。在一些国家和地区查处的垄断协议案件中，一些涉案企业被指控的垄断协议并非源于公司的核心管理层，而是源于公司的一线销售人员；这些销售人员为了完成公司规定的销售任务或者获得更多的提成选择与同行进行划分市场、联合定价等。对此（诸多类似问题），规范性指引都应当向企业（逐项）作出特别说明；而根据以往经验，专项型立法体例更适合进行上述安排，通则型立法体例一般难以全面顾及这些个性问题。

从实践来看，专项型立法体例的指引效果在整体上要比通则型立法体例更好。以竞争合规的风险识别为例，虽然采用通则型立法体例的规范性指引在某种程度上指出了竞争合规的风险来源，如澳大利亚的《1974 年商业行为法》有关不公平竞争的禁止性规定、加拿大的《竞争法》有关非法垄断的条款等，但是它们往往并没有更为具体直观地向企业阐述这些风险的表现形式；而因反垄断法所具有的相对不确定性，没有经验的企业却通常又无法对号入座进行具体识别。采用专项型立法体例的规范性指引则通过清单例举、图文说明、个案演示等方式比较详细地勾画诸如滥用市场支配地位、垄断协议等竞争违规行为在日常生活中的表现形式，因此企业一般都能够对自身所实施的行为进行甄别。在欧盟、英国等国家和地区，企业甚至可以根据规范性指引所提供的“黑色区域”（DON’Ts）和“红旗标识”（RED FLAGS）等工具直接进行风险排查。如根据“红旗标识”工具，合规人员在监督审计时将会重点关注：商业协会的行为、和竞争对手的交易行为、不正常的稳定的市场份额、匿名或者虚报姓名的通话、价格突然上涨现象、企业保存的竞争对手报价的文件。①

三、专项性指引的阐述文法

采用专项型立法体例的规范性指引称为专项性指引，不同国家和地区的相关专项性指引在阐述文法上存在不同程度的差别。

（一）阐述文法的类型考察

根据欧盟、英国、印度、日本、土耳其等国家和地区的相关情况，专项性指引的阐述文法大体上有两类，即问答式和说明式。

① William J. Kolasky, Antitrust Compliance Programs: The Government Perspective, https://www.justice.gov/atr/file/519776/download, Jun. 15, 2013.

问答式阐述文法是指专项性指引对于企业竞争合规涉及到相关内容通过提问与回答的方式进行阐述的做法。目前，印度、土耳其是采用这种阐述文法的典型代表。印度的《企业竞争合规计划》由“2002年竞争法”、“企业合规安排”、“附件——竞争合规计划核对清单”三大部分组成，印度竞争委员会（Competition Commission of India，CCI）在正文部分分别通过20组、15组的“问题”与“回答”较为系统地阐述了企业竞争合规的相关问题。例如对于竞争合规计划的概念，CCI在“企业合规安排”部分阐述道：“问题．什么是竞争合规计划（Competition compliance programme，CCP）？回答．合规是指部分企业积极采取措施遵守《竞争法》的规定。如果企业采取了必要、具体的措施确保其避免触犯《竞争法》，则可以被认为实施了竞争合规计划。”① 土耳其竞争执法机构（Turkish Competition Authority，TCA）在《竞争法合规计划》中对“什么是竞争法合规计划”、“实施竞争法合规计划的重要性是什么”、“竞争法合规计划的目标是什么”、“竞争法合规计划的范围包括哪些”等15个大问题（一级标题）进行了作答，其中对第14个大问题“什么类型的企业或者行业对竞争法合规计划有着特别的需求”，TCA又通过“企业是否是市场的领导者”、“新企业是否容易进入到相关市场”等9个小问题（二级标题）进行了详细解答。②

说明式阐述文法是指专项性指引对于企业竞争合规涉及到的相关内容通过直接说明的方式进行阐述的做法。目前，欧盟、英国、日本等多数国家和地区采用这种阐述文法，其中日本最为典型。在《企业合规机制——企业遵守反垄断法的现状和问题》中，日本公平

---

① CCI, Competition compliance programme for enterprises, http://www.cci.gov.in/sites/default/files/advocacy_ booklet_ document/CCP.pdf? download = 1, Jul. 10, 2013.

② TCA, Competition law compliance program, http://www.rekabet.gov.ct.tr/, Jul, 16, 2013.

交易委员会（Japan Fair Trade Commission，JFTC）共分“序言”、“企业合规环境的最新变化”、“企业合规的现状”、“企业举措示例和基本概念”、“欧洲与美国的反垄断法和企业合规机制”、“企业合规的完善”等六个部分对企业竞争合规的相关问题进行了中规中矩的详细阐述；除“序言”和“企业合规的完善”两部分外，JFTC 对其他四点内容都通过深化到三级标题甚至四级标题进行了详细说明。[①] 但是不论是深化到何级标题，JFTC 都是采用直接说明的方式进行阐述，没有像 ECC、OFT 在相关专项性指引中少数地方零星地采用 TCA 的做法进行引题，如前面提到的 ECC《合规事宜——公司如何更好地遵守欧盟竞争规则》的“如何确保公司合规”和 OFT《企业如何遵守竞争法指南》“概述”部分的“小企业应当如何”。

（二）阐述文法的优劣比较

问答式阐述文法与说明式阐述文法在形式上不分伯仲，各有优缺点；二者实质效果的优劣并不取决于它们本体，而主要在于竞争执法机构的专项性指引所阐述内容的细化程度。

问答式阐述文法的形式优点主要是其针对性较强，即合乎企业对竞争合规相关问题的常规知晓方式。因为遵守竞争法律规范是企业的固有义务，且竞争合规能够给企业带来诸多裨益，所以企业在竞争合规的事宜上最为关心的问题应当是如何才能有效地遵守竞争法律规范。无论是正在努力建立一套完整竞争合规机制的企业，还是积极采取措施进一步完善竞争合规机制的企业，它们在寻求竞争执法机构的指引过程中通常都是以问题形式表达出来。这种习性使得问答式阐述文法在形式上更容易契合企业的需求，特别是对于那

① JFTC，Corporate compliance system – the present status and issues of corporate compliance mainly with the Antimonopoly Act，http：//www. jftc. go. jp/en/pressreleases/yearly_ 2006/may/2006 _ may _ 24. files/2006 – May – 24. pdf，Jun. 19，2013.

些没有经验的新手；在假设内容较为全面的前提下，采用问答式阐述文法的专项性指引可以让企业按图索骥，寻找到各自的问题和相应答案。但是问答式阐述文法也存在一些形式缺点，最为突出的就是缜密性较差。从印度、土耳其的实践来看，除了指引所列的问题之间本身不同程度地存在缝隙外，企业根据指引的问答以若干补丁式的措施建立的竞争合规机制通常都会存在一些相互衔接问题。例如，印度的本土企业在竞争合规上普遍存在竞争合规政策的制定和执行与企业纵向职能部门和横向协调部门脱节的问题。

说明式阐述文法在形式上的优缺点刚好与问答式阐述文法相反。其形式优点主要是缜密性较强，诸如欧盟、英国、日本等国家和地区的相关指引通常都是比较富有逻辑性地阐述了竞争执法机构对企业竞争合规的看法、建议、经验、教训等，它们至少原则上涵盖了企业竞争合规的方方面面，机制性或者致命性的空隙一般是不存在的；但是这些指引对于企业的需求而言，针对性较差。企业通常无法根据各自的问题直接对号入座、按图索骥，而往往需要不断提炼、演绎。

对于实质上的指引效果，无论是采用问答式阐述文法的专项性指引，还是采用说明式阐述文法的专项性指引，都取决于指引内容的详细程度。在欧盟、英国、印度、日本、土耳其等五个国家和地区中，JFTC 的《企业合规机制——企业遵守反垄断法的现状和问题》内容最为详细，这不仅反映在篇幅（合计 46 页）上，而且反映在诸多标题项下的调研、分析、论证、总结、建议等上面①，它的实践效果也因此相对最好；OFT 的《企业如何遵守竞争法指南》、CCI 的《企业竞争合规计划》、ECC 的《合规事宜——公司如何更好地

① JFTC《企业合规机制——企业遵守反垄断法的现状和问题》的“企业合规的现状”和“企业举措示例和基本概念”两大主题内容涉及的数据、图表、归纳结论、工具选择等最能反映出其详细性。

遵守欧盟竞争规则》和 TCA 的《竞争法合规计划》的详细程度则逐渐递减。

四、中国指引模式选择建议

我国竞争执法机构应当在充分考虑特殊国情的基础上合理借鉴欧盟、美国、英国、加拿大、澳大利亚、日本、印度、土耳其等国家和地区的做法，尽快建立一套科学的企业竞争合规的政府指引机制。①

（一）调整方式的选择建议

在企业竞争合规的政府指引调整方式上，我国应当选择规范性调整方式 + 美国的个别性调整方式。

规范性调整方式应当是我国企业竞争合规的政府指引的基础调整方式，这不仅因为其具有相对的事前性和较强的系统性等优点，而且它更符合我国法律性质指引的传统习惯。中国是个大陆法系国家，法律性质的指引更多地习惯采用规范性调整方式。因此，我国竞争执法机构在企业竞争合规的政府指引上应当首先尽快制定一个规范性指引。制定该规范性指引由国务院反垄断委员会牵头组织最为合适。虽然根据《反垄断法》第 10 条和第十一届全国人民代表大会第一次会议批准的国务院机构改革方案和《国务院关于机构设置的通知》（国发〔2008〕11 号），商务部、国家工商总局、国家发改委具体承担反垄断执法职责，但是由于它们各自只负责部分内容，而规范性指引不仅涉及整个《反垄断法》，而且涉及诸如公司内部治理等其他领域问题，所以这只能由作为协调议事机构并且具有“制定、发布反垄断指南”职能的国务院反垄断委员会统筹制定和发布。

---

① 因通用意义上的企业竞争合规基本都是针对反垄断问题的，故有关中国的竞争执法机构特指我国广义上的反垄断执法机构，具体范围包括国务院反垄断委员会、商务部、国家工商总局和国家发改委。

在以规范性指引为主导的基础上，商务部、国家工商总局、国家发改委应当借鉴 FTC 和 DOJ 的做法，在具体的案件裁决中对特定的企业竞争合规问题作出强制性要求。虽然我国竞争执法机构自 2008 年以来查出了多起反垄断案件，如鲜一阁食品厂等米粉企业串通涨价案、山东潍坊顺通医药有限公司和潍坊市华新医药贸易有限公司垄断协议案、“茅台”纵向垄断协议案、“五粮液”纵向垄断协议案，但是它们都没有在裁决文件中对涉案企业以后应当如何尽量避免竞争违规问题作出任何指引。“反垄断执法的目的不是为了处罚违法经营者，而是为了预防和制止垄断行为，保护市场竞争，维护消费者合法权益，促进经济健康发展。”① 因此，反垄断执法机构在个案制止垄断行为的同时，更应当“防患于未然”，而推进企业竞争合规便是最佳手段之一。

（二）立法体例的选择建议

在规范性指引的立法体例上，我国应当选择专项型立法体例。这除了因为专项型立法体例所具有的比较优势外，还取决于我国有关调整企业商事活动法律的“诸法分裂”格局和竞争执法机构职能的一元化现况。

从现实情况来看，我国调整企业商事活动的法律是比较分散的，如《中华人民共和国公司法》《中华人民共和国合伙法》《中华人民共和国证券法》《中华人民共和国产品质量法》《中华人民共和国广告法》和《反垄断法》等。撇开这些法律所对应的执法机构不尽相同（非同一性）的因素外，仅调整企业商事活动法律的“诸法分裂”格局客观上就足以使得我国难以采用澳大利亚的做法。若深入考察澳大利亚《1974 年商业行为法》，我们不难发现这是一部涵盖

① 全国人大常委会法制工作委员会经济法室编：《中华人民共和国反垄断法条文说明、立法理由及相关规定》，北京大学出版社 2007 年版，第 270 页。

公司法律制度、合伙法律制度、仲裁法律制度、合同法律制度、产品质量法律制度、消费者保护法律制度、产业法律制度、反垄断法律制度等诸多内容在内的商业法典。调整企业商事活动法律的“诸法合体”格局是澳大利亚在规范性指引上采用通则型立法体例的非常重要的原因之一。

虽然根据《反垄断法》第9条规定，作为规范性指引的最佳制定和发布者——国务院反垄断委员会在形式上有五项具体职能；但是从实质上来讲，它的职能是一元化的，即负责组织、协调、指导反垄断工作。这除了与负责多部法律实施的CBC不同外，更是和ACCC存在很大的差异。根据《1974年商业行为法》相关规定，ACCC的主要职能有以下四个方面：第一，制止不公平竞争行为，保护消费者的合法权益①；第二，负责对价格实行监督②；第三，负责建立合法准入体制以帮助第三方进入某些公用事业参与竞争；第四，负责培训商业企业和消费者。CBC、ACCC职能的多元化应当是加拿大、澳大利亚在规范性指引上采用通则型立法体例的（另外）一个非常重要的原因。中国国务院反垄断委员会职能的一元化客观上决定了其在规范性指引的立法体例上只能选择专项型立法体例，而且这种做法也比较符合包括国务院反垄断委员会在内的中国所有法律对应的执法机构的传统习惯和模式偏好。

---

① ACCC通过监督公司的成立与合并、判定企业交易行为合法与否以及就企业和消费者根据《1974年商业行为法》和相关法律所享有的权利和应履行的义务向他们提供指导等途径，以保证消费者与商业企业免受非法竞争及不公平市场交易行为的侵害，并确保产品安全和质量责任。

② ACCC的监督包括监督公司申报的价格、监督产品的正式价格、监督部门非正式定价以及监督联邦政府商业企业的价格。价格监督职能具体体现在三方面：一是调查商业组织的计划价格；二是向联邦部长报告对价格交易行为及相关事宜的调查结果；三是向联邦部长报告对工业或商业企业的定价、成本及利润的调查结果。

（三）阐述文法的选择建议

在专项性指引的阐述文法上，我国应当选择说明式阐述文法 + 问答式阐述文法，两种阐述文法的最佳应用效果应当是泾渭分明地对应分布在指引文件文本的正文部分和附件部分。

根据实践经验，企业竞争合规的政府指引应当主要围绕“竞争合规的目的”、“组织竞争合规的主体”、“竞争合规操作流程”、“竞争合规效果评估”等四个方面的核心内容展开。根据包括国务院反垄断委员会在内的我国所有执法机构的传统习惯来看，它们在对外发布的具有普遍性指引作用的文件中都是采用中规中矩的说明式阐述文法，这客观上就决定了国务院反垄断委员会不太可能采用与其先前发布的《国务院反垄断委员会关于相关市场界定的指南》风格迥异的阐述文法。在正常情况下，国务院反垄断委员会应当会（也应当）采用说明式阐述文法对上述四个方面的核心内容分别以例如“竞争合规的价值”、“竞争合规的组织体系”、“竞争合规的操作规程”、“竞争合规的信息反馈”等类似标题按照一定的逻辑系统阐述。

如前面所言，虽然说明式阐述文法具有缜密性的优点，但是它对于企业的需求而言针对性较差，这将在一定程度上影响到专项性指引对企业竞争合规的推进效果；而问答式阐述文法虽然缜密性较差，但是针对性较强。因此，在采用说明式阐述文法对企业竞争合规的相关问题作出系统性阐述的情况下，国务院反垄断委员会不妨在专项性指引中设立“附件”部分并采用问答式阐述文法对企业竞争合规的相关问题进行点对点的解答。① 在保证专项性指引内容详细度的前提下，相信两种阐述文法的并用能够极大地提升国务院反垄

① 所列问题应当以专项性指引的正文确定的框架和原则为限制，所列问题应当来源于实地调研，如商务部、国家工商总局、国家发改委以及它们授权的机构在执法过程遇到的问题、企业咨询和国务院反垄断委员会所接触到的相关问题等。

断委员会所制定发布的相关指引文件的实践效果，从而有效地推动我国企业竞争合规的发展，在最大程度上预防和制止垄断行为的发生，保障我国市场竞争机制的稳健运行。

第二节 欧盟企业竞争合规指引机制

2011年11月，欧盟委员会专门发布了《合规事宜——公司如何更好地遵守欧盟竞争规则》的竞争合规指南。该指南的“内容”（contents）共五部分；其中第五部分“获得更多相关信息”属于标题性质，仅仅寥寥几行介绍了刊载相关信息的官网；其他四部分则相对较为深入，构成该指南的实体内容，它们相应的详细规定如下：

一、遵守欧洲的竞争规则：公司的义务

欧盟的竞争规则关系到每个在欧盟经商的人，因为这些规则直接适用于所有在欧盟境内活动的经营者。这意味着不仅包括那些为企业经营作出决策的管理人员，而且包括那些根据指导执行经营决策的雇员。违反欧盟竞争规则的公司将承担高额罚款的风险，并且面临着其他不利后果。虽然在欧盟竞争规则下个人不会受到法律制裁，但是因为企业的存续可能因违反竞争规则而受到威胁，所以他们的职业生涯难免受到错误选择的消极影响。在一些成员国里，个人参与反竞争行为也会受到法律制裁，可能被处以类似强加给公司的罚金或者监禁。

（一）一般义务

与其他方面一样，遵守法律规定是义务主体的首要责任。欧盟竞争规则是企业日常经营过程中必须考虑的事项，漠视法律将导致企业不可避免地遭受处罚。尽管遵守竞争规则是企业的固有义务，但是对于如何遵守，它们拥有很大的自由决定权。显而易见，公司规模、公

司寻求咨询意见的资源、经营范围和违反欧盟竞争规则的可能性都有很大差异，但是对规则的认知总是有效遵守规则的前提条件。

（二）合规的益处

公司进行竞争合规有以下益处：一是尊重商业道德的需要；二是避免承担违规潜在的高成本；三是提高公司的声誉、公司产品和服务的销量以及公司对于优秀人才的吸引力，有助于提升公司员工的职业满意度，并且培养员工的归属感甚至是自豪感。知晓违法行为构成要件的员工对竞争对手或者其他商业合作者的违法行为也更为警惕。企业可以通过向竞争执法机构报告潜在的不法行为等途径维护公平竞争的市场环境：第一，企业可以向欧盟委员会或者成员国的竞争执法机构举报任何属于其管辖范围的涉嫌违规行为。第二，在出现违规的情况下，可以申请免除和/或减轻罚款。第三，受害者可以提起控诉。

（三）有效性：成功的唯一标准

值得指出的是，对公司竞争合规行为有效性的评价是以结果为标准的。换言之，公司竞争合规是否成功仅以是否避免违规作为判断标准。仅仅口头上作出的空洞或者形式化的合规承诺是毫无意义的。任何一个可行的合规方案都必须建立在管理层承诺的坚实基础上，并得到自上而下的合规文化的支持。

二、公司违规的代价

（一）对公司的罚款

欧盟委员会对违反欧盟竞争规则的公司所施加的罚款处罚是非常严厉的，甚至高达公司年度全球营业额的10%。但即使公司并未实际达到违规的目的，它仍可能会被罚款。例如，以固定价格为目的的卡特尔的参与者将面临高额的罚款，而无论价格水平是否按照他们的预期上涨。为了让公司充分认识到违反欧盟竞争规则将遭受的罚款风险，欧盟委员会还制定了书面的罚款政策。可见，公司实施反竞争行为的风险是巨大的，近年来大量包含巨额罚款的反卡特尔裁决已经充分证明了这一点。

1. **卡特尔**

尽管欧盟委员会和成员国的竞争执法机构进行了不懈努力，但是卡特尔仍然出现在从基础产业到服务市场的诸多领域，并且涉及从大型跨国集团到小型企业在内的所有规模的公司。在调查的大多数案件中，公司最高管理层鼓励甚至直接实施卡特尔行为。这表明在一定范围内，违反市场经济的最基本规则仍然被视为从事商业活动和利润最大化的一个合理途径。

近些年来，特别是2001年以后，欧盟委员会提高了作出禁止卡特尔行为以及对其罚款裁决的频率，总罚款额达到数十亿欧元，并且这些裁决大多数得到了上诉法院的支持。

2. **国际搬运卡特尔**

2008年，欧盟委员会对参与比利时卡特尔的国际搬运公司处以超过3100万欧元的罚款。在1984到2003年间，该公司固定价格、划分市场，并且特别通过向顾客虚假报价（“隐瞒报价”）和借助拒绝邀约的补偿系统操作赔偿提交的流程。欧盟委员会通过突击检查，成功获取了大量卡特尔证据。某公司因为向欧盟委员会提供了具有重要价值的其他证据而依据《欧盟委员会宽恕指南》获得50%罚款额的减轻处罚幅度。

3. **工业缝纫线卡特尔**

2005年，欧盟委员会对来自德国、比利时、荷兰、法国、瑞士和英国的参加了卡特尔的缝纫线生产商处以超过4300万欧元的罚款。工业缝纫线可以使用在多个缝纫产业和各种饰品上，如衣服、家居、汽车座椅、座位安全带、皮具、垫子、鞋类和绳子等。在

1990 年到 2001 年间，这些公司参加例会并通过双边联系在涨价和/或目标价格方面达成协议、交换价目表或者向不同消费者收取的价格等敏感信息以避免在位供货商价格的下降，并划分了消费者市场。成员国的竞争执法机构还查处了咖啡豆烘炒机、洗浴和个人护理用品、隐形眼镜和面粉等领域的类似卡特尔行为。

具有市场支配地位的公司的滥用行为也是欧盟委员会日益关注的重点。欧盟委员会在过去的几年里对信息通讯技术领域和诸如能源、电信和邮政等逐渐放松管制或者部分放松管制的市场进行了多起罚款类执法。然而，除此之外的其他领域内滥用市场支配地位的现象并没有因此减少。

（二）对个人的处罚

除了对企业进行罚款外，许多成员国会对个人进行处罚（如罚款、剥夺董事资格）。有些成员国甚至允许对涉嫌一般竞争法律侵权和/或某些特定类型的违法行为（如串通投标）的个人处以监禁。此类处罚可以单独适用，也可以与罚款并行适用。可见，这些在成员国境内实施不法活动的企业高层管理人员有可能面临牢狱之灾。

（三）违法协议是无效的，并可能造成损害

违背欧盟竞争规则的限制竞争协议当然无效，法庭禁止合同当事人履行该协议。这意味着任何一方当事人没有义务（也被禁止）遵守此类违法合同。这些不良后果对于企业的影响可能是巨大的。如果违反欧盟竞争规则的行为给第三方造成损害，受害者可以向成员国的法院提起损害赔偿诉讼。例如，在欧盟委员会对 11 个航空承运人固定价格的行为进行罚款的一起航空运输卡特尔案件中，受害者就提起了损害赔偿请求之诉。①

① See Commission Press Release IP/10/1487 of 9. 11. 2010.

（四）对违法者的负面报道以及其他附随后果

欧盟委员会在发现违法行为并对涉案公司进行处罚后，都会发布新闻。包括综合媒体和专业媒体在内的各类报道都将会对这些公司的名誉产生负面影响，他们也将可能被那些认为遭受欺骗的客户和消费者所敌视。此外，对于公司而言，竞争执法机构的调查也是费时费力且成本高昂的，突出表现之一就是冗长的法律调查可能分散高层管理人员从事核心商业活动的精力。

三、遵守欧盟竞争规则

针对公司的市场行为，《欧洲联盟运行条约》有两个主要条款。第 101 条禁止公司之间达成限制竞争协议，除非该协议能够给客户和消费者带来巨大福利；第 102 条则规定公司滥用市场支配地位行为的违法性。欧盟理事会或者欧盟委员会同时也出台了对这些基本原则和禁止性条款进行细化的法律文件，具体执法案件也可以解释如何将这些基本原则适用到特定的领域和企业实施的特定类型的协议或行为之中。需要注意的是，这些规则也适用于仅仅在某一成员国境内发生的影响市场竞争的行为。

（一）欧盟竞争规则直接适用于所有企业

欧盟竞争规则可直接适用于欧盟所有成员国公司的竞争行为，而无需转化为国内法。这意味着欧盟委员会、成员国的竞争执法机构和法院可以对其直接适用，所以公司应当着重了解并牢记这些欧盟竞争规则。另外，欧盟竞争规则适用的“经营者”包含所有参与经济活动的实体。以合法目的为导向但发挥商业论坛功效的诸如行业协会和其他行业团体的经营者组织也都有义务遵守这些规制。

1. 公司之间的非法接触和协议

所有形式的可能损害市场竞争机制的反竞争接触都是受到禁止

的。实践中，此类接触以多种形式存在，参与的公司通过合同的方式作出的正式回应或者公司代表之间作出非正式决定的情形都可能被认定为违法。公司之间典型的反竞争接触包括：以串通投标或者其他方式固定价格、划分市场或者消费者群体、限制生产或者销售。例如，供应商强迫经销商拒绝向特定地域之外的顾客销售产品，或者强迫经销商接受其对特定商品的销售定价。因为这些行为在性质上最有可能限制竞争，所以它们也被称为“核心”限制竞争协议。欧盟委员会对这些核心违规行为秉持严厉的执法态度，对违法的公司予以重罚。另外，具有竞争关系的公司相互交换有关拟定的价格或者产量的私密信息也属于核心违规行为。从更大的范围来看，竞争者之间相互交换秘密性的、策略性的信息的行为都可能引发竞争问题。这些信息包括减少市场上不确定性策略的所有信息，如生产成本、客户清单、营业额、销量、生产量、质量、销售计划等。另外，一个公司通过信件、邮件、电话或者会议单方面向竞争者公开策略信息也可能涉嫌违法。简而言之，公司的管理者和员工在和竞争对手打交道时，应当时刻牢记以下基本“禁止”事项：第一，禁止固定购买或销售价格或者其他交易条件；第二，禁止限制生产、销售、技术开发或者投资；第三，禁止划分市场或者供给资源；第四，禁止交换有关拟定的价格、产量或者其他策略等私密信息。另外，尤其重要的一点是：竞争者之间和处于供应链不同层次的公司之间达成的协议即使不包含任何上述提及的核心违规内容，也可能产生反竞争的效果。例如，协议可能会对市场竞争因素，例如定价、生产、创新、商品和服务的质量或者种类产生消极影响。这些限制性效果同样应得到公司的重视。欧盟委员会也在具体指南中提供了分析此类协议竞争效果的详细框架。

2. 滥用市场支配地位

如果公司在特定市场上占有很大的市场份额，它就有可能具有市场支配地位，那么该公司负有不实施滥用市场支配地位行为的特殊责任，不能阻止其他竞争者开展有效竞争或将其他竞争者驱逐出市场。具有滥用市场支配地位行为多种多样，例如可能导致客户受到剥削的不合理的超高定价、可能导致竞争者被排挤出市场的掠夺性定价、对顾客的不合理歧视和对交易对象附加不合理的交易条件等。

3. 中小企业问题

所有的公司都适用欧盟竞争规则，不因其规模大小而有所区别。换言之，规模小不是不遵守欧盟或国家竞争规则的理由。

（二）公权力机构的工作

欧盟及其成员国的竞争执法机构和法院有责任确保欧盟竞争规则得到遵守。

1. 对违法行为的执法和司法

欧盟委员会有权调查涉嫌违规的行为并作出具有约束力的裁决，同时也有权对已经被确认为违反欧盟竞争法的公司进行罚款以确保竞争规则的有效适用。被同样授权适用欧盟竞争规则的成员国竞争执法机构的执法行为也需要在欧盟委员会的框架内进行。成员国法院也有重要的职能，它可以宣布违反了欧盟竞争规则的协议无效，也可以受理因违反欧盟竞争规则引发的损害赔偿案件并作出补偿原告的裁决。

2. 细化规则

为了让公司更方便地熟悉和理解竞争规则，欧盟委员会一直致力于对竞争规则的细化工作。除了核心违规行为不太可能给消费者和整个经济带来好处之外，其他原本应当禁止的协议都可能会得到豁免。公司必须要考虑其自身行为是否符合竞争规则，在此过程中也可能会寻求法律建议。欧盟委员会特地发布集体豁免条例为协议提供豁免的一般指引。在大多数情况下，如果不存在“核心”限制竞争问题并且满足特定条件，集体豁免条例将会豁免某些根据市场份额确定的达到一定市场力量水平的部分类型协议（如研发、专业化或者分销协议）。在集体豁免的“安全港”之外，诸如有关横向合作协议或者纵向限制竞争协议的指南也对欧盟委员会有关各种竞争问题的政策与裁决作了规定。① 对于滥用市场支配地位行为，欧盟委员会已经发布了适用《欧洲联盟运行条约》第102条执行优先权的指引。② 而且，欧盟委员会的正式裁决和法院的判决都是公之于众的③，前者通过官网和/或发布新闻的方式公开正式的启动和结束程序。最后，欧盟委员会每年都会发布竞争政策的年度报告和一些信息手册。

四、如何确保公司合规

（一）清晰的策略

为了确保公司有效遵守欧盟竞争规则，公司应当事先根据具体情况制定适合自身的书面合规机制，而不是在事发后才做出反应。该策略的终极目标是深入了解企业与欧盟竞争法的潜在冲突，并向从基层员工到中级管理层和高级管理层公司所有层级的人员传授如何避免冲突的知识。

1. 识别整体风险和个人风险

成功的公司合规策略建立在对该公司最有可能违反欧盟竞争规则的风险领域的综合分析基础之上。这些领域取决于以下因素：一是活动领域，例如需要特别注意先前出现过违规行为的领域；二是公司与竞争对手的互动（频率/程度），例如在行业会议过程中或者在行业协会内，但也包括日常的商业往来；三是市场特质：公司的

---

① Commission Guidelines on Vertical Restraints, OJ C 130 of 19.5.2010, p. 1.

② Communication from the Commission, OJ C 45 of 24.2.2009, p. 7.

③ Article 30 of Council Regulation 1/2003.

市场地位及其竞争对手、进入壁垒等，如果公司具有市场支配地位，所需要采取的预防措施将不同于那些在性质上更多为“卡特尔”的风险因素。但是个体风险可能随着每个职员岗位的变化而不同。因特殊岗位的职责而特别容易暴露在这些风险下的职员（例如因部分岗位工作的需要或者通过行业协会与竞争对手频繁接触的员工）需要时刻意识到自身的风险和恪守的基本原则。

2. 明确策略

为了实现真正的竞争合规，在整个企业组织内部传播公司的合规策略是非常重要的。为了使公司所有部门及员工都能清楚地理解并掌握，合规策略最好采取书面形式，措辞清楚并且包含公司所有的工作语种。例如，合规策略可以采用手册的形式，还应当包括对欧盟竞争法及其目的的一般阐述，解释其实施的路径并强调公司违规的潜在成本。通过这种方式，员工能够更好地理解合规策略背后的缘由及其重要性。此外，公司应当提供特定领域的风险指引。例如，公司应当禁止与主营同类产品或者有管理人员、职员定期与其接触的竞争者实施卡特尔行为。建立一套“禁止”和“红旗标识”机制是较为有效的操作方式：第一，“禁止”清单应当明确包括违法的行为，诸如固定价格协议、交换定价信息、分配供应额度和固定市场份额；第二，“红旗”是用来识别涉嫌竞争违规情形的警告信号，它可以促使管理人员和员工最大限度地避免公司出现竞争违规问题。

3. 高管就合规策略的可见且持久的承诺

除了选择正确策略并告知所有员工外，高管还需要作出明确支持合规政策的意思表示。公司应明文规定遵守法律是其基本政策，也是培育其守法文化的基本要素。可行做法是具体指定一名高管全权负责竞争合规以确保竞争合规承诺的持久与可见。中小型公司在这方面具有优势，因为“高层的态度”更容易影响到各个层级的所有员工。虽然欧盟委员会没有对此进行规定，但是公司应当投入与它的规模和所面临的风险相匹配的足够的资源，以使其竞争合规项目具有可行性。

（二）员工的正式认同和员工评价中合规努力的考虑

公司可采取的有关促进员工贯彻合规策略的支持措施可以包括：第一，在提供手册时或者参加培训会议后要求员工书面认可遵守欧盟竞争法的相关信息，这种方式有助于员工认识到合规与他们每个人息息相关；第二，使员工端正竞争合规工作的动机，例如可把合规责任作为工作说明的一部分，在此方面高度的警觉态度也可以成为员工评价标准的一部分；第三，违反内部合规规则的惩罚，但是这种惩罚应当符合成员国的劳动法并首先由法务部门进行审查。

成功的合规策略更重要的特质是拥有健全的报告机制。员工不仅需要知道与欧盟竞争法的潜在冲突，而且也需要知道在冲突发生的情形下报告的对象和形式。例如，公司可以任命专门的合规官员直接向公司高层汇报，并且应当允许管理层在任何情况下迅速采取措施。不管竞争执法机构是否已经察觉到特定的竞争问题，该合规官员都应当及时汇报进而有利于公司迅速采取补救措施。如果员工或者管理者发现甚至只是怀疑违规问题的存在，合规策略都应当为其提供关于如何继续操作的具体指引。鼓励员工在遇到问题时畅所欲言，对于提高合规策略的效用性非常重要。

（三）建议和培训的不断更新以及联络处

很明显，合规策略仅仅停留在纸面上是远远不够的。在员工获得手册之后必须进行定期检查。公司应当建立明确的联络点以便员工在就某些类型的行为或者协议是否符合欧盟竞争法存在疑问时获得法律建议。在公司分析报告已经揭示的特定风险领域，公司应当向最有可能遇到这种风险从而导致公司卷入竞争违规案件的员工，诸如有关竞争者之间价格协议的销售人员和销售管理者和任何参与行业协会或行业会议的人提供培训。各个公司培训的具体内容不尽相同，这取决于可利用的资源和专业知识。在任何情况下，只要合规策略内含能够确保员工及时获得书面政策的更新内容以及全体职员和管理者及时得到最新发展动态的明确机制，都是较为有效的合规策略。

（四）监督/审查

监督与审查是防止和发现公司内部出现反竞争行为的有效工具。例如，核实公司自身在招标市场竞争过程中的行为，监督是更具有预防性的措施。审查通常具有事后性，只有在反竞争行为发生后才实施。两种机制可以结合使用。虽然选用的程序取决于经营者的具体需求，但是一些控制形式对于巩固合规策略的内部可信性是非常重要的。

（五）策略已经不能确保完全合规？它可能仍有助于控制风险！

人们希望有效的合规策略可以直截了当地制止任何违规行为的发生。但是，实践证明竞争合规不是完全有效的，违规行为仍然可能存在。

1. 尽早制止违规行为

如果公司已经建立了合适的报告机制，合规策略将使公司能够及时迅速地采取适当措施终结任何潜在的违规行为，同时也将有助于控制竞争损害并使公司可能遭受的风险最小化。

2. 宽大制度下的合作和解决程序：控制卡特尔行为的损害

有效合规策略提供的检查机制也可以使公司最大限度地适用欧盟委员会的宽恕制度。为了发现竞争者之间的秘密协议——其中有些违规情形非常恶劣——宽恕制度为愿意与欧盟委员会（或者成员国的竞争执法机构）合作的公司提供了专门的申请减免罚款的机会。第一个向欧盟委员会告发卡特尔秘密或者提供充分确凿证据的公司可以免于处罚。虽然具有合作意愿，但是在其他竞争者获得豁免之后递交宽恕申请的公司只能期望获得上限为50%罚款额的减轻处罚幅度。然而，需要指出的是，竞争执法机构也会主动地寻找扭曲市场竞争的线索进而展开调查。有关卡特尔案件中获得豁免或者减少罚款的具体条件，欧盟委员会在相关指南中作了规定。①“因此，如果阁下认为贵公司可能或者已经涉嫌卡特尔违规，那么可能需要考虑提交宽恕申请并寻求相关方面的法律建议。初次与欧盟委员会进行沟通请使用+3222994585传真号或者请拨+3222984190、+322298419热线。有关欧盟委员会宽恕制度的更多信息，可以登录http：//ec. europa. eu/competition/leniency. html查看。”② 最后，如果公司打算准备承认参与了卡特尔，欧盟委员会可能会建议它们进入专门的简易终结程序。公司在“裁决”程序中的合作将会使其在宽恕减免之外再获得减少10%罚款额的奖励。

（六）委员会鼓励公司的合规努力

欧盟委员会鼓励并支持公司的所有合规努力，因为这有助于在欧洲各个经济领域培育纯朴的竞争文化。深谙相关法律知识的公司会较早地着手并且执行某些规划以确保遵守欧盟竞争法，这些规划通常被称为“企业合规项目”或者“合规项目”。实践中，很多公司的合规项目往往是在违规行为发生甚至被处罚后才开始推进。这些合规项目越来越成为良性公司治理的核心组成部分。欧盟委员会自始就主张公司采取积极的方法避免违反欧盟竞争规则。最为重要的一点是，专业的合规项目必须确保公司不会触犯竞争规则。正如

---

① OJ C 45 of 19. 2. 2002.

② See also Commission Press Release IP/06/1705 and Memo MEMO/06/469 of 7. 12. 2006.

前文所述，一旦竞争执法机构介入调查，它们的关注点不是公司在合规项目方面的工作量，而是合规项目的质量，即其效用性。

因此，欧盟委员会对合规项目的态度可以概括为：第一，合规项目需要各个公司因地制宜。公司合规项目需要考虑的情形是比较多的，与之相应，各个公司的类型、规模和可用于合规项目的资源差异都比较大。所以，不存在一个涵盖所有内容的“万能”模板。每个公司需要根据自身的需要来发展合规策略，必要情况下，可以进一步寻求法律建议。第二，欧盟委员会可以提供获取有用信息的渠道，但是不会对任何个别的合规项目予以支持。虽然欧盟委员会不断寻求完善欧盟竞争规则的相关立法和通知的获取问题，但是它并没有义务正式建议或者批准个体合规项目。事实上，公司最清楚自身合规策略的需求。欧盟委员会为公司提供了有关它们自身合规策略所应思考的基本内容，包括为了确保合规所必须创造的积极诱因和消极诱因。第三，竞争合规工作是欧盟委员会所倡导的，但是仅仅合规项目的存在不足以阻止公司与员工违反竞争规则情况的发生。① 如果进行了合理竞争合规的公司存在违反欧盟竞争规则的情形，那么这是否会对常规情况下作出的罚款数额产生任何积极的影响呢？答案是否定的，任何合规项目不能成为公司违法被查时申请减少罚款额的理由。合规项目的目标首先应当是避免违规。确定罚款的额度时，欧盟委员会将会考虑公司的特殊情况，但是仅仅合规项目的存在不被视为违法减轻情节。② 随着对违规行为的调查，合规项目的调整也不能成为抗辩减少罚款的理由。但是，竞争执法机构鼓励将合规项目首先作为避免违法行为发生和可能重复发生的预防措施。

---

① See, for example, Case C－189/02 P Dansk Rørindustri, paragraph 373.

② See, for example, Joined Cases T－101/05 and T－111/05, BASF and UCB, paragraph 52, and Case T－138/07, Schindler Holding, paragraph 282.

当然，合规项目的存在不会被竞争执法机构视为违法加重情节；如果合规项目没有达到预期目的，公司将会被罚款。换言之，一个可行的竞争合规项目只会给公司带来好处。

第三节　英国企业竞争合规指引机制

鉴于竞争合规不仅是企业管控潜在竞争违规风险的重要手段，而且也是竞争执法机构实施竞争推进的重要路径，OFT 近年来陆续发布了一系列竞争合规的指南、调研报告等，建立了一套较为完整的英国竞争合规指引机制。

一、竞争合规的理念培育

英国 OFT 非常重视竞争合规的理念培育，并将其作为整个竞争合规指引工作的基础，它除了采取各种措施积极进行竞争倡导外，还借助惩罚威慑、名利激励等其他手段大力培养企业竞争合规的法律意识。

（一）惩罚威慑

惩罚威慑是敦促企业进行竞争合规的关键，如果违反竞争法律制度遭受的惩罚较轻，那么企业不会关注其行为是否违法。因此，英国对垄断行为实施“严刑峻罚”，这突出表现在三个方面：第一，高额的经济罚款。英国 1998 年《竞争法》（Competition Act 1998）规定，OFT 局长可以对违法企业处以不超过营业额 10% 的经济罚款。[①] 第二，严厉的刑事责任。英国 2002 年《企业法》（Enterprise Act 2002）规定，实施卡特尔的自然人将会被处以高达 5 年的监禁，

---

① Competition Act，sec. 36（1998）.

并可能并处无最高限额的罚金。① 第三，剥夺董事资格。英国 1986 年《公司董事资格剥夺法》（Company Directors Disqualification Act 1986）规定，对公司违反竞争法律制度负有责任的董事将会被剥夺董事资格。②

根据英国的竞争法律制度，上述三个具体的法律惩罚是稳定可预期的，任何实施垄断行为的企业或者个人原则上都将被追究相应的法律责任。非随机性的商业成本属性使得这些法律处罚具有极大的威慑力，成为 OFT 推动企业进行竞争合规的“大棒”。除在特定垄断案件中使用外，OFT 不失时机地在其他各种场合威慑性的挥舞这些“大棒”。在竞争合规指引文件中，OFT 更是赤裸裸地“公开威慑”以示警告。以 OFT 在 2011 年颁布的《竞争法合规指南》（How your business can achieve compliance with competition law guidance）为例，OFT 在第 1 章“引言”部分明确指出，有效的竞争合规将有助于企业避免因违反竞争法律制度而产生的诸多不良后果，其中就包括“高达营业额 10% 的经济罚款”、“侵权公司的董事资格剥夺”和“卡特尔案件中的个人刑事处罚”。③

为了加大威慑力度，“引言”部分还特别指出了经营者违反竞争法律制度可能遭受的其他潜在损失（非稳定可预期）④，包括：第一，声誉损失。企业违法实施垄断行为可能会损害其社会声誉，从而影响到其在社会公众中的经济形象。第二，应付竞争执法机构的调查而产生的经营成本。如果企业被竞争执法机构立案调查，则其有义务配合调查；而在此过程中，企业将可能付出一定的成本。第

① Enterprise Act, part. 6（2002）.

② Company Directors Disqualification Act, sec. 9A（1986）.

③ How your business can achieve compliance with competition law guidance, sec. 1.5（2011）.

④ How your business can achieve compliance with competition law guidance, sec. 1.5（2011）.

三，合约损失。协议一旦被认定违反竞争法律制度，自始无效，而这可能会给合同当事人带来一定的经济损失。第四，民事损害赔偿。企业实施的垄断行为可能会引起一系列的民事诉讼，如果企业被判败诉，则可能会承担数额庞大的赔偿费用。

（二）名利激励

名利激励是促进企业进行竞争合规的助推剂，合理的“加分”奖励可以有效地激励企业遵守竞争法律制度。基于此，OFT 在《竞争法合规指南》第 1 章“引言”部分指出，有效的竞争合规所能带来的裨益远不止前文提到的可以避免诸多不良后果，它的正向效益包括：第一，及时检查和终止其自身实施的侵权行为在某些情形下可以使企业有机会申请豁免或者宽恕，从而有助于减少或者免除经济罚款；第二，采取了恰当步骤的竞争合规可能会使企业获得高达罚款额 10% 的减轻处罚幅度。第三，雇员能够察觉其他企业可能实施垄断行为的蛛丝马迹，尤其是在自身可能成为侵权行为的受害者并可能决定采取合适行动的情形中；第四，雇员能够洞悉“游戏规则”，可以游刃有余地进行竞争而不会因为担忧触犯竞争法律制度而束手束脚并且能够知道在何时应当就竞争法律问题寻求法律帮助；第五，竞争合规文化是商业道德文化的必要组成部分，它能够给企业带来良好的社会声誉。①

在上述五项名利激励中，只有“第一”和“第二”两项内容是实实在在的“利”，对于企业具有较高程度的诱惑力（激励），并且是竞争执法机构所能够掌控的。因此，它们成为 OFT 推动企业进行竞争合规的“胡萝卜”。为了充分发挥这两支“胡萝卜”的作用，OFT 还特别对此作了细化规定。在 2008 年颁布的《宽恕与不采取诉

---

① How your business can achieve compliance with competition law guidance, sec. 1.6 (2011).

讼——OFT处理申请的指南》（Leniency and no - action——OFT's guidance note on the handling of applications）和2012年颁布的《OFT有关罚款额度的指南》（OFT's guidance as to the appropriate amount of a penalty）中对豁免和宽恕的类型、适用条件、申请流程等作了非常详尽的说明，并特别强调了竞争合规在OFT处理企业提出的豁免或者宽恕申请中的影响。在《竞争法合规指南》第7章“对罚款数额的影响”部分，OFT指出：在企业采取足够的步骤进行了竞争合规的情况下，可以减轻对垄断行为的经济处罚，按照本指南规定的“四步法”进行竞争合规或者在OFT看来是采取了足够的举措这两种情况可以被视为“采取足够的步骤”①；企业在申请减轻经济处罚时应当证明其在以下方面采取了足够的步骤，包括整个对竞争合规作出清楚明确的承诺、风险识别、风险评估、风险消减和系统检审②；如果认为企业已经采取足够的步骤并且对经济处罚进行打折的做法是合适的，OFT将会考虑减轻处罚，最高幅度可以达到罚款额的10%。③

二、竞争合规的体系组织

OFT格外强调竞争合规的体系性，它通过“建议”、“问责”等方式刚柔并济地推动企业进行竞争合规的组织体系建设。

（一）全员参与原则

在《竞争法合规指南》第2章“核心：竞争合规承诺”部分，

---

① How your business can achieve compliance with competition law guidance, sec. 7.2（2011）.

② How your business can achieve compliance with competition law guidance, sec. 7.3（2011）.

③ How your business can achieve compliance with competition law guidance, sec. 7.4（2011）.

OFT 首先突出强调：确保企业竞争合规的整体责任不能由某一小部分人承担，它最终要依赖于企业的高级管理层①；明确清晰的竞争合规承诺不能仅仅停留在企业的高级管理层，而应当在企业的整个管理层级上得到贯彻；如果管理层在竞争合规承诺上存在任何的模糊，无论是高层、中层或者基层，员工就可能认为为了取得额外的销售以达到其他内定目标而违反竞争法律制度是值得的②；竞争合规的核心是在整个企业层面作出明确清晰的竞争合规承诺。③ 据此可以看出，OFT 主张企业奉行全员参与的原则进行竞争合规。

在目前的社会实践中，受企业经营管理体制内部分工形式（职能部门的常规设置）的影响，包括投资者、职业经理人、市场销售员等商业人士在内的绝大多数人（仍然）想当然地以为企业竞争合规只是法务人员和核心管理层的工作，与企业其他人员没有（责任）关系。其实不然，虽然法务人员（法务部门）和核心管理层确实负有竞争合规的组织职能，但是企业的竞争合规必须全员参与，因为代表企业参与市场竞争的并不仅仅是法务人员和核心管理层，而是企业的全体员工。从实践来看，社会大众对竞争合规普遍存在的认识偏见给企业的竞争合规带来了极大的负面影响：认识偏见直接导致企业竞争合规的组织体系残缺，竞争合规的组织体系残缺直接导致企业竞争违规行为的发生。在很多垄断协议案件中，企业所涉及的垄断协议往往并非由公司的核心管理层和法务部门发起，而是由公司的一线销售人员最先实施：有些一线销售人员为了达到公司规定的销售任务或者为了获得更多的薪酬回报（如提成数额），进而与

---

① How your business can achieve compliance with competition law guidance, sec. 2. 1 (2011).

② How your business can achieve compliance with competition law guidance, sec. 2. 2 (2011).

③ How your business can achieve compliance with competition law guidance, sec. 2. 1 (2011).

竞争者串谋划分相关市场、操纵相关商品价格等。

因此，OFT提出的企业竞争合规全员参与原则对于企业建立完整有效的竞争合规组织体系具有非常重要的现实指导意义。只有将全体职员都纳入到企业的竞争合规组织体系中，才能确保企业的竞争合规组织体系完整，从而在最大程度上避免因为存在漏洞或者死角而出现竞争违规行为。

（二）自上而下的模式

OFT在《竞争法合规指南》第2章“核心：竞争合规承诺”部分还对企业竞争合规应当选择的推进模式作了阐述，它认为企业应当通过自上而下的模式层层推进竞争合规的有效开展。

在推进模式上，OFT强调：企业高层的承诺是有效竞争合规的基本组成要素；事实上，董事和高级管理人员应当对企业竞争合规负最终的责任，并明确清晰地解释此类承诺；企业的高级管理层负责推进竞争合规工作。①

在相应层级的推进举措上，OFT对企业的高层、中层和基层都作了建议。OFT建议企业的高层采取以下九个方面的措施：第一，确保企业有专门的董事会成员或者其他合适的高级管理人员负责推进企业的竞争合规工作并定期向董事会报告相关事宜；第二，大型企业应当授权高级管理人员向其负责的审查委员会报告竞争合规事项；第三，董事会的其他成员（非公司型的企业高层管理团队）应当通过诸如询问采取了何种举措等方式进行竞争合规的风险识别、风险评估、风险消减和系统检审来检验竞争合规的有效性；第四，首席执行官或者其他高层核心应当在常用电子邮件和其他通讯工具中强调竞争合规的重要性，建立健全企业的竞争合规政策并告知职

---

① How your business can achieve compliance with competition law guidance, sec. 2.1 (2011).

员在涉及竞争合规事宜时应当如何作为；第五，高级管理人员应当展示他们促进企业竞争合规所采取的举措，诸如参加竞争合规的培训活动或者在可能发生违反竞争法律制度风险的情况下确实进行了法律咨询；第六，员工手册应当明确禁止实施违反竞争法律制度的行为；第七，应当向员工明确说明卷入垄断案件或违反公司的竞争合规政策将被视为严重不端行为而遭受可能包括开除在内的严厉惩罚；第八，在公司高层的认可下建立一个内部系统，员工可以没有顾虑地通过该系统向企业竞争合规的高级管理者反映可能存在的竞争违规问题；第九，施行一项确保各个层级的管理人员传达了企业高层的竞争合规承诺的管理机制。①

对于企业的中层和基层而言，OFT 认为，虽然贯彻企业高层所作出的竞争合规承诺的具体做法可能取决于所在的行业和业务，但是以下两项举措是很多企业的中下层管理人员经常采用的：第一，进行竞争合规培训并确保下属执行；第二，在其带领的团队内任命“竞争合规执法者”，其任务就是确保该团队内的所有成员遵守包括竞争法律制度在内的相关法律法规。②

（三）CDO 定向策动

为了使企业高层管理人员重视竞争合规工作并切实有效地采取措施推进企业竞争合规工作（包括竞争合规的组织体系建设）的发展，OFT 在 2010 年发布了《竞争案件中董事资格剥夺令——OFT 指南文件》（Director disqualification orders in competition cases——an OFT guidance document），该指南主要对竞争案件中的董事资格剥夺的相关问题作了较为详细的说明。

① How your business can achieve compliance with competition law guidance, sec. 2. 2 (2011) .

② How your business can achieve compliance with competition law guidance, sec. 2. 3 (2011) .

在《竞争案件中董事资格剥夺令——OFT 指南文件》中，OFT 开门见山地指出：根据《公司董事资格剥夺法》有关“竞争案件中董事资格剥夺令”（Competition Disqualification Order，CDO）条款，包括 OFT 在内的竞争执法机构有权向法院对那些对企业违反竞争法律制度负有责任的董事申请 CDO。① 根据《公司董事资格剥夺法》的规定，CDO 带来的法律后果非常严重：在最高可长达 15 年的执行期间内，被法院适用 CDO 的个人不得担任公司的董事、不得成为任何公司的财产接受者、不得直接或者间接地涉及或者参加任何公司的晋升与组建及管理、不得担任破产管理人。② 由此可见，OFT 上述举动的目的主要是威慑企业的高层管理人员以策动他们进行（组织）竞争合规。OFT 对此也毫不掩饰，在 2010 年发布的《竞争案件中董事资格剥夺令——对 OFT 的调研与 OFT 的推论和决定文件的总结》（Director disqualification orders in competition cases——Summary of responses to the OFT' s consultation and OFT' s conclusions and decision document）中明确表示：CDO 的影响是改变个人而非公司的行为动机，OFT 相信 CDO 的使用有助于改善董事会的文化氛围并提高威慑力。③

根据《竞争案件中董事资格剥夺令——OFT 指南文件》的规定，OFT 在考虑是否向法院申请 CDO 时将会按照以下步骤进行：第一，考虑是否违反了竞争法律制度；第二，考虑违法行为的性质和是否被处以罚金；第三，考虑是否可以宽恕涉案企业；第四，考虑董事违反竞争法律制度的程度；第五，考虑其他相关的加重或减轻处罚

---

① Director disqualification orders in competition cases——an OFT guidance document，sec. 1. 1（2010）.

② Company Directors Disqualification Act，sec. 1，9A，13（1986）.

③ Director disqualification orders in competition cases——Summary of responses to the OFT' s consultation and OFT' s conclusions and decision document，sec. 1. 2（2010）.

的因素。① 在 OFT 决定对特定个人申请 CDO 之前，它将告知所有可能受到影响的人。

依据《公司董事资格剥夺法》的规定，在满足下列两个条件的情况下，法院将会支持 OFT 对特定个人适用 CDO 的申请：一是经营者是公司，并且公司的董事违反了竞争法律制度；二是作为董事不适合参与企业的经营管理。②

三、竞争合规的知识支持

英国 OFT 相当注重对企业竞争合规的知识支持，它以"企业自上而下的竞争合规承诺"为基础设计了一套名为"四步法"的操作规程并在《竞争法合规指南》中重点向企业推荐。

（一）风险识别

风险识别，即识别企业面临的主要竞争法律制度风险，它是"四步法"的第一步。③ 在《竞争法合规指南》第 3 章"第一步：风险识别"部分，OFT 重点对除经营者集中以外的"卡特尔"、"其他潜在反竞争协议"和"滥用市场支配地位"三类竞争法律制度风险作了说明。

对于"卡特尔"问题，OFT 特别指出：卡特尔可能使企业面临后果最为严重的竞争法律制度风险，它包括固定价格、串通招投标、限制市场供应、划分市场、具有竞争性关系的经营者相互分享或者

---

① Director disqualification orders in competition cases——an OFT guidance document, sec. 4. 2 (2010).

② Company Directors Disqualification Act, sec. 9A (1986).

③ How your business can achieve compliance with competition law guidance, sec. 1. 15 (2011).

交换商业敏感信息等。[①] 为了识别此类风险，OFT 建议企业应当考虑包括以下九个方面内容在内的因素：企业的客户是否也是竞争对手、参加商会的企业员工在履行职能过程中是否触及竞争对手、来自竞争对手的（特别是管理和销售的）员工是否经常参与企业的商业活动、企业员工是否可能知晓有关竞争对手的价格或者成本结构或者商业计划及敏感商业信息、企业是否参与了一个消费者在较小商业圈内经常流动的市场、企业是否参与了竞争者相互熟悉对方竞争业务的市场、企业是否与竞争对手合伙经营、企业是否有与竞争对手的员工经常联系的员工、企业是否参与了一个被卡特尔调查或者诉讼的市场。[②]

对于“其他潜在反竞争协议”问题，OFT 建议企业应当考虑包括以下六个方面内容在内的因素：企业签订的协议是否涉及长期性（不低于 5 年）的排他条款、企业与客户签订的协议涉及商品或者服务的转售条款是否涉及价格事项、企业签订有关知识产权许可的协议是否包含排他性条款（特别是在对方是企业竞争对手的情况下）、企业签订的协议是否涉及标准化事项、企业签订的协议是否涉及联合采购或者销售事项、企业签订的协议是否涉及与竞争对手合作的条款。[③]

对于“滥用市场支配地位”问题，OFT 除了告知企业在判断自身是否具有市场支配地位时应当考虑的因素外[④]，还对企业在具有市场支配地位的情形下判断自身的行为是否可能违反竞争法律制度时

---

① How your business can achieve compliance with competition law guidance, sec. 3. 2 (2011) .

② How your business can achieve compliance with competition law guidance, sec. 3. 3 (2011) .

③ How your business can achieve compliance with competition law guidance, sec. 3. 5 (2011) .

④ How your business can achieve compliance with competition law guidance, sec. 3. 9 (2011) .

应当考虑的因素作了说明，它建议企业应当考虑包括以下六个方面内容在内的因素：企业拒绝向客户供货是否缺乏正当理由、企业对类似的客户群体在价格或者其他事项方面进行差别对待是否合理、企业是否因为客户的特殊购买行为方式或者因设置了排他性条款而给予了相关客户不合理的回扣或者折扣、企业是否要求客户在购买某商品时必须额外购买其他不相关的商品、企业是否以低于成本的价格销售商品或者服务、企业是否拒绝向其他竞争对手开放自身所拥有的竞争对手在相关市场生存所必须的关键设施。①

（二）风险评估

风险评估，即评估企业面临的竞争法律制度风险的程度，它是“四步法”的第二步。② 在《竞争法合规指南》第4章“第二步：风险评估”部分，OFT主要向企业推荐了一种以员工曝露在竞争法律风险下的程度为标准的风险评估方法，它认为这种方法有助于企业因地制宜地采取措施去消减风险，并以卡特尔的风险评估为例进行了示范。③

OFT指出，在卡特尔的风险评估中，以下人员可能属于高度风险类型：高级管理人员、销售和营销部门人员、采购人员、参加商业组织会议的人员、与竞争对手打交道的人员、负责定价的人员、从竞争对手跳槽过来的新员工和其他涉及前面相关职能或者活动的人员。④ 以下人员可能属于中度风险类型：不与竞争对手或者交易对

① How your business can achieve compliance with competition law guidance, sec. 3. 10（2011）.

② How your business can achieve compliance with competition law guidance, sec. 1. 15（2011）.

③ How your business can achieve compliance with competition law guidance, sec. 4. 3（2011）.

④ How your business can achieve compliance with competition law guidance, sec. 4. 4（2011）.

象经常发生联系的管理人员、所在部门的行为可能对卡特尔产生支持效果的部门（诸如财务、通讯、运营等）人员、不属于高度风险类型的从竞争对手跳槽过来的新员工。① 以下人员可能属于低度风险类型：体力劳动的人员、后勤部门的人员、不会与其他企业同仁发生联系的人力资源部门人员、涉及文秘或者行政的人员和一线零售人员。②

（三）风险消减

风险消减，即采取科学的政策、程序和培训检查和处理企业面临的潜在竞争法律制度风险以确保其不会发生，它是“四步法”的第三步。③ 在《竞争法合规指南》第 5 章“第三步：风险消减”部分，OFT 除了简单地提及竞争合规政策的重要性外，并没有对企业在相关方面的做法提出更多的建议，它着重对培训问题和程序问题作了阐述。

对于培训问题④，OFT 指出：第一，企业可以采取线上讲授、面对面授课、一对一带教、竞争法律知识测试和书面总结等方式进行培训；第二，培训的强度、深度和形式取决于员工所面临的违反竞争法律制度的风险的大小，对属于高风险类型员工培训的深度要高于中度风险类型的员工，有些企业在实践中没有将低度风险类型的员工纳入专项的竞争合规培训体系或者只是在企业总体合规培训中进行基本的意识教育；第三，根据很多企业的实践

① How your business can achieve compliance with competition law guidance, sec. 4. 5 (2011).

② How your business can achieve compliance with competition law guidance, sec. 4. 6 (2011).

③ How your business can achieve compliance with competition law guidance, sec. 1. 15 (2011).

④ How your business can achieve compliance with competition law guidance, sec. 5. 5 – 5. 7 (2011).

经验，集中培训员工如何识别企业可能面临的竞争法律制度风险和如何第一时间阻止这些风险的发生是竞争合规培训的最佳做法，它们根据企业所属行业和员工的职能有针对性地进行培训并明确告知需要规避的行为、报告相关事项的方式和寻求建议的对象；第四，企业在竞争合规的培训中应当向员工明确豁免和宽恕的好处，尤其是在卡特尔方面。

对于程序问题，OFT 提出了 19 条具体的建议①，归纳起来主要包括以下六个方面：第一，企业的员工手册必须对违反竞争法律制度的行为性质及其后果作出明确说明；第二，确保法务人员能够有效地发挥竞争合规的作用；第三，确保各个层面的相关法律咨询可以及时获得和有效应用；第四，确保企业员工参加行业协会等可能导致竞争违规情况发生的情形得到事前监控；第五，提高员工的商业保密意识；第六，落实员工竞争合规的组织与检查工作。

（四）系统检审

系统检审，即常规性地检审前面采取的举措和企业的竞争合规承诺，确保企业竞争合规的有效性，它是“四步法”的第四步。②在《竞争法合规指南》第 6 章“第四步：系统检审”部分，OFT 首先强调为了确保企业持续存在明确清晰的自上而下的竞争合规承诺和先前进行的风险识别或者风险评估没有发生变化以及消减风险所采取的措施仍然合适有效，企业常规性地系统检审竞争合规工作是很重要的③，随后指出企业面临的主要竞争法律制度风险可能随着时

① How your business can achieve compliance with competition law guidance, sec. 5. 12 (2011).

② How your business can achieve compliance with competition law guidance, sec. 1. 15 (2011).

③ How your business can achieve compliance with competition law guidance, sec. 6. 1 (2011).

间的变化而发生改变，例如，因市场份额的增加使得企业可能面临的违反滥用市场支配地位规定的风险变大。①

OFT 建议企业通过考查的方式来系统检审企业内部竞争合规的政策、程序和培训的效用性。对于系统检审的周期问题，OFT 认为：每个企业应当根据自身的情况来决定检审周期，目前并不存在一个绝对的标准；企业除了按照既定的周期进行检审外，在下列情况下也应当进行系统检审，包括有证据表明企业员工可能已经参与或者卷入了某项垄断案件、企业被竞争执法机构立案调查、企业进入到全新的市场以及发生了兼并等。②

四、竞争合规的信息反馈

OFT 比较重视竞争合规的信息反馈工作，它通过多种方式对企业竞争合规的现状向相关的市场主体进行反馈，以此帮助企业不断完善自身的竞争合规。

（一）个案执法反馈

根据 OFT《竞争法合规指南》第 7 章“对罚款数额的影响”的规定，如果企业采取了合适的竞争合规措施，那么它可能会被减轻经济处罚；但是减轻经济处罚并不是自动的，企业必须向 OFT 申请并获得认可后方行。③ 从实践来看，不管是否真正采取了相关措施，涉案企业通常都会向竞争执法机构提出减轻经济处罚的申请。根据 OFT 的要求，企业在提出此类申请时应当对自己采取竞争合

① How your business can achieve compliance with competition law guidance, sec. 6. 2 (2011).

② How your business can achieve compliance with competition law guidance, sec. 6. 3 (2011).

③ How your business can achieve compliance with competition law guidance, sec. 7. 1 (2011).

规的适当性进行证明，包括企业整个组织贯彻了竞争合规的承诺和企业竞争合规的识别、评估、消减、检审都采取了充分、适当的举措。

OFT 在收到企业提出的申请后，必须在案件作出最终裁决前的合适期间内作出回应。如果 OFT 同意企业提出的申请，那么它必须向相关利害关系的主体说明同意的理由并对作出的减轻处罚幅度进行详解。如果 OFT 否决了企业提出的申请，那么它必须向申请人说明否决的理由；换言之，OFT 必须对提出申请的企业的竞争合规现状作出全面评价，重点指出其在竞争合规方面存在的不足。由此可见，无论 OFT 在具体案件中作出何种决定，它对企业竞争合规现状所作出的评价客观上都会起到信息反馈的作用。

（二）常规咨询反馈

在日常经营管理过程中，企业会就自身竞争合规的相关问题向竞争执法机构进行咨询。在大多数情况下，OFT 会就具体的问题向特定的咨询企业以面谈、电话会议等较为灵活的方式进行解答，并强调此类行为不具有正式的法律效力。在少数情况下，如涉及的问题具有普遍性，OFT 会就具体的问题向不特定的企业以指南或者其他具有法律效力的文件的形式进行解答。

后者以董事应当如何肩负企业的竞争合规问题为例，OFT 在 2009 年颁布的《竞争合规快速指南——保护企业和消费者免受反竞争行为》（Quick Guide to Competition Law Compliance——Protecting businesses and consumers from anti - competitive behaviour）中指出，所有董事可以通过审视以下几个方面的问题进行竞争合规，诸如：企业目前面临的竞争法律制度风险有哪些，它们分别属于高度风险、中度风险还是低度风险；企业采取了哪些举措进行风险消减；何时检审风险是否发生变化；何时检验竞争合规的效率等。[1] 为了使企业的董事能够更为清楚地知晓和判断自身在竞争合规工作中是否尽职，OFT 在 2011 年专门发布了《公司董事与竞争法——OFT 指南》（Company directors and competition law——OFT Guidance）。在该文件中，OFT 除了对 CDO、执行董事与非执行董事的角色、侵权行为的发现和阻止等相关内容进行抽象阐述外，还特地通过 6 个案例进行了示范和说明。[2]

（三）市场调研反馈

因竞争执法的工作需要，OFT 经常在执法空余期间进行各式各样的市场调研，并往往最终以报告、白皮书等方式向社会公布。在竞争合规方面，OFT 先后进行了多项市场调研，并取得了较为丰硕的成果，如：2010 年发布的《竞争案件中董事资格剥夺令——对 OFT 的调研与 OFT 的推论和决定文件的总结》、2011 年发布的《竞争合规调研报告——英国 Synovate 公司为 OFT 所提供》（Competition Law Compliance Survey——Prepared for the Office of Fair Trading by Synovate（UK）Ltd）等。

在上述调研成果中，OFT 对企业竞争合规所存在的问题作了很多论述，这些内容对企业建立与改进自身的竞争合规是很有裨益的。例如在《竞争合规调研报告——英国 Synovate 公司为 OFT 所提供》中，OFT 指出：企业对竞争立法的了解程度与规模大小有关，规模较小的企业对相关立法的了解程度是很低的，4 人以下规模的企业对相关法律一无所知的比例竟然高达 31%，相当知晓或者比较知晓的

---

① Quick Guide to Competition Law Compliance——Protecting businesses and consumers from anti - competitive behavior, sec. what do directors need to do?（2009）.

② Company directors and competition law——OFT Guidance, chapter. 6（2011）.

最高只有24%；人数规模超过250人的企业对相关法律一无所知的比例只有13%，相当知晓或者比较知晓的高达45%；① 23%的企业并不知道采取竞争合规措施，对竞争立法及其适用的无知是主要原因。②“只有少数企业因为考虑到潜在的竞争法律制度风险而修改了协议，9人以下的微型企业在此方面几乎没有任何变化，其中进行调整协议的4人以下规模的企业只有2%”。③

第四节　行政行为的竞争合规制度研究

竞争是市场经济的灵魂，所有可能扭曲竞争机制的行为在原则上都应当被严格禁止。这不仅包括参与市场竞争的企业经营行为，还包括干预市场竞争的行政行为。因此，除了企业必须采取有效措施在最大程度上确保自身的经营行为避免触犯反垄断法律规定外，政府也应当采取有效措施在最大程度上确保自身的行政行为不会破坏市场的公平竞争。④ 自《反垄断法》实施以来，伴随着国家质检总局遭遇反垄断第一案、弋阳双汇冷鲜肉店被砸事件、河北省路桥通行费对内半价优惠风波等类似情形的频发，特别是在党的十八届三中全会开创性地提出“发挥市场在资源配置中的决定性作用”之后，如何持续性地使政府在运用权力过程中尽量避免出现不合理地排除或者限制竞争已然成为我国新一轮经济改革的重点待破难题，

① Competition Law Compliance Survey——Prepared for the Office of Fair Trading by Synovate (UK) Ltd, sec. 4.3 (2011).

② Competition Law Compliance Survey——Prepared for the Office of Fair Trading by Synovate (UK) Ltd, sec. 4.18 (2011).

③ Competition Law Compliance Survey——Prepared for the Office of Fair Trading by Synovate (UK) Ltd, sec. 4.22 (2011).

④ See James C. Cooper & William E. Kovacic, U.S. Convergence with International Competition Norms: Antitrust Law and Public Restraints on Competition, 90 *Boston University Law Review* 1555 (2010), pp. 1558 – 1559.

而先发国家的实践经验充分表明，解决之道的核心就在于针对政府行政行为的竞争合规之制度供给及其科学性。

一、建立需求：促进政府与市场耦合

当前社会发展所面临的巨大变革对行政管理提出的更高标准迫切要求政府在大力促进企业积极开展竞争合规的同时必须即刻采取各种有效措施加强针对自身行政行为的竞争合规制度建设。

（一）建设法治政府的工作重点：治理滥用行政权力排除、限制竞争行为

政府利益的非超脱化及潜在的权力寻租使政府滥用行政权力排除、限制竞争问题成为世界各国普遍存在的一种社会现象①，而长期以来形成的政府干预习性、计划经济向市场经济转变过程中利益的激烈争夺和经济发展客观呈现的地方政府竞争特质等因素的叠加，导致这种社会现象在我国显得尤为严重。除“在很大程度上引发了社会腐败、损害政府形象”外，“滥用行政权力排除限制竞争的后果往往是保护落后，妨碍市场的自由和公平竞争，妨碍建立统一、开放和竞争的大市场，‘优’不能胜，‘劣’不能汰，社会资源得不到合理和有效的配置。”② 因此，《反垄断法》在经过多次反复删增后最终还是对行政性垄断作了宣誓性规定，明确禁止行政机关和法律、法规授权的具有管理公共事务职能的组织滥用行政权力排除、限制竞争行为。虽然经过近20多年的综合治理特别是入世以来进行的经济体制改革，政府滥用行政权力排除、限制竞争行为已经得到根本

---

① 这里政府包括行政机关和法律、法规授权的具有管理公共事务职能的组织。针对政府滥用行政权力排除、限制竞争，理论界有的称为行政垄断，有的称为行政性垄断；为了便于行文和阅读，这里采用行政性垄断这一术语和滥用行政权力排除、限制竞争进行混同使用。

② 王晓晔：《反垄断法》，法律出版社2011年版，第289~290页。

性改善，但是行政性垄断在我国仍然较为普遍，只是实施方式更为技术化。除了本节开始提到的3起案件外，另外被曝光的山东省交通运输厅限定监控平台市场和车载终端市场交易案、蚌埠市卫生计生委指定皖C－2015－CG－X－111药品采购招标交易案、广东省教育厅指定2014年全国职业院校技能赛事（高职组）省级赛事软件案等都只是行政性垄断行为的冰山一角。在手段择用上，它们“由简单设置关卡转为制定地方规则和行政壁垒，往往以‘红头文件’形式使保护措施‘合规化’；制定地方标准排斥外地产品和服务；通过对外地产品重复检验、多头执法等手段实施地方保护”①。这种格局不仅直接影响建设统一开放、竞争有序的市场体系，而且也直接影响法治政府的建设进程。党的十八届四中全会通过的《中共中央关于全面推进依法治国若干重大问题的决定》所作的战略部署要求“深入推进依法行政、加快建设法治政府”，国务院对此专门制定了《法治政府建设实施纲要（2015－2020年）》。而政府滥用行政权力排除、限制竞争行为至少明显违反了《反垄断法》，这严重有悖于法治政府的基本要义。因此，加快建设法治政府要求我国必须重点整治行政机关或者法律、法规授权的具有管理公共事务职能的组织实施的行政性垄断行为。

由于针对行政性垄断的现行立法：第一，规定的法律责任非常轻。《反垄断法》第51条第1款规定：行政机关和法律、法规授权的具有管理公共事务职能的组织滥用行政权力，实施排除、限制竞争行为的，由上级机关责令改正；对直接负责的主管人员和其他直接责任人员依法给予处分。反垄断执法机构可以向有关上级机关提出依法处理的建议。“责令改正”一般适用于行政不当和行政程序违法的救济，而行政性垄断属于严重的行政违法行为，这样的规定不

① 韩俊、任兴洲：《建设统一开放竞争有序的市场体系》，载《人民日报》2013年11月20日第7版。

能有效规制行政性垄断。① 第二，赋予的执法权力非常小。对于政府滥用行政权力排除、限制竞争行为的处理，《反垄断法》第 51 条第 1 款特别规定，反垄断执法机构可以向有关上级机关提出依法处理的建议。“建议权”毕竟只是一种提出建议的权利，对于行政性垄断行为不具有足够的威慑力，“这就使反垄断法面对行政垄断有点像一只没有牙齿的老虎”②。所以，行政性垄断的治理在这种情况下不能主要依赖反垄断执法机构的竞争执法。而且，竞争执法的事后性也决定了不应如此。当反垄断执法机构依法必须采取规制措施时，意味着政府滥用行政权力排除、限制竞争已经发生，即出现了行政违法情形。虽然“违法必究”是法治的重要组成部分，竞争执法的矫正规制可以促进政府依法行政的发展，但是这并不符合依法治国 2.0 版的“科学立法、严格执法、公正司法、全民守法”十六字方针对法治政府的建设要求，即“法定职责必须为、法无授权不可为”。因此，行政性垄断的治理应当重点放在事前性预防。“对于全民守法而言，则建设法治政府是前提，是关键，只有政府带头守法，自觉依法办事，全民守法才有希望，才有可能。”③ 而事前性预防的关键就在于政府必须制度化地推进对自身所作行政行为的竞争评估，从而在最大程度上确保自身所作的行政行为合乎《反垄断法》关于行政机关或者法律、法规授权的具有管理公共事务职能的组织不得滥用行政权力排除、限制竞争的禁止规定，而这就是行政行为竞争合规制度最基本的内容。

---

① 参见丁国锋：《我国〈反垄断法〉规制行政性垄断之不足及完善建议》，载《江淮论坛》2010 年第 2 期。

② 王晓晔：《行政垄断问题的再思考》，载《中国社会科学院研究生院学报》2009 年第 4 期。

③ 姜明安：《法治政府建设的若干问题》，载《学习时报》2014 年 12 月 15 日第 3 版。

（二）发挥市场决定性作用的重要方式：产业政策的公平竞争审查

“经济体制改革是全面深化改革的重点，核心问题是处理好政府和市场的关系，使市场在资源配置中起决定性作用和更好发挥政府作用。”党的十八届三中全会审议通过的《中共中央关于全面深化改革若干重大问题的决定》所作的上述论断应当是我国自1993年《中华人民共和国宪法》明确规定“国家实行社会主义市场经济”以来最具有里程碑意义的理论突破。如图3－4－1所示：相较于西方资本主义国家而言，中国市场经济的演化起点及进路有着独特性。这就直接决定了我国当前要发挥市场在资源配置中的决定性作用就必须首先大力“退政府干预、让市场调节”，国务院目前正在大力推进的简政放权改革事实上就是顺势而为；其次对各式各样的政府干预进行全面的竞争审查，包括那些“不能放权”、“没有放权”和“已经放权”领域的存量及增量。

在现行诸多的政府干预中，产业政策占据半壁江山。“中国自20世纪80年代末开始推行产业政策，逐渐成为实施产业政策比较多的国家，产业政策以各种理由广泛地存在于许多领域中。进入21世纪，中国的产业政策更为细化、全面和系统。”① 虽然这些产业政策基本都符合我国现行法律规定，但是它们往往都在一定程度上扭曲了市场竞争。这就直接影响了市场在资源配置中的作用，“审批排斥选择，统管排斥竞争，从而容易出现资源闲置或浪费、经济僵滞的现象。”② 所以，国务院在《批转发展改革委关于2015年深化经济体制改革重点工作意见的通知》中特别要求：促进产业政策和竞争政策有效协调，建立和规范产业政策的公平性、竞争性审查机制。

---

① 江飞涛、李晓萍：《直接干预市场与限制竞争：中国产业政策的取向与根本缺陷》，载《中国工业经济》2010年第9期。

② 王天义：《发挥市场在资源配置中的决定性作用》，载《学习时报》2013年11月18日第A4版。

图3-4-1：中国、西方市场经济的演化起点及进路

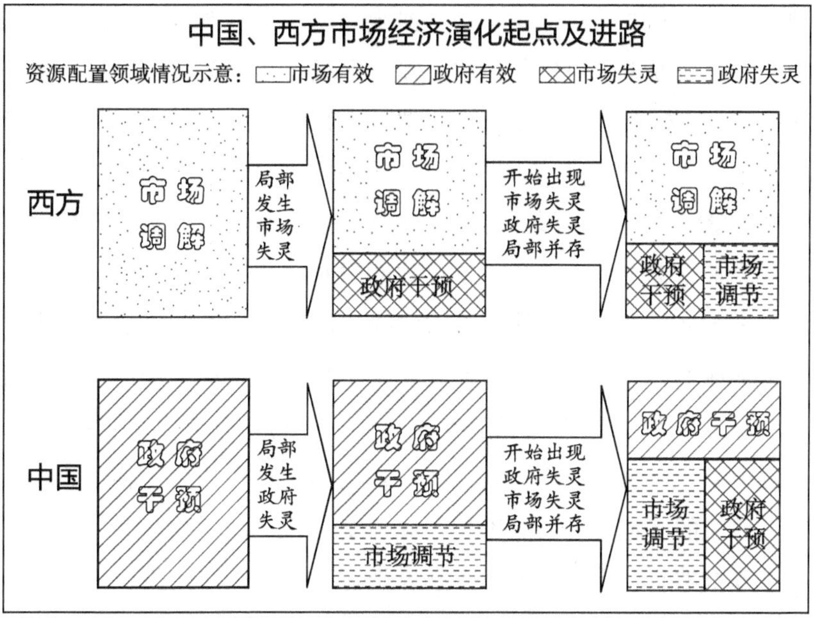

以上论述表明，针对政府行政行为的竞争合规制度的建设显得尤为重要。根据实践经验，产业政策的公平竞争审查制度在整体上应当有两种实施方式，即外控型和内控型。所谓外控型就是由另外的权力部门按照规定负责组织对其他部门制定或者实施的产业政策进行竞争评估并据此采取相应规制措施。它在具体操作上又有两种模式，即集中模式和分散模式；前者是将产业政策的公平竞争审查交由一个权力部门统一执行，后者是将产业政策的公平竞争审查交给多个权力部门各自实施。所谓内控型方式就是由制定或者实施产业政策的权力部门按照规定负责组织对自身制定或者实施的产业政策进行竞争评估并保证不存在不合理排除或者限制竞争的因素。在实施上，外控型方式与内控型方式并不相互排斥；两者既可以并行实施，也可以各自单行实施。从效果来看，单行实施外控型方式应当比单行实施内控型方式更好，两者并行实施应当比单行实施任何一种方式更好。除了现有行政体制的变革阻力及各种部门利益的深度固化使得我国很难在短期内单行实施外控型方式的集中模式外，现行条件完全可以支持我国立即实施其他所有可选方案，包括单行实施外控型方式中的分散模式，如由上级行政机关和各级人大组织在各自工作框架内对下级行政机关或者部门报批、待决的产业政策进行公平竞争审查。① 若选择单行实施内控型方式，行政行为的竞争合规制度将成为建立和规范产业政策的公平竞争审查制度的推进路径。要求制定或者实施产业政策的部门对其所制定或者实施的产业政策进行公平竞争审查就是要求它检查所制定或者实施的产业政策是否存在不合理排除或者限制竞争的情形，而这项工作的操作规程及其结果的精确性都主要依赖于行政行为的竞争合规及其制度化。若选择单行实施外控型方式，行政行为的竞争合规制度将成为保证产业政策的制定或者实施部门尽量避免违反产业政策的公平性、竞争性要求的有效手段。发挥市场在资源配置中的决定性作用对产业政策的合理性形成的深度约束及由此带来的外部审查要求制定或者实施产业政策的部门必须积极开展行政行为的竞争合规工作，这些举措的有效执行通常能够避免发生扭曲竞争的情形，而这正是建立和规范产业政策的公平竞争审查制度所期待出现的市场运行格局。若选择并行实施外控型方式与内控型方式，行政行为的竞争合规制度则兼具上述两种情形所有的社会价值。

二、推进路径：赏罚助管四维一体化

竞争合规在本质上是自我开展的一种风险防控活动，竞争评估的实务操作通常比较复杂，并且行政权力在运用过程中容易出现寻租问题，这三方面共同决定了针对政府行政行为的竞争合规制度应当综合采取多种措施齐抓共建。

---

① 参见丁茂中：《产业政策的竞争评估研究》，载《法学杂志》2016 年第 3 期。

（一）责任威慑：基于违法成本理论的应用设计

科斯的《社会成本问题》、波斯纳的《法律的经济分析》、加里·贝克尔的《犯罪与惩罚》等经典著作深刻揭示了违法成本对违法行为形成的影响；各国实践亦充分证明：若违法成本比较低，那么违法行为就容易发生。这给行政行为的竞争合规制度建设所带来的启示就是，必须对不合理排除或者限制竞争的行政行为课以重责。如果不合理排除或者限制竞争不会遭到严厉的惩罚，那么行政机关或者法律、法规授权的具有管理公共事务职能的组织就不会介意其所实施的行政行为是否可能违反《反垄断法》或者其他规范性文件的要求，因而也就不会积极投入必要的精力和资源进行风险防控。所以，以沉重的责任所产生的威慑力来驱使用权部门开展行政行为的竞争合规是推进这项工作制度化建设的关键。首先，它要求“设责”必须到位。除法律责任外，对不合理排除或者限制竞争的行政行为，我国还应当尽快健全政治责任，特别是那些目前尚无法纳入《反垄断法》规制范畴的重大产业政策。相较于行政性垄断而言，有些虽然合法但却不合理的政府干预对市场竞争所造成的扭曲有过之而无不及，但是它们目前仍然处于责任空白状态。对此，在立法没有明确授权进行调整的情况下，最好立即通过引入免职、弹劾、引咎辞职、罢免等机制进行最大限度的填补。在此基础上，全国人大常委会应当尽快修法完善滥用行政权力排除、限制竞争的法律责任，最为可行的方案就是在现有立法基础上明确行政性垄断的国家赔偿责任、建立封顶型的责任人分担制度。①

① 如果引入刑事责任，就会出现法律责任过重问题，从而容易影响行政部门的主动性；如果引入行政罚款，则存在罚款“从左口袋到右口袋”问题，无法起到有效的威慑作用。而明确行政性垄断的国家赔偿责任、建立封顶型的责任人分担制度：第一，可以给予受害人提供合理的法律救济，及时促使市场竞争的有效恢复；第二，个人潜在的赔偿责任不仅能够使用权人员产生必要的责任意识，而且不会因为责任过重而实质性地影响他们在履职过程中的积极性。

“行政性垄断主体滥用行政权力排除、限制竞争的行为既是行政违法行为，也是侵权行为。”① 立法应当直接采取经济性垄断的民事赔偿责任现行做法，明确规定：行政机关或者法律、法规授权的具有管理公共事务职能的组织滥用行政权力排除、限制竞争，给他人造成损失的，依法承担行政赔偿责任；以此为前提，立法应当另列条款规定：直接负责的主管人员和其他责任人员对行政赔偿给国家造成的经济损失分别承担不超过两万元的赔偿责任。其次，它要求“问责”必须彻底。解决违法成本低的问题不能单纯靠提高处罚标准，“如果就某项违法行为处罚标准合理、查处概率低，却一味地提高处罚标准，肯定不会取得很好的效果”②。这就要求必须合理配备执法资源，确保所有行政性垄断都被有效追责。对此，当前最为紧要采取的措施就是完善反垄断执法机构的规制权力。我国应当借鉴俄罗斯的做法，赋予反垄断执法机构充分的执法权。俄罗斯《竞争保护法》第23条规定，反垄断机关有权“根据本法对经济主体作出有约束力的决定”；对抽象行政行为而言，“反垄断机构有权确认联邦行政机关、联邦各部门行政机关、地方市政当局机关、其他执行政府职能的机构或组织、政府预算外基金、俄罗斯联邦中央银行制定的违背了反垄断立法的规范性法律文件或非规范性法律文件不发生效力、或全部或部分无效。”③ 以此为基础的最佳配套做法便是充实国务院反垄断委员会作为独立的反垄断执法机构采用外控型方式的集中模式推动产业政策的公平竞争审查制度的发展，并借助这个逐渐成熟的工作框架推进对其他不合理排除或者限制竞争行为的问责事宜。

---

① 魏琼：《追究行政性垄断法律责任的对策——从“责令改正”谈起》，载《政治与法律》2009年第11期。

② 参见叶慰：《对违法行为的分类治理研究——从提高违法成本角度分析》，载《行政法学研究》2013年第1期。

③ 刘继峰：《俄罗斯反垄断法规制行政垄断之借鉴》，载《环球法律评论》2010年第2期。

（二）名利激励：基于行政激励理论的应用设计

“管理学理论与管理实践显示，人具有趋利避害的本性，因此，无论对于企业职工，还是对于政府公务人员，都要既加以制约、又加以激励，才能提高效率。”① 行政行为的竞争合规制度建设应当充分尊重这个科学规律，配套性地采取合理措施激励行政机关或者法律、法规授权的具有管理公共事务职能的组织积极开展针对不合理排除或者限制竞争行为的自我防控。以重责高压为基础，良好的行政激励所产生的诱惑力在通常情况下将会有效地促进行政部门积极实施行政行为的竞争合规，它对推进这项工作的制度化建设具有重要的诱使作用。根据以往经验，激励应当采取精神与物质共抓，实行名利并举。以名义为主导内容的精神激励可以具体通过以下两个方面实施：第一，职务晋升，即优先给予积极推进行政行为竞争合规工作的公职人员升迁的机会。在行政考核体系中，建设法治政府和发挥市场决定性作用必然要求将是否发生不合理排除或者限制竞争行为纳入权衡指标，而为此所作的积极工作应当作为重要加分因子特别成为有权干预市场的那些行政部门的用人评价事项，包括对政务型公职人员和业务型公职人员，但对前者的社会影响更深。第二，荣誉授予，即组织授予积极推进行政行为竞争合规工作的公职人员各种荣誉称号。除了传统的劳动模范、先进工作者、三八红旗手等之外，中央政府与地方政府及以中央电视台、人民日报等为核心的主流媒体可以积极筹办市场法治十大政杰、深化经济体制改革风云人物、竞争机制杰出卫士等类似评选活动。以利益为主导内容的物质激励，除了基础性地通过上浮绩效工资、发放专项奖金等方式针对个人进行外，

① 罗豪才、宋功德：《现代行政法学与制约、激励机制》，载《中国法学》2000 年第 3 期。

还应当积极探索借助有针对性地调整中央转移支付的方式进行，即中央政府可以根据各个地方发生不合理排除或者限制竞争行为的阶段情况及其防治力度按照科学的评价机制以合适的转移支付方式增加或者减少给予特定地区的财政支持。虽然我国很早就提出建立统一开放、竞争有序的市场体系发展目标，但是至今离实现这个目标还存在很大差距。到目前为止，国内省际贸易壁垒仍然较高，市场分割问题依旧严峻。[①] 究其原因，除了少些归结于部门垄断外，地区垄断则是该类矛盾的核心根源。[②] 而“大量地区封锁和地方保护主义行为的背后动机是地方政府部门及其官员的自利行为，尤其是维护和扩大地方财力、自身可支配预算的行为”[③]。中央对地区垄断或者其他不合理排除或者限制竞争的多发地方相应减少财政支持、对情况相反的地方相应增加财政支持，理应会在很大程度上激发各个地方为了减少发生地区垄断或者其他不合理排除或者限制竞争行为而积极采取必要防范措施的动力。

（三）技能帮扶：基于竞争倡导理论的应用设计

“竞争倡导（Competition Advocacy），亦称竞争推进，是竞争主管机构实施的除执法以外所有改善竞争环境的行为。这些行为主要包括两类：一类针对法律、政策的制定机构或者管制机构，目的在于促进立法及管制以有利于竞争的方式设计、执行；另一类针对所有社会成员，以提升其对竞争益处及竞争政策在促进和保护竞争中

---

① 参见宋冬林、范欣：《国内市场整合趋势下的经济增长研究：1985—2011》，载《求是学刊》2015 年第 3 期。

② 参见行伟波、李善同：《地方保护主义与中国省际贸易》，载《南方经济》2012 年第 1 期。

③ 冯兴元：《地方政府竞争——理论范式、分析框架与实证研究》，凤凰出版传媒集团、译林出版社 2010 年版，第 129 页。

的作用的认知。"① "各国之所以进行竞争倡导，是因为竞争倡导具有促进和补充反垄断执法、推进竞争政策有效落实和推动竞争文化建设的重要作用。"② 显而易见，竞争倡导对行政行为的竞争合规制度建设具有重要价值。大力培育公平竞争理念有助于促进公务人员逐渐自发地产生维护市场有效竞争的使命意识，从而容易催生积极防止各种不合理排除或者限制竞争行为的自觉性。所以，行政行为的竞争合规制度建设应当高度重视竞争倡导的引导作用。根据实践经验，除了必须积极通过培训、讲座、研讨、论坛等各种形式加强"问题认知教育"外，最为需要且容易见效的竞争倡导举措就是竞争主管部门以指引性文件的方式直接教授目标对象如何具体进行竞争合规。评估一个行为是否可能影响市场竞争通常是比较复杂的，需要足够的专业知识予以支持。以使用假定垄断者测试法界定相关市场为例，除了基本掌握如何利用价格变化获得消费者对商品替代性的真实看法外，还必须有效排除技术分析可能导致的结果偏差。当运用临界损失分析方法来量化考察假定垄断者能否因为涨价行为获得更多利润时，就极易出现类似"玻璃纸谬论"问题。按照临界损失的计算公式 CL = X/（X + CM），涨价前的商品利润率越高，它的临界损失就越小，实际损失就容易大过临界损失，相关市场的范围就容易被放大，从而大幅降低涉案行为可能构成垄断的概率；而商品利润极高，除了技术创新所致外，剩余往往就是垄断，连偶发性的市场博傻都是非常稀少的。这客观上使包括其他行政部门在内的很多主体心有余而力不足，进而直接妨碍了竞争合规工作的有效开展。对此，欧美国家近些年纷纷开始重视竞争合规的指引工作，但是它们基本都是主要针对各自所主要面临的经济性垄断。如前文所

---

① 王先林主编：《中国反垄断法实施热点问题研究》，法律出版社 2011 年版，第 78 页。

② 张占江：《竞争倡导研究》，载《法学研究》2010 年第 5 期。

述，在英国，现已更名为“竞争与市场管理局”（Competition and Markets Authority）的前“公平交易局”（OFT）在《竞争法合规指南》中以“自上而下的竞争合规承诺”为基础设计了一套包括风险识别、风险评估、风险消减、系统检审在内的“四步法”操作规程用来帮助企业开展竞争合规。[①]“反垄断合规指引制度契合了‘耗费一定的公共及私人资源来预防和威慑违法行为，探寻一个通过企业主动的合作来促进公平和有效竞争的全新的规制方法实有必要’的道理。”[②] 这类做法非常值得我国竞争主管机构借鉴，除可以直接移用于经济性垄断的防控领域外，还可以通过合理改造用于行政性垄断及政府其他不合理排除或者限制竞争的防控领域。

（四）社会督促：基于信息公开理论的应用设计

“阳光是最好的防腐剂”，这深刻反映了权力运行的透明化对腐败及其他不当作为的预防作用。由此可以认为，行政行为的竞争合规制度建设应当充分借助政府信息公开制度广泛调动社会各方力量督促行政机关或者法律、法规授权的具有管理公共事务职能的组织依法依规履职办事。除了将来可以颁布的专项性规定及其他新规外，现有约束政府行政权力的很多法律法规及其部门规章的有效执行其实都能够在某种程度上以自助的方式使行政部门可以最大限度地避免发生不合理排除或者限制竞争行为尤其是行政性垄断问题。例如，《中华人民共和国行政许可法》第 15 条第 2 款规定：地方性法规和省、自治区、直辖市人民政府规章，不得设定应当由国家统一确定的公民、法人或者其他组织的资格、资质的行政许可，不得设定企

---

① Office of Fair Trading, How your business can achieve compliance with competition law guidance, https: //www. gov. uk/government/uploads/system/uploads/attachment_ data/file/284402/oft1341. pdf. Jul. 6, 2012.

② 喻玲：《从威慑到合规指引——反垄断法实施的新趋势》，载《中外法学》2013 年第 6 期。

业或者其他组织的设立登记及其前置性行政许可；其设定的行政许可，不得限制其他地区的个人或者企业到本地区从事生产经营和提供服务，不得限制其他地区的商品进入本地区市场。只要地方政府及其职能部门严格遵守上述条款，就不会出现违反《反垄断法》所禁止的“采取专门针对外地商品的行政许可，限制外地商品进入本地市场”之类的问题。而这类控权性“立法”要得到全面落实，除了靠行政部门的内在自我约束外，还在很大程度上依赖于社会大众有效的外部监督。历史经验表明，社会大众对政府部门的监督效果主要取决于两个方面，即信息对称程度与主观参与意愿；前者主要受到政府信息公开制度运行情况的影响，后者则受到公民综合素质、意见反馈机制和利益关联方式等多个重要因素的影响。合理统筹协调两个方面的关系将对行政行为的竞争合规制度建设起到极大的督促作用。有效的社会监督不仅可以在最大程度上防止因权力腐败而引发“故意所为”的不合理排除或者限制竞争行为，特别是行政性垄断①，而且还可以在最大程度上防止因决策失误而引发“过失所致”的不合理排除或者限制竞争的行为，包括形式完全合法的情形②，从而实现以他项合规促进竞争合规的效果。因此，除了以共性的方式加强政府信息公开外，行政行为的竞争合规制度建设还应当以个性的方式提升社会公众参与督促的积极性，例如由现行的国务院反垄断委员会单独或者协同三家反垄断执法机构或者其他职能部门每年组织对那些对此有着突出贡献的个人、单位和社团进行表彰和奖励。

---

① 多年前就有专家尖锐地指出：“行政垄断是中国经济转型中最严重的腐败形式之一。”参见过勇、胡鞍钢：《行政垄断、寻租与腐败——转型经济的腐败机理分析》，载《经济社会体制比较》2003 年第 2 期。

② 听证会、意见征求之类集思广益的方式在正常情况下可以有效地弥补行政部门在诸多问题上的认知不足及短板，这客观上以外部智力支持的方式提升了行政决策的科学性，包括政府对市场干预的适当性。

三、实施标准：实质审查加合理原则

政府干预的外部效应包括其负面性质通常波及社会诸多群体的影响特质，这要求行政行为的竞争合规制度建设必须在最大程度上促进所有行政部门对不合理排除或者限制竞争行为的自我防控。

（一）政府干预的合法性尺度设置：兼具内容合理

无论行政机关或者法律、法规授权的具有管理公共事务职能的组织内部采取制衡式还是其他方式的工作流程对自身所作的行政行为进行竞争合规，都应当坚持实行实质性的自我审查，即不仅要在形式上符合法定权限与法定程序，而且要在内容上没有不合理排除或者限制竞争。以此作为政府干预的合法性尺度进行竞争合规非常重要。虽然《反垄断法》第 32 条至第 37 条对所禁止的行政性垄断作了明确规定，但是这些条款的适用却一直存在很大争议。对于滥用行政权力排除、限制竞争的法律认定，社会各方在整体上有着两种差异较大的看法。一种观点是，行政性垄断应当以行政行为违反行政法为前提。“这两类机构行使行政权力，都有法律、法规依据，其应当依法办事，如果其超越法律、法规规定的行政权力处理公共事务，就有可能导致滥用行政权力的行为发生。”① 另一种观点则是，只要不合理排除或者限制竞争就应当构成行政性垄断。“我国对于行政性垄断正当性的判断基本上是纳入行政法的思路，这就导致限制机关很容易借助“程序合理性”标准否定“实质合理性”标准，将形式上符合要求的垄断行为排除在法律规制之外。只要行政行为具有合法依据，哪怕造成限制竞

① 全国人大常委会法制工作委员会经济法室编：《中华人民共和国反垄断法条文说明、立法理由及相关规定》，北京大学出版社 2007 年版，第 212 页。

争的效果，也具有正当抗辩理由。但依据反垄断法的市场竞争效果标准，导致排除、限制竞争效果的政府行为都可能被认定为具有违法性。因此，若要评判政府行为的正当性，应当调整评判标准，以市场机制是否受到损害为基本标准，突破合法性审查的框架，凸显合理性审查要求。”① 若仅按照形式合法的低标准进行竞争合规，将很难有效地排除风险。一旦反垄断执法机构或者法院采取前面第二种主张，那么某些依据法定权限和法定程序作出的行政行为极有可能因为含有不合理排除或者限制竞争的内容或者导致这类后果而被判定构成滥用行政权力排除、限制竞争行为，相应行政主体就会因此受责。

更为关键的是，这将很难有效地促进政府与市场耦合。相较市场发展需求而言，我国现行不少合法的政府干预已经远远滞后，严重影响了竞争机制在资源配置中作用的发挥。以产业政策常用的财政补贴为例，无论是中央政府还是地方政府都习惯性地采取纵向补贴方式，即向特定行业的特定企业提供财政捐助或者对价格和收入进行支持。“但时至今日，大多数财政补贴没有达到预期的效果，且在一定程度上阻碍了公平竞争秩序的建立。例如，受补贴企业因为价格优势而获得更大的市场份额，成为具有支配地位的企业，逐步把未获得补贴的企业排挤出市场。”② 所以，“在《中国企业发展环境报告2013》中，企业家们提出，创造公平的市场环境比政府补贴更重要”③。如果还是以形式符合法定权限和法定程序进行竞争合规，那么根本无法做到李克强总理提出的“砍掉政府那只乱摸的

---

① 徐士英：《竞争政策视野下行政性垄断行为规制路径新探》，载《华东政法大学学报》2015 年第 4 期。

② 施正文：《财政补贴与市场公平竞争》，载《中国工商管理研究》2014 年第 9 期。

③ 唐福勇：《公平的市场环境比政府补贴更重要》，载《中国经济时报》2013 年 8 月 7 日第 3 版。

手”。而与其他发达国家一样，我国进行反垄断立法的直接目的也是为了促进市场的公平竞争。《反垄断法》第1条明确规定：为了预防和制止垄断行为，保护市场公平竞争，提高经济运行效率，维护消费者利益和社会公共利益，促进社会主义市场经济健康发展，制定本法。党的十八届三中全会所作的“发挥市场在资源配置中起决定性作用”的重要决议、中央全面深化改革领导小组第二十三次会议所作的《关于建立公平竞争审查制度的意见》的战略部署等系列历史性举措核心也都在于此。

因此，必须大力实施行政行为的竞争合规。这就要求行政机关或者法律、法规授权的具有管理公共事务职能的组织在进行实质性的自我审查时应当充分做好以下三个方面的具体工作：第一，权力核对。2015年3月，中共中央办公厅、国务院办公厅印发了《关于推行地方各级政府工作部门权力清单制度的指导意见》，要求分门别类、全面彻底地梳理行政职权，逐项列明设定依据，及时取消没有法定依据的行政职权，公布权力清单。权力核对应当以各个行政部门公布的权力清单为依据，确保行政行为实体性合法。第二，程序检查。“程序的正义要求我们重视法律程序‘作为程序’自身而具有的价值，通过对这些价值的满足而使法律程序的过程具有正当性，并相应地实现程序所产生的结果的正当化。”① 程序检查应当以最低限度的公正为导向，确保行政行为的程序性合法。第三，竞争评估。它需要重点解决两个问题，即行政行为是否存在排除或者限制竞争的情形以及这种情形是否存在一定的合理性。竞争评估应当以量性结合分析为主，确保行政行为的内容合理。

---

① 王锡锌：《程序正义之基本要求解释：以行政程序为例》，载《行政法论丛》2000年第1期。

（二）政府干预的合理性边界划定：弥补市场失灵

虽然实质审查对政府干预提出了较为苛刻的要求，但是它充分肯定了政府干预的存在价值。除了权限和程序合法外，只有不合理地排除或者限制竞争才会成为行政行为的竞争合规的目标风险。这就要求对政府影响市场竞争的行为采取合理原则进行评价，即并非只要排除或者限制竞争的行政行为就必然违规，除非这些政府干预没有合理性。这符合我国反垄断立法对政府行为的规制态度。尽管社会各方对滥用行政权力排除、限制竞争行为的法律认定还存在较大分歧，然而对于政府在特定条件下排除或者限制竞争的合理性还是没有什么异议的。“毫无疑问，一定条件下，政府对竞争的限制不可避免。例如，为了保证产品达到一定的质量水平而制定的标准，肯定会将一部分企业排除在市场之外。但问题是，由于政府被“俘获”或自身知识局限等原因，限制常常超过必要的限度。”① 所以，《反垄断法》在对行政性垄断作出禁止性规定之时并没有采取类似第13条的立法表述方式。第32条至第37条的6个法律条文中所含的“不得滥用行政权力”的限定用语表明了该法并不是禁止所有政府排除或者限制竞争的行为。事实上，针对这些法律条款的适用问题，前面发生争议的两种观点所存在的分歧并不在于合法“导致”的合理排除或者限制竞争的情形，而是合法外衣之下掩盖的不合理排除或者限制竞争的情形。而合理原则是一种衡平原则，衡平垄断或限制竞争行为对竞争本身及社会整体利益产生的积极影响或市场弊害，衡平公平与效益、个人利益、公共利益和社会利益等诸多方面的影响，衡平经济利益和政治利益；合理原则是一项效益比较原则，它要求法律不但维护自由公平竞争，更要维护有效竞争和整体经济效果；合理原则更是一项技术规则，通常需要通过对相关市场的界定、

① 张占江：《中国法律竞争评估制度的建构》，载《法学》2015年第4期。

进入障碍的分析以及损害效果的考察，并以此论证法律事实。[①] 这就使得合理原则的运用相对复杂，内容与结论往往存在弹性空间及不确定性。

促进政府与市场耦合的根本目标要求行政行为的竞争合规在运用合理原则进行评价时必须坚持高标准原则，最为科学的做法就是严格以弥补市场失灵为限来划定政府干预的合理性边界。“市场是资源配置的有效机制，这已为19世纪欧洲和北美洲大多数国家的资本主义经济成就所证明。但是，市场不是万能的，市场机制也固有许多自身不可克服的缺陷，以致在资源配置上失灵和失效。”[②] 在市场经济条件下，市场失灵应当是政府干预的基础。但是，“我们说政府有时可以改善市场结果并不意味着它总能这样”[③]，“当政府政策或集体行动所采取的手段不能改善经济效率或道德上可接受的收入分配时，政府失灵便产生了。”[④] 政府失灵要求必须严格控制政府干预的范围。这应当根据以下两个方面内容来进行定性操作：第一，市场与政府在特定环境下配置资源的效率比较。“在经济结构简单、人们需求单一的情况下，政府配置资源有其简便和直接的功效。但是，随着经济规模的扩大，经济结构、产业结构、产品结构的复杂化，人们需求的多样化，这种主要以政府行政审批配置资源的方式，很难把握瞬息万变的市场需求，就越来越不利于资源的优化配置了，必须采取市场配置的方式。市场决定资源配置能够最大程度地提高

---

① 参见李钟斌：《反垄断法的合理原则研究》，厦门大学出版社2005年版，第6~9页。

② 王全兴：《经济法基础理论专题研究》，中国检察出版社2002年版，第80页。

③ [美] 曼昆：《经济学原理》，梁小民译，机械工业出版社2003年版，第10页。

④ [美] 保罗·A. 萨缪尔森、威廉·D. 诺得豪斯：《经济学》(下)，高鸿业等译，中国发展出版社1992年版，第1189页。

资源配置效率。”① 第二，国家对市场与政府在资源配置中作用的阶段性定位。从表3－4－1的归纳可以看出，我国逐渐深化了市场在资源配置中的作用。“党的十八届三中全会将市场在资源配置中起基础性作用修改为起决定性作用，虽然只有两字之差，但对市场作用是一个全新的定位，‘决定性作用’和‘基础性作用’这两个定位是前后衔接、继承发展的。”② 因此，政府干预应当以市场失灵为限，除此以外的任何排除或者限制竞争的行政行为都缺乏必要的合理性。

表3－4－1：中国对市场与政府在资源配置中作用的阶段性定位

中国对市场与政府在资源配置中作用的阶段性定位		
历史阶段	市场定位	官方文件的正式表述
1982年	辅助性作用	发挥市场在资源配置中的辅助性作用
1992年	基础性作用	要使市场在国家宏观调控下对资源配置起基础性作用
2003年	基础性作用	要在更大程度上发挥市场在资源配置中的基础性作用
2012年	基础性作用	要在更大程度更广范围发挥市场在资源配置中的基础性作用
2013年	决定性作用	使市场在资源配置中起决定性作用

四、操作方法：竞争评估的系统规程

是否存在不合理排除或者限制竞争应当是行政行为竞争合规的工作重点及难点所在，虽然为此所需的竞争评估在操作流程上基本无异于常规做法，但是在核心内容上却有着独特性，需要匹配性地进行系统化制度构建。

---

① 王天义：《发挥市场在资源配置中的决定性作用》，载《学习时报》2013年11月18日第A4版。

② 《习近平在中共中央政治局第十五次集体学习时强调正确发挥市场作用和政府作用推动经济社会持续健康发展》，载《人民日报》2014年5月28日第1版。

（一）第一步：界定相关市场

相关市场是指经营者在一定时期内就特定商品或者服务进行竞争的商品范围和地域范围。“在大多数场合，相关市场的界定实际上是竞争分析的出发点和基本前提，虽然其内容未必规定在反垄断法的具体条文里，但它却蕴含在反垄断法的各主要制度之中。”① 它同样适用于行政行为的竞争合规所涉的竞争评估，是整个工作推进的基础。为此所进行的相关市场界定应当按照《国务院反垄断委员会关于相关市场界定的指南》建立的基本框架进行操作：在原理上，以需求替代与供给替代为据；在维度上，主要考察产品、地理和时间；在方法上，可以采用假定垄断者测试法。除此以外，其他有些内容则应当根据行政行为的个性特质有针对性地进行合理安排。

在界定相关产品市场时，主要需要调整的内容是临时目标商品市场的确定。与经营行为相较而言，行政行为通常很少直观地反映出“案件”所涉的目标商品，需要根据具体情形进行分类寻究。如果行政行为直接指向特定企业，如地方政府在招商引资过程中承诺给予个别进驻的知名跨国公司专项财政补贴，那么这需要根据特定企业的主营业务进行确定；如果行政行为直接指向特定产业，如中央政府推进的钢铁工业关停和淘汰落后产能的举措，那么这需要根据特定产业覆盖的最细市场进行确定；如果行政行为直接指向特定产品，如地方政府针对生猪屠宰进行的管理活动，那么就以该特定产品的同质范畴作为临时目标商品市场。无论行政行为是以抽象方式还是具体方式作出的，临时目标商品市场的确定都必须遵循最窄原则，根据替代性分析逐步向外扩展；若出现多元市场情形，则应当分别进行界定。

---

① 王先林：《论反垄断法实施中的相关市场界定》，载《法律科学》2008年第1期。

在界定相关地理市场时，主要需要调整的内容是推演过程。与经营行为相较而言，行政行为在此环节不需要进行复杂的推演，可以直接将其定位在除各类“境内关外”型自由贸易试验区以外的中国大陆市场。除了台湾地区、香港地区、澳门地区以及诸如中国（上海）自由贸易试验区等“特区”之外，我国境内的其他地域市场应当是统一开放、竞争有序的，所有企业合法供给的商品都应当可以自由流通、公平竞争。而且，“从国内外的反垄断执法及其司法情况来看，大部分案件中的相关地理市场是定位在整个国内地理区域上”①。因此，对市场进行干预的行政行为的竞争评估无论是从应然还是实然角度都应当直接以此作为参照背景。若因为民俗习惯、消费偏好等因素导致目前特定商品的生产、销售、消费在客观上主要集中在少数地区，则可以例外地界定为国内局部地域市场，但这种情形必须严格限制。

在界定相关时间市场时，主要需要调整的内容是取消政府管制这项权衡因子。与经营行为相较而言，行政行为在此方面必须以市场的原始风貌为基点。“市场上各方应该自由地按照他们能找到的交易伙伴的价格进行买卖，任何人应该自由地生产、出售和买进任何有可能生产、出售和买进的东西。进入各种贸易的通道也必须在平等的条件下向所有人开放，法律必须不能容忍任何个人或者集团企图通过公开或者隐秘的力量限制这些通道。”② 凡是对此可以产生实质性影响的政府干预包括政府管制特别是诸如进入管制都是竞争评估的目标对象，它们不能成为能够影响评价基础的权衡因子，否则将导致整个竞争评估结果的非科学化。

---

① 丁茂中：《反垄断法实施中的相关市场界定研究》，复旦大学出版社2011年版，第98页。

② ［英］弗里德里希·奥古斯特·哈耶克：《通往奴役之路》，王明毅、冯兴元译，中国社会科学出版社1997年版，第41页。

（二）第二步：考察竞争影响

企业是市场的“细胞”，优胜劣汰的自然规律促使它们不断进行“新陈代谢”；因此，各类经营者都面临着不同程度的生存与发展的竞争压力。针对行政行为的竞争评估应当以政府干预对此产生的实质影响进行实施，整个目标的核心任务在于考察是否可能存在负面效应。从实践来看，企业在市场配置资源过程中发生的竞争涉及商业化经营的全部生产要素，包括产品、质量、品牌、价格、用途、功能、维保、销售及研发能力、技术储备、融资渠道、流动资金、管理体系、资本规模和商业声誉等。世界著名管理学家迈克尔·波特（Michael E. Porter）教授的竞争战略理论充分表明，这些生产要素在系统上受到三大市场竞争元素，即交易机会、经营负担和投资回报的影响。是否拥有交易机会首先决定了企业的投产活动，如果客观存在的进入障碍导致经营者根本无法获取任何潜在的交易机会，那么它将不会投入资源进行产品的研发、生产或者销售等；而交易机会的多寡则直接影响着企业发展的空间，可以获得的交易机会越多，经营者越是因为营业收入的增加而有着相对宽裕的资金投入产品研发、技术储备、广告宣传、管理提升等各项活动，并且随之获得良好的商业声誉、广阔的融资渠道，从而进入良性循环发展阶段。经营负担通常直接牵制着企业的竞争力①，浅层次表现为经营负担较轻的企业一般能够通过价格优势实现更大的销量及市场份额，深层次则表现为经营负担较轻的企业一般能够以高薪招揽人才、重金加大研发、深化技术储备、提升经营管理、获得更佳声誉等逐步积淀综合实力；经营负担较重的企业则刚好相反，除了在价格、融资、销售等上不占有任何明显优势外，过高的成本在不少情况下还直接

① 参见王健、张晓媛：《企业竞争力指标体系研究》，载《山东社会科学》2014 年第 11 期。

成为压垮它们的“最后一根稻草”，这个方面的例子举不胜举。投资回报直接关系到企业的盈利状况，这在很大程度上决定了经营者持久运营的能力；投资回报较高的企业在正常情况下能够拥有充足的资源进行产品革新、提升质量、扩大影响、拓宽销路等，无论是在通过资本市场进行直接融资还是在通过银行信贷进行间接融资上都具有非常明显的优势；投资回报较低的企业在融资渠道上可以选择的余地往往很小，主要依赖于间接融资特别是抵押贷款，其他常见问题就是无法有效地投资相应资源进行产品升级换代、品牌影响日渐淡化、售后服务体系趋于萎缩等。各类企业在交易机会、经营负担、投资回报上的个体分化及交叉作用促使了优胜劣汰的发生，市场竞争由此呈现出规律化的动态演进。①

因此，竞争评估应当根据行政行为对交易机会、经营负担、投资回报的影响进行操作。如表 3－4－2 所示，政府对市场干预的途径和方式客观上能够分别对交易机会、经营负担、投资回报产生重大影响。“政府反竞争行为的实质是将行政权力传导到自由市场中，使得市场中现存的市场主体凭借政府的政治势力来达到其经济上的垄断。”② 据此，当行政行为对交易机会、经营负担和投资回报所产生的影响给企业带来以下效应时就构成排除或者限制竞争：第一，制造了实质性的市场进入障碍；第二，形成了实质性的市场差别待遇。一旦确认存在此类情形，这项竞争合规在操作流程上必须进入“黄灯警示”状态，应当启动对该行政行为对竞争排除或者限制的必要性及其程度的分析；反之则到此为止，可以直接进行“绿灯放行”，结束竞争合规的风险排筛工作。

---

① See Herbert Hovenkamp, *Federal Antitrust Policy*: *The Law of Competition and Its Practice*, Saint Paul: West Publishing Company, 2011, pp. 45－47.

② 徐士英：《竞争政策研究——国际比较与中国选择》，法律出版社 2013 年版，第 173 页。

如表 3 -4 -2：行政行为对目标对象的影响考察

行政行为对目标对象的影响考察			
影响对象	影响途径	影响方式	
交易机会	市场进入	经营资质赋予	诸如推行注册制、实施许可制等。
		业务市场拓展	诸如排斥外地经营者参与本地招投标活动等。
		商业合同缔结	诸如推行当地含量要求、实施限行交易等。
	政府采购	开放范围	诸如只针对特定地区的少数经营者开放等。
		信息披露	诸如仅在发行范围较小的地方报纸上公告等。
		参与方式	诸如采用书面材料当场递交或者电子投递等。
		评选机制	诸如评标委员会人事遴选、评价方法择用等。
经营负担	刚性成本	税收、监管等	诸如税负及征管差异、监管标准及力度差异等。
	协商费用	间接融资	诸如政府背书可以获得贷款及其利率优惠等。
投资回报	产品定价	政府定价	指定被管制企业按照确定的价格销售商品。
		政府指导价	限定被管制企业在规定价格范围内销售商品。
	政府补贴	反垄断规制	诸如对超高定价行为进行反垄断执法等。
		补贴对象	诸如针对特定行业、特定地区或者特定个体等。
		补贴方式	诸如采用财政拨款、财政贴息或者税收返还等。
		补贴标准	诸如采取的计算单位、单位金额、补贴期限等。

（三）第三步：分析合理程度

对行政行为排除或者限制竞争的合理性分析应当以效率为基本标准。“如果企业或市场能有效地组织生产或交易，那么国家就没有必要对生产或交易进行干预；在企业或市场组织生产或交易缺乏效率而国家干预也没有效率的情况下，国家干预也不具有正当性和合理性；只有在企业或市场组织生产或者交易缺乏效率而国家又能有效进行干预的情况下，国家的干预才具有必要性、正当性和合理性。”① 若能够证实该项举措的效率更高，则可以认定它们基本具有合理性，但是这种情形的最终定性还应当进一步结合由此产生的利益分享状况作出判断。除了因为“竞争使消费者成为‘上帝’，竞争给消费者带来了巨大社会福利”② 的经济规律外，还因为“发展为了群众，发展依靠群众，发展的成果必须为群众共享”的社会理念。受益范围越广，此类情形的合理性就越高；受益范围越窄，此类情形的合理性就越低。若无法证实该项举措的效率更高，则可以认定它们基本没有合理性，除非基于其他社会公共利益作出的必要安排。③ “社会整体效益包括经济、政治、文化等方面的效益，虽然经济效益在当代更受重视，但是社会效益并不局限于经济效益。”④ 例如，“我们还应依据市场经济发展的状况和产业发展状况，对关系国计民生、国家经济命脉等行业或者领域，应依法实施特殊的产业政策，以保证这些产业或者领域的健康发展，以保证国家经济安全”⑤。用来对此情形进行抗辩的所有事项必须具体、清晰，能够充分反映社会公共利益。根据政府干预的合理性边界划定，前面所述两种情形的具体操作可以按照如表 3－4－3 的设计进行实施。当分析结果确认具有合理性时，该项竞争合规可以直接以“绿灯放行”结束；反之，则必须立即进行“红灯警报”，并根据具体情形采取相应措施消减风险。

---

① 胡甲庆：《反垄断法的经济逻辑》，厦门大学出版社 2007 年版，第 1 页。

② 王晓晔主编：《中华人民共和国反垄断法详解》，知识产权出版社 2008 年版，第 4 页。

③ 在此并不对理论界还存在很大争论的社会公共利益的具体范畴及其他问题进行细究，仅以抽象意义的方式用来泛指那些覆盖对象具有普遍性及最大化的各种物质、荣誉、职位和奖励等好处的集合体。

④ 祁欢：《公共服务业反垄断豁免法律制度研究》，知识产权出版社 2013 年版，第 64 页。

⑤ 金善明：《反垄断法法益研究：范式与路径》，中国社会科学出版社 2013 年版，第 142 页。

表 3－4－3：行政行为排除或者限制竞争的合理性分析路径示范

<table>
<tr><th colspan="11">行政行为排除或者限制竞争的合理性分析路径示范</th></tr>
<tr><th colspan="3">基本标准</th><th rowspan="2">初步定性</th><th colspan="5">修正情形</th><th colspan="2">最终定性</th></tr>
<tr><th>权衡因子→</th><th>判断方法→</th><th>比对结论→</th><th>权衡因子→</th><th colspan="4">主要情形类别判断→</th><th>合理程度→</th><th>风险标注↓</th></tr>
<tr><td rowspan="12">资源配置效率</td><td rowspan="12">以“帕累托最优”为理想蓝本，比较对交易成本、价格形成机制、市场激励机制、市场约束机制、供给组织机制等各类事项的正负影响。</td><td rowspan="7">能够证实效率更高</td><td rowspan="7">基本具有合理性</td><td rowspan="7">利益分享程度</td><td rowspan="5">共享类型</td><td>全局受益</td><td colspan="2">经营者与消费者
覆盖整个市场</td><td>合理程度最高</td><td>属于安全区</td></tr>
<tr><td rowspan="4">局部受益</td><td rowspan="2">集团化</td><td>针对特定中小企业群体的倾斜扶持惠及消费者</td><td>具有合理性</td><td>属于安全区</td></tr>
<tr><td>其他情形</td><td>不合理</td><td>危险区</td></tr>
<tr><td colspan="2">部门化</td><td>不合理</td><td>危险区</td></tr>
<tr><td colspan="2">地方化</td><td>不合理</td><td>危险区</td></tr>
<tr><td rowspan="2">独享类型</td><td colspan="3">针对寡头结构特定市场挑战者的不对称性扶持</td><td>具有合理性</td><td>属于中间带</td></tr>
<tr><td colspan="3">除此以外的其他情形</td><td>不合理</td><td>危险区</td></tr>
<tr><td rowspan="5">无法证实效率更高</td><td rowspan="5">基本没有合理性</td><td rowspan="3">其他社会公共利益（列举）</td><td>国家安全</td><td colspan="3">例如外资并购境内企业的国家安全审查举措</td><td rowspan="3">整体具有必要的合理性</td><td rowspan="3">属于安全区</td></tr>
<tr><td>生态保护</td><td colspan="3">例如封山育林政策所需配套的经营限制举措</td></tr>
<tr><td>灾害救助</td><td colspan="3">例如重大自然灾害之后的区域经济援建举措</td></tr>
<tr><td rowspan="2">其他常见情形</td><td colspan="4">地方政府谋求促进本地企业巩固或者扩大在本地的市场份额</td><td rowspan="2">根本不具有合理性</td><td rowspan="2">危险区</td></tr>
<tr><td colspan="4">个别行政人员实施的权力寻租</td></tr>
</table>

五、结语

行政行为的竞争合规制度建设是一项较为复杂的社会工程，涉及用权方式的变革及能力要求的提高。繁荣源自竞争，我们应当及时推动行政行为的竞争合规制度建设。行政行为的竞争合规制度的建立健全不仅能够有效地促进行政执法更加规范化与科学化，而且能够有效地促进我国竞争文化的发展。这非常有助于完善政府与市场的关系，充分发挥市场在资源配置中的决定性作用和更好发挥政府作用。

第四章　竞争政策

第一节　反垄断法的目标选择及其功能优化问题

“只有在对‘法律的出发点是什么’，即对‘何为反垄断法的目标’的问题作出肯定回答之后，反垄断政策才会变得合理……才可能为反垄断法提供一个内在统一的实体性规则结构。”① 至于反垄断法的目标是什么，无论是在发达国家还是在发展中国家，都是一个众说纷纭的话题，仁者见仁，智者见智。而反垄断法的立法目标是整个反垄断法律制度设计的根本指导思想，它不仅关系到立法本身，而且直接影响着反垄断的执法和司法。因此，科学定位反垄断法的目标尤为重要。

一、反垄断法目标选择的争论与主张

对于反垄断法的目标是什么或者反垄断法应当选择什么作为立法目标或者利用反垄断法来实现什么目标这些问题，不同的人有着不同的见解和主张。美国是世界上反垄断法律制度最为发达的国家，也是有关反垄断法的立法目标争论最为激烈的国家，在很大程度上可以视为这个方面的典型缩影。

自《谢尔曼法》、《克莱顿法》和《联邦贸易委员会》诞生以来，美国的反托拉斯执法部门、司法部门、经济学家、律师、政党

① Robert H. Bork, *The Antitrust Paradox: A Policy at War with Itself*, New York: Basic Books, 1978, p. 50.

和其他团体就一直对该法的目标存在很大的争议和不同的主张。早在西奥多·罗斯福时代，共和党内部对于这位“托拉斯爆破手”秉持的“公共福利”理念与做法发生过激烈的争论，并由此引发共和党的分裂。① 二战爆发以前，弗兰克林·罗斯福在1938年向国会提交的咨文中则主张：“对经济力量的过度集中置之不顾是对美国民主传统的破坏，是走向了法西斯道路。为了确保政治与经济两个方面的民主，必将被少数人拥有的操纵国家经济生活的权利分散给多数人。垄断力量以及垄断力量的滥用部分或者全部地取消了经济机会均等，是违反经济民主的。所以，担负着保障经济民主任务的国家应该以法律为手段，对垄断力量予以有效的控制。”② 大法官沃伦（Warren）在1962年的布朗鞋案中认为：我们不能认为国会通过保护能够生存下来的、小的、地方性企业而促进竞争的愿望失败了。国会预期到暂时的高成本和高价格可能是保护已经分散的产业和市场的结果。我们必须作出一个有效的判决。③

到20世纪70年代末，美国有关反托拉斯法目标的争论达到了一个顶峰，芝加哥学派与杰斐逊主义就此问题进行了激烈的交锋。芝加哥学派认为，效率是反托拉斯政策唯一的目标。④ “在适者生存法则下效率高的企业的市场占有率的不断扩大才是导致高集中度出现的原因，打破这些行业结构所造成的效率损失会超过由此带来的任何绩效改进，并且破坏市场机制的有效作用。”⑤ 只有在经济学理

---

① 西奥多·罗斯福指出：“有人错误地认为，一切人权同利润相比都是次要的。现在，这样的人必须给那些维护人类福利的人民让步了。每个人拥有的财产都要服从社会的整体权利，按公共福利的要求来规定使用到什么程度”。

② 关在汉：《罗斯福选集》，商务印书馆1982年版，第186～188页。

③ Brown Shoe Co. v. U. S. , 370 U. S. 294 (1962) .

④ 芝加哥学派部分将反垄断法的目标表述为：通过经济效率的最大化来实现消费者福利最大化。

⑤ Yale Brozen, Significance of Profit Data for Antitrust Policy, 14 *Antitrust Bulletin* 119 (1969), p. 139.

性的指导下才能避免将保护竞争和保护竞争者混为一谈，才能使“反托拉斯法退出政治舞台而被纳入科学进程”①。而以 Sullivan 和 Fox 为代表的杰斐逊主义激进派则认为：美国反托拉斯的两个重心是政治和社会经济，资源配置效率从来不是反托拉斯法的规范目标，也不是执法的先决条件，只要证明竞争过程受到损害即可。② 以 Hovenkamp 为代表的杰斐逊主义温和派则认为：美国反托拉斯的政策目的并不仅仅局限在单一的经济效率范畴，还包括很多非经济效率的政策目标，如保护中小企业。③

从美国的争论来看，人们对反垄断法的目标设计主要涉及与竞争有关的以下四个更高层次目标，即经济效率、消费者福利、经济民主和社会公共利益。

二、反垄断法的功能分析

作为“经济宪法”，反垄断法的功能是多元化的。它通过市场竞争机制既可以提升经济效率或者增加消费者福利，也可以促进经济民主或者保障社会公共利益。

古典经济学和新古典经济学指出：只有完全竞争的市场才能实现资源配置效率的最大化，只有在长期竞争性均衡中才能实现资源的最优配置；在这种均衡下，生产者的边际收益等于边际成本，这时生产者的利润实现了最大化，消费者的福利也实现了最大化。尽管现代经济学对完全竞争理论提出了不少批评，指出完全竞争只存

---

① Richard A. Posner, *The Economics of Justice*, Cambridge: Harvard University Press, 1981, pp. 92 – 94.

② See Eleanor Fox & Lawrence A. Sullivan, Antitrust Retrospective and Prospective: Where Are We Coming From? Where Are We Going? 62 *New York University Law Review* 936 (1987), pp. 936 – 952.

③ See Herbert Hovenkamp, *Economics and Federal Antitrust Law*, Saint Paul: West Publishing Company, 1985, p. 80.

在于理论假设中；但是“任何对完全竞争市场的偏离都会导致效率损失，偏离的程度越强，经济效率的损失程度也就越强”①。因此，很多国家十分注重通过反垄断法来维护市场的有效竞争，以此来促进经济整体运行效率的最大化。“竞争对消费者的处境会产生两种效果。第一，直接后果：给消费者提供了选择。第一种效果是源于竞争赋予消费者的选择。它使消费者免予面对一个唯一的企业，从而拥有寻求多个交易者的可能，这些交易者在市场上多多少少还是有一些的。从他们中间，消费者可以选出所提供的商品或服务最合乎自已需要的企业。第二，间接后果：改善供应。按照传统表述，竞争不仅对消费者有直接影响，还对消费者产生间接作用。这种间接作用也和竞争所带来的选择相关。由于选择机制，某个供应者会被消费者选中，其他企业则会被淘汰。于是为了避免被淘汰掉，企业就会试图改进其供应。因此市场上的供应就会逐步改善。”②

经济民主是民主从政治领域向非政治领域的延伸，是市场经济的内在要求。经济民主的核心要义是给予经济主体更多的经济自由和尽可能多的经济平等。弗兰克林·罗斯福通过反垄断法来实现经济民主的设想在二战后得到了实践。在德国，希特勒政权垮台后，同盟国于1945年8月签订的《波茨坦协议》认为，德国的垄断组织是发动这种战争的祸根。因此，必须尽可能地消灭因卡特尔、辛迪加、托拉斯等垄断集团的形成造成的经济过分集中，发展市场经济和企业自由竞争。于是在盟军的监督和支持下，以美国反托拉斯法为蓝本制定了德国的《反限制竞争法》。在美国对日本实行军事管制期间，制定了日本《禁止垄断法》，拆散了三菱、三井、住友等财

---

① 胡甲庆：《反垄断法的经济逻辑》，厦门大学出版社2007年版，第45页。

② ［比］保罗·纽尔：《竞争与法律：权力机构、企业和消费者所处的地位》，刘利译，法律出版社2004年版，第12~13页。

阀，排除经济力量的过度集中。①

社会公共利益范畴在反垄断法上具有相对较大的弹性空间，理论界一般认为它涵盖但是不限于消费者利益、社会整体经济效率等。②“此外，推动产业的均衡发展及科学技术的创新，乃至经济民主和环境保护等有时也可能成为反垄断法上整体经济利益的内容。”③ 这些内容，反垄断法都是可以通过维护市场竞争机制实现的。

通过前面对反垄断法的功能分析，我们可以看出，美国相关群体就反垄断法目标选择的主张或者设想都有其存在的道理。

三、美国与欧盟在目标选择上的发展趋势

自20世纪80年代后期以来，美国反托拉斯执法和司法的目标选择逐步趋于明朗与相对一致，即十分强调经济效率，并以此促进消费者福利的增加。

时任里根政府反托拉斯局局长的巴克斯特（William Baxter）指出：经济效率提供了唯一可行的标准，由此可以发展出可操作的规则，并且这些规则的有效性也能由此得到评判。兼并产生的效率和损失至少从理论上说是可以计算的，经济理论提供了一个事先决定哪些情况下兼并可能会减损效率的基础。而那些社会的和政治的标准就不是这样，没有客观的方式可以评价社会或政治的成本与价值。④ 他的继

---

① 参见朱宏文、王健：《反垄断法—转变中的法律》，社会科学文献出版社2006年版，第27~28页。

② 从严格意义上来讲，社会公共利益不是和经济效率、消费者福利或者经济民主并列的目标，它实质上是这些具体目标和其他内容的笼统表述。因此，在下面有关反垄断法目标的性质和反垄断法的功能优化部分，笔者将不再把社会公共利益与这三个目标放在一起讨论。

③ 李国海：《反垄断法公共利益理念研究——兼论我国〈反垄断法（草案）〉中的公共利益条款》，载《法商研究》2007年第4期。

④ William Baxter, Responding to the Reaction: The Draftsman' s Review, in M. Fox & James Halversoned, *Antitrust Policy in Transition: The Convergence of Law and Economics* (Chicago: America Bar Association, 1984), pp. 308 –321.

任鲁尔（Charles Rule）宣称：反垄断法的语言中没有要保护小商业或原子式分散工业的要求，没有要求对特定的公民群体进行财富再分配，没有要求实现其他确定的政治和社会目标……在模糊的平民主义观念基础上倡导一种减损消费者福利的执行方案，从根本上是违背分权原则的。①

在克林顿政府时期，新产业组织理论在美国兴起。新产业组织理论对反垄断法的目标有了潜移默化的影响，即后者由过去的保护消费者利益逐步转移到提高市场效率，在效率优先的前提下兼顾保护消费者利益。一批支持新产业组织理论的经济学家和法律界人士在司法部反托拉斯局和联邦贸易委员会担任了关键职务，如任助理司法部长的克雷恩、任联邦贸易委员会主席的皮托夫斯基以及在司法部反托拉斯局任首席经济学家的夏皮罗等。他们的许多政策主张得以付诸实践，如在 1992 年的柯达案中，最高法院首次大篇幅地引用了新产业组织理论进行定性分析。

进入 21 世纪以来，美国政府在反托拉斯执法与司法方面仍然以经济效率和消费者福利作为核心目标。前财政部长萨默斯（Lawrence H. Summers）在媒体上曾指出：竞争只是手段而不是目的，最终的目标是效率。② 副助理总检察长梅杰拉斯（Platt Majoras）在 2002 年的一个演讲中指出：我们注重竞争的价值，并不是因为其本身就是目的，而是因为它促进了（生产效率和配置效率）两种类型的经济效率。③ 美国律师协会在《反垄断政策目标报告》中指出：应该将效率标准与社会目标分开使用，社会标准一般不应当作为

---

① Charles F. Rule, Antitrust, Consumers and Small Business, Speech before the 21st New England Antitrust Conference, 1987.

② Lawrence H. Summers, Competition Policy in the New Economy, 69 *Antitrust Law Journal* 353 (2001), pp. 353 – 358.

③ Platt Majoras, Antitrust Going global in the 21st Century, https: //www. justice. gov/atr/file/519716/download, May 16, 2016.

"操作标准"被用以裁判和评估具体反垄断案件，因为在讨论反垄断政策目标时，不能忽视终极目标与操作性的执法标准之间的差异。① 针对美国当前的这种现象，法官波斯纳感慨道："所有专门从事反垄断法工作的人，无论是立法者、检察官、法官、学者或评论家不仅都同意反垄断法的唯一目标应该是促进经济福利，而且还同意那些用来决定特定的商业行为是否和这一目标一致的经济学基本原则"。②

将反垄断法的目标定位在提升经济效率并借以实现消费者福利并不是只有美国采取这种做法，目前，越来越多的国家和地区作出了这样的选择。例如，欧盟在 1997 年弗洛伦茨举行的有关反垄断法目标的专门研讨会最终报告中决定：竞争政策的直接目标应限于经济效率和消费者利益。③ 这种现象的出现并不是偶然的，而是历史的必然；它是由反垄断法的目标性质和反垄断法的功能优化需求所客观决定的。

四、反垄断法的目标性质分析

在反垄断法通过市场竞争来追求的内容相对比较明确的目标中，经济效率、消费者利益和经济民主在性质上是有所差异的。

首先，这些目标在性质上存在政治性和经济性之分。尽管经济民主关注的核心是经济自由和经济平等，它的政治属性已经大大淡化；但是从其产生的根源和存在的目的来讲，它仍然以政治属性为

① ABA, Report on Antitrust Policy Objective, http://www.americanbar.org/content/dam/aba/administrative/antitrust_law/report_policyobjectives.authcheckdam.pdf, Feb. 12, 2003.

② Richard A. Posner, *Antitrust Law*, Chicago: The University of Chicago Press, 2001, preface.

③ Claus-Dieter Ehlermann & Laraine L. Laudati, *European Competition Law Annual 1997: Objectives of Competition Policy*, Oxford: Hart Publishing, 1998, p. 38.

主导。“民主”一词起源于政治领域，其产生之初意味着“最高权力应该掌握在人民的多数或者多数人手中”①。“如在经济领域内民主受到排斥，在其他领域内民主会更易于受到限制或排斥。”② 也正是因为如此，Sullivan 和 Fox 曾尖锐地指出，美国反托拉斯法的两大中心之一就是政治的，即对大企业和少数竞争者的不信任，重视市场力量的分散和对弱者的保护。经济效率，无论是指静态的资源配置效率、还是卡尔多——希克斯效率（Kaldor & Hicks）或者动态效率，它在性质上基本属于经济性内容。经济效率主要考究的是自然资源的使用情况，一般不将政治资源的内容纳入衡量范畴。无论是从经济学研究相关术语或者数据模型，还是经济效率在实践中的操作，它本身通常与政治问题没有多大联系。虽然在有关消费者利益保护问题上，美国早期的反托拉斯法在某种程度上有着平息大众对社会不满情绪的政治意图，但是从消费者利益的内容以及保护方式来看，它基本上还是个经济问题，而不是政治问题。从现代有关消费者权益保护法的内容来看，消费者的利益主要有以下几个方面内容，即安全权、知情权、自由选择交易权、公平交易权、求偿权、结社权等。这些内容除了结社权外，其余的基本跟政治问题难以直接挂上钩。而反垄断法本身并不对消费者的结社权利产生多大的直接影响，而是更多在产品选择、公平交易和获得赔偿方面产生效果。

其次，在经济性的目标中存在生产性和分配性之分。经济效率的核心内容是投入与产出的比较，它可以借助经济学的投入产出表和投入产出模型来直观表示。经济效率的最为完美的状态就是以最小的投入获得最大的产出。在社会实践中，由于生产技术、管理体制、员工能力等因素的差异，即使相同的资源在不同的主体应用后

① 刘军宁等：《直接民主和间接民主》，三联书店出版社 1998 年版，第 141 页。

② 应克复：《西方民主史》，中国社会科学出版社 1997 年版，第 593 页。

的产出也是不尽相同的。为了使得有限的资源在被使用后能够获得最大的利益，各国政府都想方设法优化社会资源配置，尽量将社会资源分配到生产效率最好的部门和企业。虽然在这个过程中客观存在对社会财富的分配问题，但是由于这个过程不是以财富最终分配为目的，而且资源的优化配置本身并不必然导致产权的转移。因此，经济效率的基本属性是促进生产以实现“经济蛋糕”总量的增加。保护消费者利益，顾名思义，即强调消费者从社会总福利中的获得。因此，它的分配属性非常明显。消费者和经营者是市场上两大利益博弈的集团，两者之间的利益分配呈现出此消彼长的状态。只要消费者由于垄断价格额外支付给生产者 1 美元，消费者状况就会变坏 1 美元，而生产者状况会以等量变好。垄断利润本身并不代表经济蛋糕的规模缩小；它仅仅代表生产者的那一块大了，而消费者的那一块小了。[①]由于经营者在综合实力上通常优于消费者，所以经营者在和消费者参与社会总福利分配的博弈过程中通常能够获得更多，消费者获得则相应地减少。为了保证消费者能够公平地从社会总福利中获得相应的好处，很多国家的反垄断法十分强调消费者的利益保护。

五、反垄断法的功能优化

虽然反垄断法通过市场竞争机制可以提升经济效率、可以增加消费者福利、可以促进经济民主的发展，但是由于这些目标在性质上或者存在的目的上有所差异，所带来的客观效果也不同，因此，反垄断法在追求这些目标的过程中存在一个功能优化问题，即反垄断法应该追求其最为擅长的内容。由于经济效率、消费者福利与经济民主在性质上主要存在经济性和政治性、生产性与分配性

① ［美］曼昆：《经济学原理》，梁小民译，机械工业出版社 2003 年版，第 272 页。

之分，因此，有关反垄断法的功能优化问题主要是探究其更擅长于经济功能还是政治功能，在经济功能方面更擅长于生产功能还是分配功能。

要对“反垄断法更擅长经济功能还是政治功能”这个问题进行分析，首先必须要考究反垄断法功能发挥的领域和功能的载体。第一，反垄断法功能发挥的领域主要是市场经济范围。没有市场经济，反垄断法也就没有存在的必要和立足之地。作为一种资源的配置方式，市场经济的核心是围绕自然资源来进行，而不是政治权力。在市场竞争中胜出的主体可以获得更多的资源，但是这种资源原则上只局限于生产原料、市场份额和利润等，而不包括政治职位、政治权力或者与政治有关的其他内容。所以，即使市场经济可以通过一些途径影响到政治权力的分配，但是它对政治权力配置的影响是非常有限的，是否实行市场经济对相关国家的政治制度并不会产生决定性的影响。正因如此，即使政治制度不同的国家和地区，它们都可以或者愿意推行市场经济。第二，反垄断法的功能载体主要是反垄断执法部门。为了保证反垄断法律制度的有效实施，世界上绝大多数国家设立了专门的执法机构，如美国的司法部和联邦贸易委员会、日本的公平交易委员会、德国的卡特尔局等。虽然从国家政治机器运行角度来讲，这些专门执法机构是政治工具之一，但是它们被赋予的职能却基本上非政治性的，一般只局限在维护经济运行秩序的必要范围内。尽管这些非政治权力对社会发展影响还是比较大的，但是反垄断执法机构在其法定权限范围内还是很难对一个国家或者地区的政治局面产生决定性的影响。从反垄断法功能发挥的领域与载体可以看出：政治功能并不是现代反垄断法的功能主导设计内容，它本身客观上也难以对相关国家或者地区的政治问题产生决定性的影响；相对附带的政治功能而言，反垄断法更善于其经济功能。从优化反垄断法的功能角度来讲，经济功能应当优先于政治功能。

制度功能的实现必须借助于一定的载体和手段。反垄断法功能的实现载体主要是反垄断执法机构，从大多数国家的实践来看，它的主要职能是维护市场竞争。单纯从这个方面来讲，我们还无法对“反垄断法更擅长生产功能还是分配功能”这一问题做出科学回答。因此，我们必须进一步分析反垄断法功能的实现手段，即市场竞争。众所周知，市场是一种资源的配置方式，即通过竞争将资源在全社会范围内进行优化配置。如果单纯从这点来讲，反垄断法的功能似乎主要是一种分配功能。但是当进一步考究这种资源配置的根本目的时，我们会发现：虽然进行资源的优化配置带有一定程度的财富分配色彩，但是它的主要目的不是进行社会财富的最终大分配，而是主要为了使有限的资源能够得到最大化利用，从而生产出更多可以用于社会分配的利益。在市场经济中，资源的占用、使用与所有并不是等同的，非所有权人可以合法地占有、使用所有权人的资源。市场在进行资源配置时，可以将所有权人的资源配置给生产效率更高的非所有权人使用。① 政府通过市场临时性转移资源的目的是实现社会资源的最大化利用，促进社会整体财富总量的增长。因此，反垄断法的功能更多的是生产性功能。反垄断法的分配功能是极其有限的，它本身也不善于对社会财富的分配。反垄断法的功能主要是依赖于市场竞争实现的，而市场竞争自身往往会导致社会财富分配的失衡。在优胜劣汰的市场规律作用下，社会财富会加速向优势群体集中，而弱势群体的财富随着经济发展不断实质性地减损。正是因为市场无法有效实现社会财富分配，政府才通过税收、财政转移等手段进行社会财富的二次分配。既然反垄断法不善于对社会财富进行分配，那么分配功能不应当成为反垄断法的主要功能。而通过

① 例如通过银行存款和贷款或者通过资本市场融资渠道，市场可以将广大公民的个人闲置资金配置给那些经营能力好的生产型企业。但是这种资源配置本身并不等于财富的分配，因为相关财富的所有权并没有发生转移。

前面分析可以看出，反垄断法比较擅长是的以竞争促进生产，即善于生产功能。从优化功能和追求实际功效角度来讲，反垄断法的经济性功能应当主要定位在生产性功能上面。

反垄断法的功能优化问题很好地解释了当前发生在美国、欧盟和其他发达国家有关反垄断执法目标选择的最新发展动态现象，这种做法是一种理性的回归和科学的选择。深刻认识到这一点，对于我国的反垄断执法具有非常重要的启发与指导意义。

六、我国的立法选择和执法及其司法启示

在我国反垄断法立法过程中，有关立法目标选择问题也发生过不小的争论。例如在2006年6月第十届全国人大常委会第二十二次会议第一次审议中，广东、北京和上海建议删除“提高经济运行效率”；广东、广西和安徽建议删除“维护经营者合法权益”；广西和中国政法大学建议删除“维护消费者合法权益”；北京和全国律协建议增加“保护国家利益”。在2007年6月第十届全国人大常委会第二十八次会议第二次审议中，南振中委员则建议增加“保护经营者合法权益”，全国人大代表陈舒委员建议删除“提高经济运行效率”。2007年8月30日通过的《反垄断法》第1条规定：“为了预防和制止垄断行为，保护市场公平竞争，提高经济运行效率，维护消费者利益和社会公共利益，促进社会主义市场经济健康发展，制定本法。”因此，我国最终选择了保护市场公平竞争、提高经济运行效率、维护消费者利益和社会公共利益作为反垄断立法的目标。

在我国反垄断法的四个目标中，保护市场公平竞争属于功能性目标，它既是反垄断法的目标之一，更是反垄断法内在的基本功能；提高经济运行效率、维护消费者利益与社会公共利益属于结果目标，它们是反垄断法通过对市场竞争机制的维护期望取得的结果。“反垄断法保护市场竞争机制，即维护一种竞争环境，在这一环境中，在价格引导下，通过千百万单个经营者和消费者的分散决策和交互作

用，使得资源得到最优化的配置，以提高整体经济效率，造福于全社会成员。”① 由于我国反垄断法将通过竞争机制实现的更高层次目标定位在提高经济运行效率、维护消费者利益和社会公共利益上面，因此，我国的反垄断执法和相关的司法在优化反垄断法的功能问题上面主要是考虑生产功能和分配功能。

虽然我国反垄断立法本身并没有对反垄断法的生产功能与分配功能的优化问题直接作出规定，但是从相关的规定内容来看，我国反垄断法本身倾向于生产功能优先。这可以从《反垄断法》的第15条中得到有力地佐证：“经营者能够证明所达成的协议属于下列情形之一的，不适用本法第十三条、第十四条的规定：（一）为改进技术、研究开发新产品的；（二）为提高产品质量、降低成本、增进效率，统一产品规格、标准或者实行专业化分工的；（三）为提高中小经营者经营效率，增强中小经营者竞争力的；（四）为实现节约能源、保护环境、救灾救助等社会公共利益的；（五）因经济不景气，为缓解销售量严重下降或者生产明显过剩的；（六）为保障对外贸易和对外经济合作中的正当利益的；（七）法律和国务院规定的其他情形。属于前款第一项至第五项情形，不适用本法第十三条、第十四条规定的，经营者还应当证明所达成的协议不会严重限制相关市场的竞争，并且能够使消费者分享由此产生的利益。”由于垄断协议通常能够给经营者带来更多的利益，并且“豁免是反垄断法规定的对适用合理原则的联合限制行为免予制裁的实施程序，也是利益均衡的结果，即从经济效果和对限制竞争的影响进行利益对比，在利大于弊时，对该垄断协议适用反垄断法豁免”②，因此，垄断协议的豁免制度在我国反垄断法中的存在充分表明我国反垄断法优先考虑生

---

① 全国人大常委会法制工作委员会经济法室编：《中华人民共和国反垄断法条文说明、立法理由及相关规定》，北京大学出版社2007年版，第2页。

② 种明钊主编：《竞争法》，法律出版社2008年版，第267页。

产功能，即反垄断法应当优先考虑如何将“经济蛋糕”做大，在此基础上再合理考虑经营者与消费者对相应增加的社会福利的分配问题。

目前，在我国不少人士希望通过反垄断法律制度来打击垄断企业，逐步缩小社会贫富分化。这给我国的反垄断执法和相关司法造成了不小影响，相关部门有可能因诸多的社会压力而将其作为执法导向。但是无论是从反垄断法的立法本意还是优化反垄断法功能角度来讲，反垄断法都不应当成为一种以社会财富分配为主导属性的工具。如果强行扭曲反垄断法的功能，则“经济宪法”双刃剑的另一面则会毫不留情地“锋芒毕露”。美国20世纪初期和60年代至80年代的社会实践已经充分证明了这一点。① 因此，我国的反垄断执法和相关司法必须科学地尊重反垄断法的功能优化原则，即以通过市场竞争机制来实现经济效率为主导，进而实现消费者福利的最大化。②

第二节　反垄断法与产业政策的同向性互动发展

反垄断法与产业政策的关系是一个“老生常谈”的话题，传统观点一般认为两者在经营者集中领域存在不少冲突。这些观点曾经对我国反垄断立法形成了不小的社会阻力，也对我国反垄断法的实施产生了一定程度的消极影响。深入考究传统观点和诸多国家的社

① 自西奥多·罗斯福开始上台以后，民粹主义一度在美国泛滥，并催生了很多带有分配性质的法案和执法政策，如《布拉克法案》、《罗宾逊－帕特曼反价格歧视法案》等，这使得美国不少企业陷入几十年的发展低谷，很多企业在国际竞争中被日本企业击败。所以在里根上台以后，美国反托拉斯政策有了根本性的转变，以生产为主导的效率被极度推崇，美国连续掀起了两次合并高潮。

② 这里是指在不涉及到国家安全情况下，如果涉及到国家安全问题，则必须以社会公共利益综合内容来加以考虑。

会实践，我们认为：从本体论角度来讲，反垄断法与产业政策在经营者集中领域不存在任何的冲突，相反，它们是同向性互动发展的关系。

一、反垄断法与产业政策的本体同向性分析

反垄断法与产业政策在经营者集中领域本身并不具有异向性，它们在最低程度上具有同向性关系。[①]

（一）反垄断法与产业政策关系的传统代表观点

传统观点在此方面有两种研究角度，第一种是从竞争政策与产业政策关系角度来间接论述的，第二种是直接从反垄断法与产业政策关系角度来阐述的。前者的代表观点如下："从发达的欧美市场经济国家到发展中国家和转型国家都认识到竞争政策对市场经济运行的重要性，但同时还都不同程度地偶尔或长期推行各种有形或无形的产业政策。在政府看来，不管是产业政策还是竞争政策，都是国家为了促进整个经济发展之政策。但由于各自出自不同的部门，具体价值不同，竞争政策与产业政策常常发生冲突。对此，各方均有自己的理由。产业政策支持者常常着重眼前利益、社会稳定或某一行业的利益。推行产业政策往往会忽略产业政策对市场机制的长期破坏和对消费者的利益的损害。竞争法理论与实务界一般认为，产业政策会扭曲市场机制。企业的竞争力及产业结构的变化只能靠市场力量的推动，而不应受制于政府的干预，政府只应通过竞争政策维护市场机制作用的发挥，市场主体比政府更有主动性去根据市场竞争来决定自身发展——因为政府并不会为企业决策失误买单并影

① 经营者集中是我国反垄断立法所采用的术语，它与以往通用的"企业合并"的基本要义相同。

响到自身的生存。”① 后者的代表观点如下：“反垄断法是从维护竞争性的市场结构出发，禁止企业从事联合限制竞争行为，控制企业的合并行为，不允许具有市场支配地位或优势地位的企业滥用市场优势，但反垄断法对竞争机制的维护可能会影响某些产业竞争力的加强；与此同时，作为国家对具体产业实施的政策的产业政策，其目的主要是加强产业的竞争力，但产业政策在增强产业竞争力的同时却没有办法避免市场现存结构的改变对市场竞争的影响甚至限制。从这个角度来讲，反垄断法与产业政策冲突实际上是很难避免的。首先，反垄断法与产业政策要实现的具体目标并不相同。其次，反垄断法与产业政策实现目标的路径也不相同”。②

（二）反垄断法与产业政策的本体同向性理论分析

从本体论角度来讲，反垄断法与产业政策在经营者集中领域的关系并不如传统观点所述那样——存在难以调和的矛盾和冲突，它们本身拥有相同的目标取向，这一点完全可以在理论层面上得到论证。

1989 年 3 月 15 日，我国国务院发布了《关于当前产业政策要点的决定》（以下简称《决定》），这是我国第一个正式的产业政策。《决定》指出：“这些问题，既影响我国资源的合理利用和配置，又妨碍经济的稳定发展和宏观效益的提高。必须从当前的实际情况出发，合理制定产业政策，在压缩和控制社会总需求的同时，下功夫调整和改造产业结构，以防止出现经济滞胀现象，在优化结构的基础上提高国民经济的素质和效益。”可见，我国制定产业政策的主要目标在于促进资源的优化配置、提高经济运行效率和实现社会稳健

① 王长秋：《竞争政策与产业政策的冲突与协调》，载《南都学坛（人文社会科学学报）》2006 年第 3 期。

② 孟雁北：《论产业政策与反垄断法的冲突与协调》，载《社会科学研究》2005 年第 2 期。

发展。

作为现代“经济宪法”，虽然反垄断法的重要任务是维护市场竞争；但是这并不是反垄断法的根本目的，它的根本目的在于“经济运行效率的提升”①、“消费者福利的增加”② 和“社会公共利益的扩容”③。我国《反垄断法》第1条对此也作了明确的规定：为了预防和制止垄断行为，保护市场公平竞争，提高经济运行效率，维护消费者利益和社会公共利益，促进社会主义市场经济健康发展，制定本法。为了贯彻整个立法宗旨，该法第28条规定：经营者集中具有或者可能具有排除、限制竞争效果的，国务院反垄断执法机构应当作出禁止经营者集中的决定；但是经营者能够证明该集中对竞争产生的有利影响明显大于不利影响，或者符合社会公共利益的，国务院反垄断执法机构可以作出对经营者集中不予禁止的决定。④

通过对我国反垄断法与产业政策目标的比较，我们可以看出，两者在很多方面，包括经营者集中问题，具有相同的价值取向。因此，从本体论上来讲，反垄断法与产业政策具有同向性。

（三）反垄断法与产业政策的本体同向性事例实证

反垄断法与产业政策的本体同向性不仅可以在理论层面上得到论证，而且同样能够得到社会事例的实证。1984年9月，美国《经济问题杂志》曾经写道：“一个世纪以来，反托拉斯法已成为美国的

---

① 盛杰民、叶卫平：《反垄断法价值理论的重构》，载《现代法学》2005年第1期。

② 颜运秋：《反垄断法的终极目的及其司法保障》，载《时代法学》2005年第6期。

③ 李国海：《反垄断法公共利益理念研究——兼论我国〈反垄断法（草案）〉中的公共利益条款》，载《法商研究》2007年第4期。

④ 虽然我国有关经营者集中控制标准存在一些立法缺陷，如可能存在背离立法宗旨的情形和修正控制标准地位摆放不当，但是这并不影响反垄断法与产业政策在该领域的同向性关系。

一项具有连贯性的政策。它被用来改善产业的行为——这是我们唯一的产业政策。”①有关此论断的实例在美国是比较多的，电信和航空是两个最为典型的代表。

在美国电信产业发展早期，为了推动整个产业的发展，美国政府授权 AT&T 垄断经营，这为 AT&T 的迅速壮大和美国电信产业飞速发展奠定了基础。从 1894 年到 1984 年，尽管美国先后涌现出很多电话电报公司，包括具有较强实力的 MCI、GTE 和 Sprint，但是 AT&T 在美国电信界的统治地位仍然无可撼动。到 1984 年分拆前夕，AT&T 几乎垄断了美国的州内、州际和国际电话业务。里根政府上台后，鉴于电信产业发展的扩张性需求，在 1984 年肢解了 AT&T。但是自克林顿政府时起，迫于电信行业竞争日益国际化的压力，美国反托拉斯部门放松了电信行业的兼并。在此背景下，美国电信行业掀起了一股新的兼并浪潮。2004 年 2 月，美国第二大移动通信运营商 Cingular 收购了美国第三大移动运营商 AT&T 无线，一跃成为美国第一大移动通信运营商。2005 年 1 月底，西南贝尔收购 AT&T，一跃成为美国第一大电话公司。同年 2 月中旬，Verizon 成功收购 MCI。

在航空业方面，为了促进美国早期航空业的发展，司法部和联邦贸易委员会几乎没有对波音公司从 1917 年至 1934 年期间的并购活动加以过问。截至 20 世纪 30 年代初，波音公司通过多种方法先后兼并了产业链上很多相关企业，成为一个以飞机制造为核心，囊括上下游行业的，集航空材料制造、航空发动机制造、飞机制造、航空邮运、航空客运等多种业务于一体的、托拉斯性质的航空界巨人。罗斯福上台后，出于民航产业调整的需要，在 1934 年签署了《空邮法案》。根据该法案，飞机及飞机发动机的制造商不能与航空

---

① Robert Solo, Industrial Policy, 18 *Journal of Economic Issues* 697 (1984), p. 698.

公司有任何联系。这条规定矛头直指波音公司，波音帝国遭到无情的肢解。到20世纪70年代，伴随着美国产业放松管制浪潮的兴起，航空业合并也如火如荼地进行，波音与麦道的合并则将这种航空兼并浪潮推向了世纪顶端。

二、反垄断法与产业政策在运行上的异向性分析

既然反垄断法与产业政策在本体上并不存在冲突，那么传统观点所指出的“冲突”又源于何处？从一般逻辑上来，冲突非源于本体，则通常源自于运行环节。从实践来看，传统观点所谓的“反垄断法与产业政策之间的冲突”确实来自于二者具体实施的领域。

（一）反垄断法与产业政策在运行环节上异向性的事例

反垄断法与产业政策在运行环节上出现非同向性问题在很多国家和地区的社会实践中时常发生，类似情形甚至在反垄断政策与产业政策高度合一的美国都大量出现。虽然美国没有严格意义上的产业政策，但是它的行业管制法在某种程度上扮演着部分产业政策的角色，特别是在有关企业合并方面。美国反托拉斯执法部门和行业监管部门在企业合并执法中有时会发生分歧，1999年SBC Communications Inc.（SBC）& Ameritech Corporation（Ameritech）合并案则是这个方面的典型。

在1996年以前，美国联邦通讯委员会（Federal Communications Commission，FCC）依据1934年《电信法》或本部门监管标准对电信行业中企业合并案件享有专门的管辖权；1996年新《电信法》颁布以后，FCC不再享有此专属管辖权，司法部和联邦贸易委员会也有权审查电信市场上企业合并案件。由于存在双重管辖，并且它们对相关目标认识上有所差异，这两个部门执法机构就SBC与Ameritech合并问题发生了重大的分歧。

FCC认为，单纯从并购本身看，它不会对无线电话市场产生危

害，但是可能对消费者的通讯服务产生以下三个方面的不利影响。第一，合并将导致消费者无法享受到两者竞争所产生的好处；第二，合并将降低管制者和竞争者执行 1996 年《电信法》确立的“放松管制、促进地方电信竞争”框架的能力；第三，合并增加了 SBC 设置市场进入壁垒的动机与能力。因此，为了实现公共利益及五个核心目标，FCC 对合并案件附加了 30 个条件。这五个核心目标是：第一，促进充足高效优质服务的发展；第二，确保地方市场的开放性；第三，培育贝尔公司以外的区域竞争；第四，改善地方通讯服务；第五，确保遵守和执行这些条件。FCC 认为，在这些条件的约束下，SBC 与 Ameritech 的合并是符合电信法上有关企业合并的公共利益审查标准的。①

而司法部则依据《克莱顿法》第 7 条标准认为，该合并应该禁止。司法部在提起的反托拉斯诉讼中声称，该合并将严重削弱 Illinois、Indiana 和 Missouri 地区十七个无线电话服务市场上的竞争。SBC 与 Ameritech 都向他们交叉重叠的市场提供移动电话服务，如果以用户数量来计算，他们各自的市场份额大概在 30% ~50%，两者加起来的市场份额达到 80% ~90%。依据 HHI 来计算，该市场上原先的集中度已经在 3200 ~4100，远超过 1800 的基本标准，合并后的市场集中指数则达到 6400 ~8100，市场力量集中度非常高。另外，SBC 和 Ameritech 合并后，两者之间原先存在的竞争就消失了，由此 SBC & Ameritech 可能通过合并后的公司来提高价格、减少服务提供的数量或者质量、限制在网络改善上的投资，也可能通过对现存竞争者之间的协调来限制市场。因此，SBC & Ameritech 合并案件最有可能造成的后果就是两者交叉市场上价格的上涨与服务的质量、数

① FCC Approves SBC - AMERITECH Merger Subject To Competition - Enhancing Conditions, https://transition.fcc.gov/Bureaus/Common_ Carrier/News_ Releases/1999/nrcc9077.html, Aug. 29, 2016.

量以及网络投资方面的降低，既损害了市场竞争，也不会由此导致公共利益的增加。① 因此，司法部要求依据实质性减少竞争标准对该并购予以禁止。

（二）反垄断法与产业政策在运行环节上异向性的原因

从社会实践来看，导致反垄断法与产业政策在运行环节上出现异向性的因素是多元化的，其中主体认识上的差异、参考目标选择的不同和反垄断法的不确定性是主要原因。

首先，主体认识的差异性。认识差异是客观存在的规律，不同的主体对相同的事件可能产生不同的观点。虽然反垄断法与产业政策在本体上具有相同的价值取向，但是二者在具体实施中并不总是由统一的主体来实施的。反垄断执法与产业政策执行的分化客观上为二者在运行环节上发生不同程度的冲突埋下了伏笔。

其次，参考目标选择的不同。无论是产业政策还是反垄断法，它们的目标通常都是多元化的。尽管这些多元化的目标在宏观上趋于一致，但是它们在微观上有时会发生冲突。例如，经济效率和消费者利益在一定情形下就可能发生冲突。② 当反垄断执法部门和产业政策实施机关在具体案件上选择了不同的参考目标作为衡量标准时，冲突就可能发生。

第三，反垄断法的不确定性。反垄断法与其他法律有所不同，它的不确定性比较突出，特别是有关经营者集中的规定。③ 各国在对

---

① United States v. SBC Communications Inc. and Ameritech Corporationhttps：//www. justice. gov/atr/case/us – v – sbc – communications – inc – and – ameritech – corp，Oct. 26，2016.

② 参见丁茂中：《论经济效率与消费者福利的冲突——以电信行业普遍服务为视角》，载《政法论丛》2007 年第 6 期。

③ 参见沈敏荣：《法律的不确定性——反垄断法规则分析》，法律出版社 2001 年版，第 73 ~ 89 页。

经营者集中进行控制时需要考虑的因素通常是比较复杂的，如相关市场集中度、市场进入壁垒、国民经济发展状况、技术进步程度和消费者预期利益等，而且这些复杂因素在不同时期和不同行业所产生的影响权重系数是不同的。涉及因素的多元化与相关因素影响的不确定性使得各国很难在立法上明确具体规定“哪些经营者集中是反垄断法所禁止的，哪些经营者集中是反垄断法所准许的”。这为反垄断执法留下了巨大的自由裁量空间，同时也造成了反垄断执法与产业政策部门对相关事件的认识与目标选择的差异。

深刻认识到传统观点所谓的“反垄断法与产业政策之间的冲突”来源于二者的运行环节和造成二者在运行环节出现冲突的原因，对于解决传统观点所谓的“反垄断法与产业政策之间冲突”的路径选择问题具有非常重要的指导意义。

三、反垄断法与产业政策在运行上的协调路径

由于传统观点所谓的“反垄断法与产业政策的冲突”来源于运行环节，因此，有关协调二者冲突主要应当从执法角度着手。由于主体认识上的差异和反垄断法的不确定性在技术上难以消除，并且大多数国家目前基本上是实行反垄断执法与产业政策施行分化的模式，因此，协调执法主要是合理配置两者的执法权限。从目前不少国家的实践经验来看，施行有关经营者集中的产业政策通常是由相关产业管制部门来负责的。所以，反垄断执法与实施产业政策在经营者集中领域的协调在很大程度上是如何处理好反垄断执法部门和产业监管机关在相关领域的执法权限。① 从主要国家自然垄

① 由于产业政策本身在很多国家和地区并不具有完全的强制性，所以从严格意义上来讲，反垄断执法与实施产业政策之间不存在冲突。但是由于不少产业监管机关根据国家产业政策来推动相关产业的重组或者兼并，因此，产业政策与反垄断法在运行领域的冲突更多的是产业监管机关与反垄断执法部门在相关领域的执法冲突。

断行业中有关经营者集中的执法权限配置来看，目前主要有以下三种模式。

（一）产业监管机关专属管辖

产业监管机关专属管辖是指产业监管机关对相应自然垄断行业中的经营者集中案件进行全权处理，其他执法机关无权干涉。这种模式存在于以下几种情形下的国家和地区：一是尚未颁布反垄断法的国家和地区，主要是绝大多数发展中国家。二是反垄断法对自然垄断行业采取适用除外的特定时期的国家和地区，如 20 世纪 50 年代至 70 年代的日本。在“新产业体制论”背景下，这个时期日本自然垄断行业中的企业合并由通产省负责。① 目前，日本废除了有关自然垄断行业适用除外制度的条款，作为反垄断执法机构的公平交易委员会有权对自然垄断行业中的企业合并案件进行管辖。三是反垄断法没有对自然垄断行业采取适用除外的特定时期的国家和地区，例如前文提到的 20 世纪 90 年代以前的美国。在 1996 年以前，FCC 对于电信行业的企业合并案件享有专属管辖权。但是“在 1996 年新电信法颁布以后，审查电信市场的企业并购不再是联邦通信委员会的专属管辖权”②，司法部反托拉斯局和联邦贸易委员会也有权审查电信市场上的企业并购。

（二）产业监管机关与反垄断执法机构共同管辖

产业监管机关与反垄断执法机构共同管辖是指产业监管机关和反垄断执法机构都有权依据相应的法律规定对自然垄断行业中企业合并案件进行审查并决定是否批准。目前，加拿大、美国等发达国

---

① 参见杨荣：《日本企业合并政策与产业政策协调关系的变迁》，载《世界经济与政治论坛》2005 年第 5 期。

② 王晓晔：《反垄断执法机构与行业监管机构的关系》，载《中国经济时报》2006 年 8 月 14 日第 5 版。

家基本上采取这种做法。

加拿大电信行业的企业合并是由广播电视和电信委员会（Canadian Radio－television and Telecommunications Commission，CRTC）以及竞争局（Canadian Competition Bureau，CCB）共同管辖的。“CRTC对某些特定的合并有管辖权，竞争局有权根据《竞争法》检查任何一个合并对竞争产生的效果。在一定程度上，当一个合并造成外资所有权结果，或涉及受制于特别法（如《加拿大贝尔法》）的电信服务提供者时，两个机构在一些案例上有平行管辖权。在这种情况下，两机构的观点是一个合并交易必须遵守两个机构的执法”。①

美国电力行业的企业合并是由反垄断执法机构与联邦能源管理委员会（Federal Energy Regulatory Commission，FERC）共同管辖的。FERC可以依据《联邦能源法》第203条审查合并行为，司法部与联邦贸易委员会可以依据《克莱顿法》第7条审查合并案件。对于FERC所批准的合并，反垄断机构可以通过起诉加以阻止，FERC也可以拒绝批准司法部与FTC并不反对的合并。

（三）反垄断执法机构统一管辖

反垄断执法机构统一管辖是指反垄断执法机构依据法律规定对所有的企业合并包括自然垄断行业中的企业合并案件享有统一的管辖权，其他执法机关无权对此类案件加以处理。目前，新西兰、德国等发达国家基本上采取这种做法。

新西兰根据1996年《商业法》撤销了各专业管制机构，产业监控的模式由管制转而依靠竞争法。作为新西兰竞争执法机构，“商业委员有权认定某一商业行为是否违反了商业法、减弱了竞争或有减

---

① 龚微、洪永红：《一般竞争管制与行业竞争管制在电信管制中的冲突与协调——加拿大电信管制的经验及对我国的启示》，载《法学论坛》2005年第1期。

弱竞争的可能性”[1]。商业委员会除了执行竞争法，还执行新西兰1998年颁布的《电力改革法》、2001年颁布的《电信法》和2001年颁布的《奶制品业重组法》等。

德国虽然很多情况下在自然垄断行业采取行业监管机关与反垄断执法机构共同管辖的做法，如针对电信企业滥用市场支配地位实施的不公平价格行为，电信邮政管理局（Regulierungsbehörde für Telekommunikation und Post，RegTP）与卡特尔当局都有权处理。但是联邦卡特尔局在处理电信和邮政市场上的企业并购以及卡特尔案件方面却享有专属管辖权。[2]

自然垄断行业是产业政策与反垄断法的一个重要执法交叉点，该领域经营者集中的执法权限配置模式在很大程度上反映了产业政策执行部门与反垄断执法机构在相关领域中执法权限的分布格局。

从上述归纳的情况来看，经营者集中的竞争法化规制已经成为当前社会发展的主流趋势。

四、中国反垄断法与产业政策在运行上的协调

我国反垄断法与产业政策在运行上的协调主要是反垄断执法机构与实施产业政策的部门在执法权力上的协调，特别是反垄断执法机构与具体产业管制部门在经营者集中领域权限的协调。从我国当前社会发展需求和其他国家经验来看，我国目前比较适应采取“反垄断执法机构与产业管制部门共同管辖、各有侧重”的模式。

（一）反垄断执法的介入

自新中国成立到2008年7月，我国经营者集中的控制基本上是

---

① 黄海波、何琳：《“轻手管制”——新西兰电信业管制改革》，载《技术经济》2001年第11期。

② Global Competition Review, The 2003 Handbook of Competition Enforcement Agencies, p. 57.

由商务部门或者相关产业部门负责的。但是伴随着《反垄断法》的生效，反垄断执法机构介入经营者集中案件已经成为现实。我国《反垄断法》规定："经营者集中达到国务院规定的申报标准的，经营者应当事先向反垄断执法机构申报，未申报的不得实施集中（第21条）；经营者集中具有或者可能具有排除、限制竞争效果的，反垄断执法机构应当作出禁止经营者集中的决定；但是经营者能够证明该集中对竞争产生的有利影响明显大于不利影响或者符合社会公共利益的，反垄断执法机构可以作出对经营者集中不予禁止的决定（第28条）；对不予禁止的经营者集中，反垄断执法机构可以决定附加减少集中对竞争产生不利影响的限制性条件。（第29条）"从这些规定可以看出，反垄断执法机构有权依法对达到法定标准的任何领域的经营者集中进行审查，包括自然垄断行业。反垄断执法的介入是我国社会发展的必然，也是当前世界各国采取的主流做法。

（二）产业管制部门相关执法权的保留

在反垄断执法介入经营者集中领域后，传统产业管制部门的执法权是否保留的问题便摆在我们面前。目前，我国是否应当采取新西兰、德国等国家的做法以避免反垄断执法与产业管制部门之间执法权的冲突？从我国社会实践和新西兰的经验来看，我国目前还不能完全排除产业管制部门的执法权。

首先，这涉及到体制改革问题，难度大。产业管制部门与反垄断执法机构在经营者集中领域的权限配置不仅仅是法律问题，还在很大程度上涉及体制改革问题。我国几十年的体制改革经验表明，涉及权力资源重新分配的体制改革难度往往是非常大的，通常需要较长的时间才能基本完成。虽然我国目前正在准备进行"大部制改革"，但是政府很难在短期内将这些权力集中起来并交由反垄断执法机构统一行使。

其次，部分产业具有比较强的技术性，这需要具有相关专业知识的产业管制部门配合。在经营者集中控制问题上，有时涉及特定行业比较强的技术性因素。例如电力行业，发电、售电、输电和配电四个环节的组合有着很强的行业技术性，允许哪些环节上的企业进行重组与合并还需要考虑技术上的因素。[①] 对这些技术性内容，反垄断执法机构通常难以掌握，而相关产业管制部门则比较熟悉，所以需要充分利用二者各自的专业优势方可做出比较科学的决定。

再次，社会实践表明，新西兰的模式在当前条件下显得过于超时。虽然新西兰在很多领域，包括自然垄断行业，采取了比较彻底的竞争法调整模式，但是其社会效果并不十分理想。政府不得不采取另外一些类似产业政策的手段来对相关产业的发展做出适度调整，例如不同企业之间的技术性互相融合、不同企业之间的优化组合等。[②]

（三）反垄断执法机构与产业管制部门的分工协作

在反垄断执法介入和产业管制部门的执法权仍然保留的情况下，二者在经营者集中问题上还是可能发生冲突。那么，协调二者权限的出路在何方？对于这个问题，巴西为我们提供了解决之道。在有关经营者集中问题上，巴西的产业管制部门和反垄断执法机构共同进行管辖，但是二者在相关问题的认定上各有分工。产业管制部门主要从行业的技术性角度来对经营者集中是否具有合理性做出评价，反垄断执法部门则主要从市场竞争和其他立法目标角度对经营者集中做出评价，只有同时符合二者内容的经营者集中方可实施。

从理论上来看，巴西的做法坚持了市场与政府“双人舞”。虽然市场是一种高效的资源配置方式，但是它也存在失灵的情形。就经

---

① 参见张占江：《自然垄断行业的反垄断法适用——以电力行业为例》，载《法学研究》2006 年第 6 期。

② See Jean - Jacques Laffont, *Regulation and Development*, Cambridge: Cambridge University Press, 2005, p. 202.

营者集中而论，有的企业合并在技术层面上是不应当进行的，但是不同企业出于多种因素的考虑却可能试图进行合并。这些市场失灵情形就需要政府予以纠正，对应到技术性的行业如自然垄断行业，则需要产业管制部门加以弥补。但是政府也不是万能的，它也存在失灵，而且并没有足够证据能够证明政府在资源配置方面总是优于市场。因此，政府对经济运行的干预应当是有限的，更多的应当由市场来完成。例如在经营者集中方面，产业管制部门不应当盲目地推动企业重组壮大，企业的发展应当由市场竞争来培育。因此，反垄断执法机构要从维护市场独立性的角度来对经营者集中案件进行审查。因此，巴西很好地做到了"政府与市场互动的耦合"①。

巴西的做法非常值得我国借鉴，特别是对于解决自然垄断行业中企业合并的问题。我国反垄断执法机构与产业管制部门在对经营者集中案件共同管辖时，前者应当侧重从市场竞争角度审查，后者应当从行业技术角度审查，二者分工协作。这样既可以避免执法冲突，又保证了执法的科学性。

五、反垄断法与产业政策的互动发展

反垄断法与产业政策不仅仅具有本体同向性关系，而且具有良性的互动发展关系。这点不仅已被美国、日本②等国家和地区的实践经验所证实，而且将来在我国的表现也会更加明显。

（一）产业政策可以促进反垄断法的有效实施

虽然伴随着社会的发展，很多国家和地区逐步摒弃了传统的结构主义而转向现代的行为主义反垄断政策；但是鉴于市场过度集中

① 李昌麒、王怀勇：《政府干预市场的边界——以和谐产业发展的法治要求为例》，载《政治与法律》2006年第4期。

② 参见刘劲松、舒玲敏：《论产业政策与竞争政策的战略搭配——以日本为例》，载《当代财经》2006年第7期。

很容易抑制社会创新和技术进步等因素，很多国家和地区还是保留和采取了一些措施对市场结构进行适度控制。这不仅体现在有关经营者集中控制制度上，而且还表现在部分国家有关滥用市场支配地位的“肢解性”惩罚措施上。例如在美国，如果企业滥用市场优势地位，反托拉斯执法部门不仅可以对其罚款，而且还可以将其“肢解”。试图或者成功实施此类处罚的案例在美国有很多，例如1911年的标准石油公司案、1969年的国际商业机器案、1979年AT&T案、1994年的微软案等。美国反托拉斯法有关滥用市场支配地位的“肢解性”惩罚规定使其具有一定能力对相关市场力量分布格局进行重新调整，这表明美国反托拉斯法在一定程度上具有产业政策的功能。也正因此，美国才可以实现产业政策与反托拉斯法的高度合一。

但是纵观我国反垄断法相关规定，它对既存市场格局的改变是无能为力的。首先，有关经营者集中的规定仅仅是授权反垄断执法机构可以对试图进行集中的企业加以调整，并没有授权其对那些潜在或者现实地妨碍了社会创新的大企业进行拆分。其次，有关滥用市场支配地位的法律责任规定并没有将“肢解性”惩罚措施列入范围。《反垄断法》第47条规定：“经营者违反本法规定，滥用市场支配地位的，由反垄断执法机构责令停止违法行为，没收违法所得，并处上一年度销售额百分之一以上百分之十以下的罚款。”依据该规定，即使大企业滥用了市场支配地位，反垄断执法机构最多只能依法进行罚款，而不能对其加以拆分。从实际效果上来看，这是“治标不治本”的。此外，有些巨无霸企业尽管没有滥用市场支配地位，但是它的持续存在可能会影响到社会创新。在这种情况下，无论是从社会发展还是反垄断立法宗旨角度来看，这种市场状态都应当被打破而重新进行布局。在我国当前情况下，因为体制因素而出现的巨无霸企业还是不少的，这些企业在很大程度上影响了社会创新和技术发展，需要适度调整进而引入竞争、促进技术创新。但是我国《反垄断法》对这些问题却是无能为力的，而他们又在很大程度上实质性地影响了我国《反垄断法》的有效实施，特别是反垄断立法目标的实现。解决这些问题需要在更大程度上依赖产业政策来完成。从我国社会实践来看，以往的产业改革为反垄断法的实施奠定了良好的基础，特别是有关自然垄断行业的部分领域。例如，邮电分拆和电信部门分拆为电信行业适度展开竞争提供了硬性条件，也为反垄断法的有效实施提供了条件。

因此，我国反垄断法的有效实施需要产业政策的积极配合，产业政策能够在很大程度上促进反垄断执法的发展。

（二）反垄断法可以促进产业政策的有效运行

从社会实践来看，产业政策的有效运行通常受到多个因素的影响，如实现路径、承载对象素质、对象响应程度等，而反垄断法可以通过作用于这些因素为产业政策做出积极的贡献。

首先，反垄断法可以成为产业政策实现的路径。虽然反垄断法的基本任务是维护市场竞争，但这并不是其根本目的，其根本目的主要在于经济的有效运行或者维护消费者利益或者其他更高层次的目标，而这些目标与产业政策的诸多目标是相同的。如果通过合理限制市场竞争能够实现相关产业政策的既定目标，那么反垄断执法机构可以依法采取适当措施来对市场竞争进行合理限制，例如准许诸多大企业进行合并或者形成卡特尔。反垄断法可以作为产业政策的实现路径，这一点不仅在理论层面上得到了论证，而且在实践层面上也是能够得到实证的，例如前文所列举的美国的相关情况。

其次，反垄断法可以为产业政策提供优良的承载对象。产业政策的落实需要具体的承载对象，而承载对象素质的高低在很大程度上影响着产业政策运行的效果。反垄断法通过市场竞争机制可以培育出优秀的大企业，从而为产业政策的有效施行提供诸多优等候选承载对象。反思我国以往通过政府政策组建的“企业航母”经营失败的问题，其根源主要在于这些企业没有通过市场的有效竞争形成科学的经营管理机制。因此，为了达到我国产业政策的既定目标，政府应当选择经过市场“洗礼”的有竞争力的企业作为产业政策的重点承载对象。

再次，反垄断法可以使得企业对产业政策更具有更高的敏感性。虽然我国目前部分产业政策是由政府通过产业管制部门强制实施的，但是随着市场经济的发展和完善，产业政策更多地回归于引导性。在这种情况下，产业政策的施行效果在很大程度上取决于经营者的响应程度，而经营者对产业政策的响应程度则受经营者数量的影响。当相关范围内具有独立性的经营者相对比较多时，产业政策更容易得到响应，因为利益的博弈使得它们更容易被产业政策的“好处”所俘获；反之，产业政策得到响应的程度比较低，因为这些少数的主体容易以较低的成本来达成对抗产业政策的协议。反垄断法通过对市场进入壁垒的清理和对经营者集中的适度控制，可以保证市场上经营主体的相对多元化，从而为产业政策得到有效响应起到积极的保障作用。

综上所述，反垄断法与产业政策在本体上不仅不存在冲突，而且具有互动性发展的关系，传统观点所谓的“冲突”实质上属于不同执法机关认识上的差异。深刻认识到这点对于我国未来的反垄断执法与产业政策实施具有非常重要的社会价值：首先，政府相关部门必须转变传统观点，真正领会反垄断法与产业政策的要旨，认识到二者的互动性发展关系，从思想根源上消除两者对立的错误认识。其次，政府应当积极建立执法冲突协调机制，及时解决反垄断执法和产业政策实施过程中出现的问题，保证二者和谐有效地运行。反垄断法与产业政策的互动性发展必将促进我国市场经济的进一步发展，增强我国企业在国际市场的竞争力。

第三节　反垄断法促进企业规模化经营实现路径

规模化经营是企业提高市场竞争能力和增强抵御市场风险能力的一个非常有效的常规法宝。① 在当今全球市场开放程度不断加大和市场竞争日趋白热化的情况下，促进本国企业规模化经营是各个国家尤其是广大发展中国家的一项重要经济工作。企业通常先天性地具有做大做强的内在动机，因此，企业规模化经营的实现在很大程度上取决于外在环境的作用。由于哈佛学派倡导的结构主义在美国一度泛滥和经营者集中控制制度在各国反垄断法中的岿然存续②，人们形成了一种普遍性的错觉，即反垄断法对企业规模化经营的影响主要是抑制作用，最多也只是纵容。所以在择用促进企业规模化经营的外力上，政府通常将目光聚集在各类产业政策之上，基本将反垄断法排除在外。然而，从反垄断法的整个制度体系和先发国家的实践来看，素有“经济宪法”之称的反垄断法客观上具有促进企业规模化经营的功能，但是此项功能的发挥依赖于特定的实现路径，政府必须采取至少以下做法之一方可产生相应的促进效果。

---

① “企业规模化经营”指中小企业通过合并、取得控制权等经营者集中方式将企业规模进一步做大，使其至少跻身于大型企业之列，从而为企业做强奠定必要的物质基础。在现代社会，虽然企业可以在相对较短的时间内通过自身内在的自然发展方式迅速跻身于中小型企业之列；但是，激烈的市场竞争使得绝大部分企业根本无法通过自身内在的自然发展方式在较短的时间内实现从中小型企业到大型企业的转变，而且市场的快速发展也不允许企业花费很多时间去实现这种转变；在这种情况下，通过经营者集中这种外在的非自然发展方式，在相对合理的时间内实现企业从中小型企业到大型企业的量变与质变成为当前全球市场的主流做法。

② “各国”等类似用语是指已经建立反垄断法律制度的国家或者国际区域一体化组织（如欧盟）。

一、优化禁止滥用市场支配地位制度：鼓励企业规模化经营

（一）企业规模化经营的后顾之忧：滥用市场支配地位问题

从以往的实践情况来看，因特定的适用前提，卷入到各种滥用市场支配地位纠纷案件中的经营者绝大部分是大型企业。① 这种特定的社会现象使得在施行反垄断法尤其是刚刚开始施行反垄断法的国家的企业在走向规模化经营之前通常都有一个相同的顾虑，即企业在实现规模化经营后将有可能卷入到各种各样滥用市场支配地位的纠纷中。② 上述顾虑的形成并不是偶然的，主要有着以下两个方面的法律缘由。

第一，滥用市场支配地位的法律制裁非常严厉。虽然在刑法谦抑性原则、反垄断法的模糊性、垄断行为的隐蔽性等因素的作用下，各国的反垄断法在立法与执法上都呈现出一种“慎刑”态势③，但是这丝毫没有影响反垄断法对企业的经济性“峻罚”力度。企业的行为一旦被认定构成滥用市场支配地位，各国的反垄断执法机构通常都会依据涉案企业的上一会计年度销售额在法定比例范围内或者最高限额内对它们处以相对高额的罚款，如法国电信被法国竞争委

① 在滥用市场支配地位的执法实践中，大多数国家至今仍然坚持采用“绝对优势理论”，少数国家如德国、日本、法国等在主要采用“绝对优势理论”的同时，兼采“相对优势理论”。由于“相对优势理论”在认定市场支配地位时的参考背景并不是相关市场，而是交易相对人对被控诉对象的依赖性，因此，在适用“相对优势理论”的案件中，被认定触犯禁止滥用市场支配地位制度的经营者并不一定都是大型企业，有可能是持有核心技术、特定品牌、特定销售渠道等关键资源的中小型企业，甚至是自然人。

② 浙江商会2008年的一份内部调查显示，超过七成的浙江民营企业，尤其是规模较大或者有着海外市场活动经历的企业都害怕被竞争对手或者客户拖入到包括滥用市场支配地位在内的各种垄断案件中去。

③ 参见李国海：《论反垄断法中的慎刑原则——兼论我国反垄断立法的非刑事化》，载《法商研究》2006年第1期。

员会处以1.2亿欧元的罚款、英特尔公司被欧盟竞争总司开出10.6亿欧元的罚单、高通公司被韩国公平交易委员会处以2600亿韩元的罚款等；在有些国家，企业甚至还被反垄断执法机构“分拆业务”，如美国电话电报公司被美国司法部分拆成美国电话电报公司（专营长途电话业务）和七个本地电话公司。除此以外，在有些国家，滥用市场支配地位的民事责任具有惩罚性，如美国《克莱顿法》第4条规定：“任何人在其商业或财产被反托拉斯法所禁止的行为侵害时，可以在被告所在地、行为发现地或代理人所在地的地区法院起诉，无可置疑地获得三倍于损害的赔偿数额以及包括合理律师费在内的诉讼费用。”反垄断法的重罚性使得企业都十分畏惧触犯禁止滥用市场支配地位制度，担心因此被反垄断法这支“达摩克利斯之剑”所重伤进而直接影响到企业的长远发展。

第二，滥用市场支配地位的法律认定存在不确定性。从各国的实践来看，对滥用市场支配地位的认定通常有以下三个步骤，即界定相关市场、判断市场支配地位、分析行为的合理性。①在相关市场界定方面，即使不考虑不同主体对替代性分析所客观存在的认知差异，当选用不同的界定方法、界定维度组合、相应维度下的定性分析因素和定量分析数据时②，界定的相关市场在具体范畴上通常都存在较大差异。在市场支配地位判断方面，除可适用推定规则的一些

① 参见李小明：《滥用市场支配地位法律规制研究》，知识产权出版社2008年版，第12~15页。

② 可用来界定相关市场的方法主要有同质产品认定法、需求替代认定法、附属市场理论、商品群理论、供给替代认定法、假定垄断者测试法。界定维度主要有产品、地理、时间、功能、消费者类型，新西兰、澳大利亚、英国、美国、中国、日本等不同国家采用的维度组合有所不同。相应维度下的定性分析因素，以产品维度为例，主要有最终用途、物理与技术方面特征、消费转移成本、消费者的认知程度和行为反应、转换供给成本、市场进入风险等。定量分析数据的来源是多样化的，如政府统计的数据、行业协会的数据、专业调查公司的数据、企业内部数据等。

个案外，即便在采用同一相关市场的情况下，因对市场竞争状况、市场份额、市场进入壁垒、涉案企业的市场控制能力、潜在的产业链瓶颈等多项权衡因素的影响与权重的评判差异，不同主体得出的结论通常都是难以完全一致的，有时甚至截然相反。在行为的合理性分析方面，由于“合理原则是一项效益和价值衡平原则”①，因此，企业的行为在接受合理原则检验过程中将可能面临着不同价值的评判；当采用不同的价值评判标准时，企业行为的合理性可能会存在质的差异。三个步骤中普遍存在的操作弹性造成了滥用市场支配地位的法律认定在实践中存在着相对较大的不确定性，这使得企业都十分担心自身在因各种原因卷入此类纠纷后可能面临不知所措的困境。

（二）后顾之忧的负面影响：企业规模化经营的动力下挫

根据经济学研究，规模化经营在大多数情况下能够给企业带来规模经济。② “企业规模扩大以后，通过合理的组织结构把各种分散、无序的资源协调起来，统一有序地生产经营，产生 1 + 1 > 2 的合力效果。提高管理工作的专业化程度，从而提高管理效益和节省人员；市场交易内部化，节省交易成本；把一些生产经营环节结合在一个企业内部，节省能源与运输成本、减少寻价成本等，都是企业通过组织和管理而获得规模效益的途径和方法。”③ “规模经济是市场经济条件下企业取得竞争优势的重要手段。企业通过大规模批量化生产方式，降低生产经营成本，利用规模经济所形成的低成本

① 李钟斌：《反垄断法的合理原则研究》，厦门大学出版社 2005 年版，第 7 页。

② 参见戴骥、葛琮：《规模经济问题的文献综述》，载《经济师》2009 年第 1 期。

③ 赵全民：《企业竞争优势的根源——规模经济及其形成机制研究》，载《财经理论与实践》2007 年第 3 期。

优势，扩大市场份额。”① 规模经济所固有的增进收益的作用形成了一种有效的市场激励②，企业通常都会因此产生规模化经营的初始动力。由于风险可能会导致潜在收益的蚀损，所以，在相应成本具有经济效益性的前提下，任何对于企业规模化经营构成风险威胁的内容都会在一定程度上使企业规模化经营的初始动力下挫。

在现代市场法治化的环境下，单纯的滥用市场支配地位的违法重罚性本身并不构成企业规模化经营的风险；但是，如果禁止滥用市场支配地位制度的“违反”在事前预防与事后控制上因存在不确定性而变成风险来源，其违法重罚性也会因此嬗变为企业规模化经营的重大法律风险。从各国的实践来看，除了因滥用市场支配地位的法律认定存在不确定性而导致企业在卷入此类纠纷后可能无法采取相应措施进行有效的事后控制外，因经济利益的诱导和逐利行为的发生存在不确定性，企业在防止卷入此类纠纷的事前预防上通常也面临着以下两个方面的风险：一是竞争对手主导的恶意投诉。考虑到“因滥用市场支配地位的违法重罚性和相应法律认定存在不确定性以及特定情况下的举证责任倒置，一旦被投诉，被投诉对象通常都会被迫调动自身的各种资源来应对以避免遭受意外的重罚”和反垄断执法机构在接到举报后负有相应的法定调查义务，有些企业可能会通过各种方式不正当地利用禁止滥用市场支配地位制度打击竞争对手，借此提升或者巩固自己在相关市场中的经济地位。二是交易相对人或消费者的滥诉。在实行惩罚性赔偿的国家，如三倍损害赔偿的美国，在巨大利益与机会主义等因素的综合作用下，为数不少的交易相对人或者消费者根据禁止滥用市场支配地位制度对特定企业进行滥诉，企图借此

---

① 林民书：《现代社会生产与消费的自动平衡机制——规模经济外溢》，载《中国经济问题》2010 年第 4 期。

② 参见［美］曼昆：《经济学原理》（第三版），梁小民译，机械工业出版社 2003 年版，第 6 页。

获得高额的损害赔偿或和解费。[①]

因此，企业所担心的在实现规模化经营后可能面临的滥用市场支配地位问题在一定程度上消减了企业规模化经营的动力，这种负面影响在刚刚施行反垄断法的国家表现得尤为突出。

（三）缓解后顾之忧的方法：提高相应法律认定的确定性

在企业规模化经营的收益与成本既定的情况下，如果政府能够采取措施降低上述法律风险以缓解企业的后顾之忧，将对企业规模化经营起到鼓励的作用。由于相应的法律风险源自于反垄断法的禁止滥用市场支配地位制度，“解铃还须系铃人”，只有反垄断法才有能力降低相应的法律风险。根据风险的形成根源和反垄断法力所能及的范围，政府应当通过压缩禁止滥用市场支配地位制度在适用过程中所存有的弹性空间来提高滥用市场支配地位的法律认定的确定性。

在相关市场界定方面，政府应当采取措施在最大程度上实现以下“四化”。第一，界定方法的稳定化。因具有替代分析的全面性、垄断原理的贯通性和市场外延的明确性等多项优点[②]，在相关数据能够获取等具备可适用的情况下，SSNIP 测试法在目前是很多国家界定相关市场的首选方法，也是主要方法。[③] 第二，界定维度组合的固定

① 参见叶卫平：《惩罚性赔偿的制度思考》，载《上海财经大学学报》2009 年第 5 期。

② See David T. Scheffman & Joseph J. Simons, The State of Critical Loss Analysis: Let' s Make Sure We Understand the Whole Story, 3 *The Antitrust Source* 1 (2003), pp. 1 –9.

③ 参见美国 2010 年 8 月修订的《Horizontal Merger Guidelines》、英国 2004 年 4 月发布的《Market definition – Understanding competition law》、加拿大 2004 年 9 月发布的《Merger Enforcement Guidelines》、日本 2004 年 5 月修订后的《Guidelines to Application of the Antimonopoly Act Concerning Review of Business Combination》等。

化。从大多数国家和地区的相关市场界定指导文件或者法律法规的实质内容来看，它们在对相关市场界定过程中所考虑的内容是趋向一致的。在采取 SSNIP 测试法的前提下，在合理考虑相关权衡因素的情况下，产品、地理和时间三个维度能够有效和科学地对个案中的相关市场作出界定。① 第三，定性分析因素的常规化。从实践来看，到目前为止，相应维度下可能涉及的常用权衡因素已经基本上能够确定。在产品维度方面，它一般涉及最终用途、物理特征、价格、消费者偏好、消费转移成本和转换供给成本；在地理维度方面，它一般涉及运输成本、商品特定、商品价格、消费者偏好和市场进入障碍；在时间维度方面，它一般涉及峰期与非峰期、季节、产品革新和产业放松管制四个权衡因素。② 第四，定量分析数据的规则化。反垄断执法机构应当在指南中建立相关参数的选用规则，任何主体在使用 SSNIP 测试法界定个案的相关市场过程中必须遵守这个共同规则。

在市场支配地位判断方面，政府应当采取措施尽量实现以下三点。首先，坚持采用绝对优势理论③，避免和减少适用相对优势理论。由于相对优势理论脱离了固有的参照背景——相关市场，在每个经营者的产品都或多或少具有自身独特性的情况下，相对优势理论会“造成反垄断法规制范围的不恰当扩展，将保护竞争转变为保护竞争者”④，因此，它遭到越来越多人的诟病和唾弃。其次，建立市场支配地位的考量因素的序列权重体系。根据各国的实践，在适

① 参见丁茂中：《反垄断法实施中的相关市场界定研究》，复旦大学出版社 2011 年版，第 70～115 页。

② 参见王先林：《论反垄断法实施中的相关市场界定》，载《法律科学》2008 年第 1 期。

③ 绝对优势理论要求认定经营者的市场支配必须以相关市场为参照背景，只有经营者在相关市场上具有优势地位，它才会被认定具有市场支配地位。

④ 李剑：《论结构性要素在我国〈反垄断法〉中的基础地位——相对优势地位滥用理论之否定》，载《政治与法律》2009 年第 10 期。

用绝对优势理论的情况下，市场份额、控制市场能力、企业规模与市场进入障碍是认定市场支配地位的四个常规考量因素。其中，市场份额位于第一序列，当企业的市场份额达到法定标准时，可以先行据此推定其具有市场支配地位。① 当没有出现可以推定的情形时，就需要考虑位于第二序列的市场控制能力；假若企业具有较强的市场控制能力，如掌握特定产品在相关市场上的定价权，通常也可以认定其具有市场支配地位。当出现其他情形时，则需要综合位于第三序列的企业规模和市场进入障碍等进行判断。再次，明确相关考量因素的权衡标准。以市场份额为例，应当明确究竟是依据营业收入还是销售额作出判断。

在行为的合理性分析方面，在依据“合理原则”分析企业行为的过程中，政府应当以效率作为合理性的主要判断标准，甚至是唯一判断标准。由于在经济功能与政治功能中，反垄断法更擅长经济功能；在经济功能范围内的生产功能与分配功能中，反垄断法更擅长生产功能，鉴于反垄断法功能优化的应然选择，越来越多的主体认为应当将反垄断法的执法目标限定于效率之上。例如，欧盟在1997年发布的《竞争政策目标报告》中指出，竞争政策的直接目标应限于经济效率和消费者利益。② 美国前财政部长Lawrence H. Summers在媒体上表示：竞争只是手段而不是目的，最终的目标是要有效率。③ 美国律师协会在《反垄断政策目标报告》中建议：应该将效率标准与社会目标分开使用，社会标准一般不应当作为“操作标准”被用以裁判和评估具体反垄断案件，因为在讨论反垄断政策目

---

① 如德国《反对限制竞争法》在第19条中规定，一个企业至少占有三分之一市场份额的，推定其具有市场支配地位。

② Claus－Dieter Ehlermann & Laraine L. Laudati, *European Competition Law Annual 1997: Objectives of Competition Policy*, Oxford: Hart Publishing, 1998, p. 38.

③ Lawrence H. Summers, *Competition Policy in the New Economy*, 69 *Antitrust Law Journal* 353 (2001), pp. 353－358.

标时，不能忽视终极目标与操作性的执法标准之间的差异。① 因此，当企业能够充分证明一项行为具有效率时，应当推定其具有相应的合理性，尤其是那些本身是否应当被纳入反垄断法规制范畴就存在较大争议的市场行为，如价格歧视等。②

二、放宽经营者集中控制制度：支持企业规模化经营

（一）企业规模化经营的潜在考验：经营者集中的竞争审查

因企业所实施的经营者集中行为都会在某种程度上直接改变着相关市场的市场结构，而任何改变市场结构的行为都会影响相关市场的竞争现状，所以，各国建立了经营者集中控制制度，审查企业的经营者集中行为是否可能会实质性地限制或者排除相关市场的有效竞争。只有当经营者集中行为不会对相关市场的竞争产生实质性影响或者所带来的结果利大于弊，它才会获得反垄断执法机构的批准。

从各国的实践来看，鉴于通常情况下只有部分的经营者集中可能会对相关市场的竞争产生实质性的负面影响、反垄断执法资源的有限性以及合理控制反垄断执法成本的社会需求等，绝大多数国家并不是对所有的经营者集中行为都进行竞争审查，只有当该集中出现以下任何一种法定情形时，反垄断执法机构才会对其审查。第一，经营者集中达到法定的申报标准。例如，匈牙利《禁止不正当竞争法》第23条第1款规定，“下列情况的企业组织合并必须事先取得

---

① ABA, Report on Antitrust Policy Objective, http://www.americanbar.org/content/dam/aba/administrative/antitrust_law/report_policyobjectives.authcheckdam.pdf, Feb. 12, 2003.

② 参见［美］W. 吉帕·维斯库斯、约翰·M. 弗农、小约瑟夫·E. 哈林顿：《反垄断与管制经济学》，陈甬军等译，机械工业出版社2004年版，第164页。

竞争监督机构的批准；如果：在上一个年度内，参与者就其所销售商品在有关市场上的全部市场份额超过百分之三十；或者参与者在上一个年度内的销售总收入超过一千万福林。第二，有事实和证据表明经营者集中可能会实质性影响市场竞争。”再如，中国《国务院关于经营者集中申报标准的规定》第4条规定：“经营者集中未达到本规定第三条规定的申报标准，但按照规定程序收集的事实和证据表明该经营者集中具有或者可能具有排除、限制竞争效果的，国务院商务主管部门应当依法进行调查”。

因此，在走向规模化经营的过程中：如果从短期与微观上来看，企业的规模化经营有可能会被反垄断执法机构依法进行经营者集中的竞争审查；如果从长远与宏观上来看，伴随着企业规模化经营的不断扩大，经营者集中的竞争审查通常成为企业规模化经营的必经之路。当企业的规模化经营使得反垄断执法机构相信此举将会对相关市场产生实质性影响并且企业无法有效地证明此举所带来的结果是利大于弊的，它将会被反垄断执法机构加以禁止。所以，经营者集中的竞争审查是企业在规模化经营进程中将可能面临的一个重大考验。

（二）竞争审查的弹性影响：抑制或支持企业规模化经营

从各国的实践来看，因相关市场的界定存在不确定性、竞争评估所涉及权衡因素的多样性、竞争评估方法的可选择性以及特定事由抗辩效力的不稳定性等①，经营者集中的竞争审查在具体操作上存在很大的弹性空间，反垄断执法机构也因此具有很大的自由裁量权。在法定权限范围内，由于各种因素的影响，反垄断执法机构可能会

---

① 在权衡因素上，常用的有市场份额、控制市场能力、市场集中度、市场进入壁垒等；在方法的选择上，除了传统的综合认定法以外，还出现了一些新的方法，如境况比较分析法、溢价分析法等；在抗辩效力上，包括效率在内的所有可用抗辩事项都可能随时随地在个案中被反垄断执法机构接受或者拒绝。

阶段性地对经营者集中的竞争审查进行从严执法或者从宽执法。

当反垄断执法机构从严执法时，很多经营者集中行为因被裁定为“将会对相关市场的竞争产生实质性影响”而直接遭到禁止，这一期间的企业规模化经营在整体上通常都会受到抑制而处于历史发展的低谷。以美国20世纪50年代至70年代为例，伴随着哈佛学派开始主导国家的反托拉斯政策，美国步入了结构主义时代。在企业合并控制方面，“1950年国会为了控制40年代后半期开始出现的第三次企业合并浪潮，特别制定了《塞勒—凯弗维尔法》以弥补《克莱顿法》存在的主要漏洞……1968年司法部公布了由哈佛学派经济学家特纳主持指定的合并指导条例，条例完全采纳了结构主义的观点，衡量市场集中度的各种指标如市场份额、集中比率（当时采用 CR_4）成为决定合并是否得以批准的决定性因素。条例对企业的市场份额作出了严格的规定：在一个高度集中的市场上（指 $CR_4 > 75\%$），如果合并企业与被合并企业的市场份额分别达到4%，则可以据以推定合并为非法；在一个集中度不太高的市场上，如果合并企业与被合并企业的市场份额达到5%也可以推定合并为非法。”①效率改进非但不能作为合并的抗辩理由，相反“正可被用来攻击合并，原因是小的对手将因此陷入不利境地”②。在这种情况下，美国的企业合并陷入了历时最长的低谷，整个时间长达三十余年。

当反垄断执法机构从宽执法时，大多数的经营者集中行为因被裁定为“不会对相关市场的竞争产生实质性影响”或者“所带来的结果是利大于弊”而最终获得批准，这一期间的企业规模化经营在整体上通常都会在不同程度上获得支持而进入历史发展的高峰。以美国20世纪80年代以来为例，伴随着芝加哥学派在美国的崛起和

① 辜海笑：《美国反托拉斯理论与政策》，中国经济出版社2005年版，第19~20页。

② ［美］奥利弗·E. 威廉姆森：《反托拉斯经济学——兼并、协约和策略行为》，张群群、黄涛译，经济科学出版社1999年版，第4页。

受国际市场竞争日趋激烈等因素的影响，“司法部反托拉斯局便很少阻止兼并，甚至很少尝试去阻止兼并。此外，尽管在《兼并方针》中规定了相当宽泛的判断市场是否已经形成了垄断的HHI指数标准，但在具体分析兼并案例时，反托拉斯局经常进一步放宽这些标准，在考查纵向兼并的案例时尤其如此。”① “以1982年到1986年间为例，向司法部提交的5万件合并申请中遭到司法部明确反对的仅仅只有81件，许多以前很可能遭到反对的合并都得到了批准。”② “在反托拉斯执法过程中，联邦机构越来越不愿意将兼并案例提交法庭审理，而是采取一种可以称之为“和解判决”的方式来了结这类案件……联邦反托拉斯检察机构对企业兼并的态度转变使众多的兼并顺利通过了检查，因而鼓舞了企业的兼并热情；而态度多变的联邦司法部门再次采取亲企业的立场，则使正处在兼并势头上的美国企业更加无所顾忌……使得美国企业在80年代第四次兼并浪潮刚刚消退后，便迫不及待地涌起了规模更大的第五次兼并浪潮。”③

（三）放宽竞争审查的途径：关联内容的放量与利好质变

由于竞争审查在长远上与宏观上是企业规模化经营的必经之路，因此，无论是缘于何种原因而形成的企业规模化经营“运动”，只有在获得反垄断法中经营者集中控制制度支持的情况下才能够继续进行。为了合理支持企业规模化经营，政府应当通过以下途径放宽对经营者集中的竞争审查。

第一，适度拓宽相关市场的范围。伴随着各国市场开放程度的不断加大，企业所属的相关市场在范围上都在逐步变大。在这种背景下，反垄断执法机构应当适度拓宽经营者集中案件的相关市场范

---

① 胡国成：《论当前美国企业兼并潮》，载《美国研究》1998年第1期。

② ［美］马丁·菲尔德斯坦：《20世纪80年代美国经济政策》，王健译，经济科学出版社2000年版，第514页。

③ 胡国成：《论当前美国企业兼并潮》，载《美国研究》1998年第1期。

围。在产品维度上，反垄断执法机构可以适度下调“产品差异化现象”在替代性分析中的影响①，合理增加产品链条的长度或者放宽产品种类的宽度。在地理维度上，反垄断执法机构可以适度降低因主权管辖而形成的传统市场壁垒在替代性分析中的影响，合理放大企业竞争对手所存在的地理空间范围。在时间维度上，反垄断执法机构应当尽量依据产品周期理论中的“产品周期”来确定相关时间市场，避免不当依据生产批次或者会计年度等导致相关时间市场范围过于狭窄的问题。

第二，合理放大竞争评估所使用的关键数值。在经营者集中的竞争评估环节，反垄断执法机构可以根据市场变化情况适时地调整所使用的一些关键参数。以衡量市场集中度的赫尔芬达尔指数（HHI）为例，鉴于市场结构发生的重大变化，美国司法部和联邦贸易委员会在2010年8月对其作了重大调整。在市场集中度划分标准上，低度集中的市场由原先的1000以下提升到1500以下，中度集中的市场由原先的1000~1800提升到1500~2500，高度集中的市场由原先的1800以上提升到2500以上。在影响竞争的增量标准上，低度集中市场和中度集中市场的保持不变，高度集中市场的变化如下：首先，可能影响竞争的增量由原先的50以下提升到100以下；其次，细化了增量达到规定标准后可能产生的结果，如果经营者集中将产生高度集中的市场，并且赫尔芬达尔指数的增幅在100点和200点之间，那么该经营者集中可能引起显著的竞争问题，往往需要仔细审查。如果经营者集中将产生高度集中的市场，并且赫尔芬达

① 产品差异化现象包括两大类型：一种是产品至少在用途、物理特征等方面存在较大差距的情形，例如同属于奢侈消费品的高级香水和豪华轿车；另一种是产品至少在用途方面具有不同程度趋同关系的情形，例如具有不同功能的家用车，包括越野车、旅游车、微型车及其他普通车等。See Jonathan B. Baker, Product Differentiation Though Space and Time: Some Antitrust Policy Issues, 42 *Antitrust Bulletin* 177 (1997), pp. 177 - 196. 此处中的产品差异化现象是指后者。

尔指数的增幅超过 200 点，那么将推定认为该经营者集中可能强化市场力量。但是，如果有确凿的证据证明该经营者集中不大可能强化市场力量，那么这种假定可以被推翻。①

第三，提升相关事由的抗辩效力。当一项经营者集中被认定为将会对相关市场的竞争产生实质性限制或者排除效果时，在反垄断法没有就诸如经济效率、消费者利益等其他反垄断立法目标的内容对维护市场竞争这个立法目标有着刚性的抗辩效力作出明确规定的情况下②，如果当事人能够提供充足的证据合理证明该项经营者集中将会更好地促进除了维护市场竞争以外的其他任何一个反垄断立法目标的实现，并且藉此主张此项经营者集中的合法性，则反垄断执法机构不应当对此项经营者集中作出否定性的裁决。因为“效率是反托拉斯的终极目标，竞争只是一个中间目标”③，“反垄断法的目的只在于维护有效的公平竞争秩序，但相对于保护消费者权益的终极目的而言，这种目的只是工具性的”④。“如果仅以促进竞争与否作为评价合并和纵向限制协议是否会促进效率提高的标准势必会割裂效率价值，造成反垄断法立法、执法的错位”。⑤

---

① U. S. Department of Justice and Federal Trade Commission, Horizontal Merger Guidelines, https：//www. justice. gov/atr/horizontal - merger - guidelines - 0, May 2, 2013.

② 如《中华人民共和国反垄断法》第 28 条的规定：经营者集中具有或者可能具有排除、限制竞争效果的，国务院反垄断执法机构应当作出禁止经营者集中的决定。但是，经营者能够证明该集中对竞争产生的有利影响明显大于不利影响，或者符合社会公共利益的，国务院反垄断执法机构可以作出对经营者集中不予禁止的决定。

③ ［美］理查德·A. 波斯纳：《反托拉斯法》，孙秋宁译，中国政法大学出版社 2003 年版，第 32 页。

④ 颜运秋：《反垄断法的终极目的及其司法保障》，载《时代法学》2005 年第 6 期。

⑤ 盛杰民、叶卫平：《反垄断法价值理论的重构》，载《现代法学》2005 年第 1 期。

第四，增加解决竞争问题方式的选择性。欧盟的《关于第139/2004号理事会条例（欧洲委员会）和第802/2004号委员会条例（欧洲委员会）项下可以接受的补救措施的委员会通知》第22条指出，当一个提议的经营者集中将会严重妨碍有效竞争时，除了作出禁止外，维持有效竞争的最佳方法就是为一个新的竞争实体的出现或者增强既存竞争者对参与经营者集中当事人剥离的资产的竞争力创造条件。① 欧盟的实践表明，解决经营者集中所存在的竞争问题的方式是可以多样化的。在这种情况下，反垄断执法机构应当增加解决经营者集中所存在竞争问题方式的选择性。在竞争审查过程中，当一项经营者集中具有或者可能具有排除或者限制竞争的效果时，如果当事人依法主动提出对集中交易方案进行调整的限制性条件，如剥离部分资产或者业务、开放关键设施、修改中长期独家供货协议、维持现有价格或者限制减产等，如果当事人依法提出的限制性条件能够解决此项集中所存在的潜在竞争问题，并且具有现实的可操作性，即使此项集中本身不具有其他任何的事由可以进行抗辩，反垄断执法机构也不宜对其直接作出禁止性裁决。

三、强化禁止垄断协议制度：引导企业规模化经营

（一）企业规模化经营动机的致命杀手：垄断协议的诱惑

虽然企业实施经营者集中的动因是多元化的，但是其中绝大多数对它们自身的经济是有利的，至少不会有害。② 从各国的实践来

① European Union Institutions and Bodies Commission, *Commission notice on remedies acceptable under Council Regulation (EC) No* 139/2004 *and under Commission Regulation (EC) No* 802/2004 (*English version*), Official Journal of the European Union, October 22, 2008.

② Richard Whish, *Competition Law* (*Fifth Edition*), Oxford: Oxford University Press, 2003, p. 783.

看，企业规模化经营所期望取得的直接效果通常为“去除相关企业之间先前存在的竞争关系，整合相关企业的各种资源，增强相关企业对其他经营者的竞争能力，进而增强对消费者的博弈能力”。在一个没有实质性市场进入壁垒的相关市场中，企业可以取得上述效果的途径并不是单一的，除了通过经营者集中以外，还有一条非常重要的途径，即不同经营者之间达成相关方面的垄断协议。两个或者两个以上的经营者通过垄断协议的安排基本上可以实现企业实施经营者集中所期望取得的直接效果，这具体表现为：垄断协议排除或者限制了相关企业之间的竞争，相关企业在各自的资源利用上往往因为垄断协议而产生协同或者协作效应，因此比那些没有参与该项垄断协议的其他经营者获得更多的竞争优势，进而极大地增加了它们从消费者那里攫取超额利润的能力。

但是在效果的营造方面，经营者集中与垄断协议在显性成本、收益见效、法律风险与稳定性等四个相关核心内容上存在差异，如表4－3－1所示。

表4－3－1：经营者集中与垄断协议在四个相关核心内容上的差异

要素／途径	显性成本	收益见效	法律风险	稳定性
经营者集中	较高	较慢	较低	较好
垄断协议	较低	较快	较高	较差

在显性成本方面：在实施经营者集中的过程中，因企业通常都需要进行合作商谈、清产核资、集中申报、资产整合等工作事项，所以任何一项经营者集中都是存在显性成本的，集中规模越大、外部融资越多，经营者集中的显性成本就越大；但是在达成垄断协议的过程中，由于企业并不必然需要作出其他特定的行为或者作出的

行为并不必然需要支付相应费用①，因此垄断协议并不是一定存在显性成本的，即使存在，相对于经营者集中而言，也是非常低的。②

在收益见效方面：企业在完成经营者集中后，经营者集中所具有的潜在规模经济效用或范围经济效用的实现通常都有一个循序渐进的过程，这使得企业通常都无法立即获得更多的市场利润，在有些情况下甚至会因此出现蚀本、破产等反向性的不良后果；但是企业在实施垄断协议后，通过提高销售价格、限制市场供给、分割相关市场或者联合抵制交易等手段一般都能够立竿见影地获得更多的市场利润。

在法律风险方面：由于各国对经营者集中都是采取合理原则进行分析的③，因此，在没有触犯相关程序制度的情况下，实施经营者集中的企业一般都不会遭受反垄断法的惩罚；但是，由于绝大多数国家对垄断协议一般都秉持本身违法原则，所以，即使在没有触犯相关程序制度的情况下，如果企业所实施的垄断协议得不到反垄断执法机构的豁免，那么它将面临反垄断法的严厉处罚。

在稳定性方面：经营者集中帮助企业将先前属于市场交易的外部关系转化为企业管理的内部关系，这使得消除市场竞争与整合资源的状态能够保持很强的稳定性，极少出现恢复原状问题，除非企业发生分裂的情形；由于垄断协议并没有实质性地改变相关企业之间的外部关系性质，在自我利益的离析与宽恕制度的作用下，垄断

---

① 前者以价格跟随行为为例，价格制定者与价格跟随者之间在达成垄断协议上并没有作出其他行为；后者以通过普通电子邮件达成垄断协议为例，参与垄断协议企业在达成垄断协议过程中并没有支付任何的费用。

② 从相关方面的实践情况来看，在达成垄断协议过程中可能发生的费用主要为一些通讯费和交通费。

③ See Phillip E. Areeda & Herbert Hovenkamp, *Fundamental of Antitrust Law* (*Third Edition*), New York: Aspen Law & Business, 2004, p. 105.

协议一般都难以持久存续①，当先前达成的垄断协议土崩瓦解时，被排除或者限制的市场竞争通常会立即恢复，资源整合效果也将不复存在。

在相应直接效果的营造具有异曲同工之妙与行为的显性成本相对较低、收益见效相对较快的情况下，虽然垄断协议存在“法律风险相对较高、稳定性相对较差”两个缺点，但是由于这些缺点在一些环境中往往可以通过特定的方式被弱化②，这使得垄断协议对于那些原本打算通过经营者集中进行规模化经营的企业而言是一个非常具有诱惑力的替代性选择，企业完全有可能放弃或者临时搁置经营者集中计划，转而选择实施垄断协议。

（二）禁止垄断协议制度的宽与严：影响企业规模的大小

虽然影响企业是否进行规模化经营的因素是多元化的，但是禁止垄断协议制度的宽与严是其中最为重要的影响因素。在各国反垄断法原则上并不禁止甚至鼓励、支持企业规模化经营的情况下，企业是否存在相关的刚性需求成为其是否进行规模化经营的关键所在。只有存在这种需求时，企业才会通过经营者集中方式来进行规模化经营。这种刚性需求的形成在很大程度上与禁止垄断协议制度的宽与严有着直接的联动关系。当一国的禁止垄断协议制度相对比较宽

---

① 参见喻玲：《运用声誉激励机制破解卡特尔的稳定性——完善宽恕制度的一条路径》，载《法商研究》2010 年第 1 期。

② 在法律风险方面：一方面，企业可以通过采取更为隐蔽的方式来达成和实施垄断协议，从而降低被反垄断执法机构查证的几率；另一方面，企业可以通过各种途径来游说政府放宽垄断协议的豁免范围与放松相关方面的执法力度，从而降低被反垄断执法机构处罚的可能性。在稳定性方面，虽然企业无法彻底解决单个垄断协议的稳定性，但是由于垄断协议的达成与实施成本相对比较低，企业可以不断重复地实施不同的垄断协议，这些存续时间长短不一的多个垄断协议，尤其是在时间上具有衔接性的情况下，也能够保持消除竞争与整合资源状态的相对稳定性。

松时，在垄断协议的显性成本相对较低、收益见效相对较快并且相应的法律风险大大降低的情况下，企业存在规模化经营的潜在需求有可能被垄断协议短期或者长期抑制，企业通常会选择通过实施垄断协议的方式来满足自我发展的需求，而不会考虑通过经营者集中来实现企业规模化经营。当一国的禁止垄断协议制度相对比较严厉时，慑于垄断协议的高违法性与相应法律责任的重罚性，企业通常不敢或不愿冒险实施垄断协议，这将在很大程度上催生企业规模化经营的刚性需求，因而不得不选择通过经营者集中的方式提升自身的市场竞争能力。也有很好的证据证明，实际上是《谢尔曼法》的实施引起了合并浪潮。有些企业固定成本高、产出高，因而被迫要把彼此的生产结合起来，但是由于《谢尔曼法》第 1 条的严格实施，多数同谋又是违法的。因此，许多企业换了一条路径，进行合并，因为对合并的执法一般要弱得多。①

由于禁止垄断协议制度的宽与严是影响企业是否进行规模化经营的一个重要因素，而企业是否进行规模化经营直接决定着企业规模的大小，因此，禁止垄断协议制度的宽与严在很大程度上影响着企业规模的大小。这点已经被实践所充分证明。以近代工业化革命之初国情非常相似的美国与英国为例，由于美国反托拉斯立法与执法对垄断协议一直都是秉持非常严厉的态度，这使得美国很多的企业最终选择通过经营者集中走上规模化经营之路，“由于采用了这种路径，美国企业可能发展得更有效率了，变得更大了”②，但是，英国长期以来对垄断协议在整体上相对比较宽容，因此小企业可以通过同谋，而不是采用合并方式或者内部增长方式，结果，到 20

① See G. Bittlingmayer, Did Antitrust Policy Cause the Great Merger Wave? 28 *Journal of Law and Economics* 77 (1985), pp. 77 - 118.

② ［美］赫伯特·霍温坎普：《联邦反托拉斯政策——竞争法律及其实践》，许光耀等译，法律出版社 2009 年版，第 542 页。

世纪中期，英国许多产业是由非效率的、家庭所有的小企业主导的。① 美国与英国在禁止垄断协议上长期存在的严与宽之别使得两国的企业规模在100多年后出现了巨大的差异。根据美国《FORTUNE》杂志对“全球最大五百家公司”的统计，自1995年至2010年，位列世界500强的美国企业的数量始终在英国企业数量的4倍以上。②

（三）强化禁止垄断协议制度的举措：严控豁免制度的适用

由于禁止垄断协议制度的宽与严对一国的企业规模在整体上有着非常重大的影响，因此，为了促进本国企业规模化经营，政府应当采取措施来强化禁止垄断协议制度。由于各国的反垄断立法在原则上都对垄断协议作了明令禁止，但是同时，“各国（地区）反垄断法都有关于适用除外或豁免的规定，在禁止垄断协议制度中，针对特定行为的豁免规定是其重要组成部分。……在垄断协议豁免的情形和条件方面，有的在反垄断法中对豁免作出了明确规定，有的则主要由反垄断执法机构和法院按照合理原则来处理。”③ 因此，除了采取必要措施保证反垄断执法有效到位外，政府强化禁止垄断协议制度的关键举措就在于要严格控制垄断协议的豁免范围。

在垄断协议豁免情形采用成文法模式的国家，政府应当首先在立法上严格控制垄断协议的豁免适用范围，最为直接有效的做法就是适度减少垄断协议的豁免类型。目前，有些国家已经通过修订法

---

① See Tony Freyer, *Regulating Big Business: Antitrust in Great Britain and America*, 1880－1990, Cambridge: Cambridge University Press, 1992, pp. 233－269.

② 美国与英国的世界500强企业数量逐年情况如下，1996年，153：34；1997年，162：36；1998年，173：37；1999年，185：40；2000年，178：41；2001年，184：36；2002年，198：34；2003年，192：35；2004年，190：37；2005年，176：37；2006年，170：39；2007年，162：33；2008年，153：35；2009年，140：27；2010年，139：31.

③ 王先林：《竞争法学》，中国人民大学出版社2009年版，第248～249页。

案在立法层面逐步缩小垄断协议的豁免范围。以德国为例，德国在1998年对《反限制竞争法》进行第6次修订时，取消了对折扣卡特尔、出口卡特尔与进口卡特尔的豁免，虽然保留了其他原有六种豁免情形与联邦经济部长的特许卡特尔，但是严格规定了它们的适用条件与相应程序①；在2005年对《反限制竞争法》进行第7次修订时，德国废除了原来的有关法定豁免和行政豁免的规定，这些豁免涉及标准化卡特尔、型号卡特尔、标准条款和条件卡特尔、合理化卡特尔、结构危机卡特尔和紧急情况卡特尔等，同时也取消了部长授权的卡特尔规定，唯一保留了中小企业卡特尔的豁免，增加了《欧共体条约》第81条第3款规定的豁免情形。②

无论垄断协议的豁免是采用成文法模式，还是采用由反垄断执法机构或者法院根据合理原则来具体确定，政府在反垄断法实施过程中尤其应当要严格控制垄断协议的豁免范围。根据实践经验，政府可以通过以下两个正反方面的举措来进行严格控制垄断协议的豁免范围：第一，严格控制具体操作标准。在定性分析方面，以合理原则中的“合理”判断标准为例，反垄断执法机构可以将“合理”的权衡事项仅仅限定在特定内容范围之内，如效率。在定量分析方面，反垄断执法机构可以对获得豁免的垄断协议的利弊量比作出具体要求，如垄断协议所产生的利益在可量化的指标上必须超过它所带来的弊端10%以上。第二，实行垄断协议豁免事后审查制度。反垄断执法机构应当坚持对垄断协议的豁免实行逐个审查制度，并且只对企业已经达成或者实施的垄断协议是否可以获得豁免的情形发表具有法律效力的意见。企业在拟将达成或者实施垄断协议之前，

---

① 参见王晓晔：《德国〈反对限制竞争法〉的第六次修订》，载《德国研究》2000年第1期。

② See Andreas Klees, Breaking the Habits: The German Competition Law after the 7th Amendment to the act against restraints of Competition (GWB), 4 *German Law Journal* 400 (2006), p. 403.

必须自己评估其行为是否符合一国法律规定的垄断协议豁免情形与条件或者是否符合合理原则的要求。“这种自我评估制度（self assessment）在某些方面减少了法律的确定性，但同时也给予了企业更多的自主性，要求企业在评估是否符合一般豁免条件时承担更多的责任”。①

理论研究与各国实践充分证明，反垄断法客观上具有可以促进企业规模化经营的功能，它的具体应用效果取决于特定的实现路径下政府的具体做法。当政府在特定的实现路径下采取不同的做法时，反垄断法对企业规模化经营所产生的促进效果也是不同的，如表4－3－2所示。

表4－3－2：反垄断法促进企业规模化经营的实现路径及其效果

政府做法	效果优劣排序
优化禁止滥用市场支配地位制度＋放宽经营者集中控制制度＋强化禁止垄断协议制度	★★★★★★★
放宽经营者集中控制制度＋强化禁止垄断协议制度	★★★★★★
优化禁止滥用市场支配地位制度＋强化禁止垄断协议制度	★★★★★
优化禁止滥用市场支配地位制度＋放宽经营者集中控制制度	★★★★
强化禁止垄断协议制度	★★★
放宽经营者集中控制制度	★★
优化禁止滥用市场支配地位制度	★

美国《经济问题杂志》在1984年曾经写道，“一个世纪以来，反托拉斯法已成为美国的一项具有连贯性的政策。它被用来改善产业的行为——这是我们唯一的产业政策。”② 在美国企业整体上雄踞

① 王健：《德国竞争法的欧洲化改革——〈反限制竞争法〉第7次修订述评》，载《时代法学》2006年第6期。

② Robert Solo, Industrial Policy, 18 *Journal of Economic Issues* 697 (1984), p. 698.

当今世界经济榜首的现况下，上述论断或许对包括中国在内的所有发展中国家都有着很深的启发意义。无论是在战略层面上还是在战术层面上，在选择促进本国企业规模化经营的外力上，政府不妨合理考虑或者更多地使用反垄断法，尤其是在那些正在大力推进竞争文化培育的国家。[①] 政府在运用反垄断法促进企业规模化经营的过程中，无论是采用一元化还是多元化的执法体制，都应当注意保持反垄断法的禁止滥用市场支配地位制度、经营者集中控制制度、禁止垄断协议制度在实施中的协调性，尽量使这些具体制度在影响企业规模化经营上形成同向性的合力，从而在整体上有效地推动本国企业规模化的快速发展，进一步提升本国企业在国际市场上的竞争能力。

① 参见张占江：《竞争倡导研究》，载《法学研究》2010 年第 5 期。

第五章　竞争推进

第一节　产业政策的竞争评估

党的第十八届三中全会开创性地提出“发挥市场在资源配置中的决定性作用”，这是我国深化市场经济体制改革的一个重要决定。竞争是市场的灵魂，要充分发挥市场在资源配置中的决定性作用就必须切实有效地采取各种措施保护市场竞争机制。市场竞争机制的维护不仅需要政府积极作为预防和制止经营者实施垄断行为，而且需要政府严于律己，在运用权力干预市场时更为慎重。在这种背景下，对目前仍然作为我国政府干预市场的重要手段的各类产业政策进行竞争评估显得非常必要；对此，国务院在《国务院批转发展改革委关于2015年深化经济体制改革重点工作意见的通知》中特别强调：促进产业政策和竞争政策的有效协调，建立和规范产业政策的公平性、竞争性审查机制。随后，正式公布《关于在市场体系建设中建立公平竞争审查制度的意见》（国发〔2016〕34号），公平竞争审查制度在我国初步建立起来。从我国现实出发，对产业政策的竞争评估问题进行较为系统地研究对推进我国政府与市场的高度耦合具有非常重要的现实意义。

一、产业政策竞争评估的责任主体

以权力与责任相统一原则为分析思路，根据产业政策的权力分布格局及其他涉及竞争的法律制度，我国产业政策竞争评估的责任主体在类型及其数量上都应当是多元化的。

（一）政策制定部门

政策制定部门是产业政策竞争评估的首要责任主体，它们在产业政策的制定过程中应当对自身制定的产业政策进行有效的竞争评估以在最大程度上确保市场竞争机制不会被潜在的政府不当干预行为严重扭曲。

将政策制定部门作为产业政策竞争评估的首要责任主体，首先是由我国市场经济的法治建设所决定的。《反垄断法》第5章特别宣示性地规定，禁止行政机关和法律、法规授权的具有管理公共事务职能的组织滥用行政权力排除、限制竞争。“有法必依”本身就要求政策制定部门在制定产业政策过程中必须科学地采取相应措施确保避免违反上述法律规定，而中央政府大力推进的“简政放权、转变职能”的改革更加凸显了产业政策制定部门在竞争评估方面的责任。① 即便不考虑那些行政性垄断的扩张解释学说，姑且仅将“滥用”限定在法定权限与程序范围之内，“简政放权、转变职能”的改革意味着可以用来支持产业政策实施的行政权力在整体上将越来越小，这就使得产业政策制定部门所作出的相应行政行为可能构成“滥用”情形的法律风险大大增加；在这种背景下，因产业政策在大多数情况下都会不同程度地影响相关市场的竞争，所以政策制定部门在制定产业政策过程中更加有必要采取措施推进产业政策的竞争评估。

将政策制定部门作为产业政策竞争评估的首要责任主体，其次是由我国经济改革的顶层设计所决定的。“所谓改革的‘顶层设计’，实际就是‘对未来改革的整体谋划’。”② 新开启的中国经济改革2.0

---

① 参见关保英：《社会变迁中行政授权的法理基础》，载《中国社会科学》2013年第10期。

② 汪玉凯：《准确理解“顶层设计”》，载《北京日报》2012年3月26日第17版。

版本重新定位了政府与市场在资源配置中的地位，将市场在资源配置中的作用由先前的“基础性”提升至“决定性”。虽然市场失灵理论意味着“发挥市场在资源配置中的决定性作用”并不等于政府干预的必然缩减甚至退出，但是这必然要求政府开始逐步进行自我约束以减少对市场的不当干预。聚焦到具体的产业政策上，政策制定部门除应当对产业政策存量进行全面竞争评估之外，更应当对计划实施的产业政策进行更为严格的竞争评估。凡是存在实质性限制市场竞争问题的产业政策，即便不太可能产生或者出现政府失灵问题，即便是在法定权限与程序范围之内制定的，为了确保发挥市场在资源配置中的决定性作用，政策制定部门也应当根据竞争评估的结果做出相应作为，该退则退，自觉“砍掉政府那只乱摸的手”。

（二）审批监督组织

审批监督组织是产业政策竞争评估的次要责任主体，它们在审批监督产业政策过程中应当对政策制定部门报批的产业政策进行合理的竞争评估以在最大程度上防止相关市场的公平竞争受到相应行政行为的不当影响。

根据《中华人民共和国宪法》第110条规定，除国务院之外，其他行政部门制定的产业政策原则上都应当报送上级机关批准。虽然“批准”在行政法学视野下通常被理解为“行政机关内部的工作程序，不涉及对外管理，也不涉及行政管理相对人的权利、义务的设定问题”①，但是由于它涉及到上级对下级的意见、建议、请示等态度问题，这就要求上级机关对下级报批的产业政策给予足够的关注。《反垄断法》第51条第1款规定，行政机关和法律、法规授权的具有管理公共事务职能的组织滥用行政权力，实施排除、限制竞

① 李玉柱、耿宝建：《经上级机关批准的行政行为的被告确定问题再研究——也谈若干问题解释第19条规定的适用》，载《行政法学研究》2004年第2期。

争行为的，由上级机关责令改正；对直接负责的主管人员和其他直接责任人员依法给予处分。反垄断执法机构可以向有关上级机关提出依法处理的建议。因此，在《反垄断法》已经生效施行并且中央政府大力深化经济改革的背景下，除了进行传统的绩效评估外，上级机关还应当对下级报批的产业政策进行适当的竞争评估以在最低限度上保证下级行政作为的合法性。

根据《中华人民共和国宪法》和《中华人民共和国地方各级人民代表大会和地方各级人民政府组织法》等规定，权力机关人大有权审查和批准相应级别的国民经济和社会发展计划、预算以及它们执行情况的报告和讨论、决定相应级别的政治、经济、教育、科学、文化、卫生、环境和资源保护、民政、民族等工作的重大事项。虽然行政机关制定、实施的具体产业政策未必在提交给人大审批的国民经济和社会发展计划中得到完整详述，人大也未必能够第一时间悉数掌握行政机关拟实施的具体产业政策内容；但是由于我国产业政策的施行通常是以公共财政为基础的，所以人大还是可以通过对财政预算的把控来审查行政机关的产业政策。从以往的实践来看，人大对行政机关产业政策的考量基本集中在行政合法、财政效能、产业绩效等方面，尚未在法定权限与程序范围内引入适当的竞争评估。在《反垄断法》已经生效施行并且中央政府大力深化经济改革的背景下，保证宪法、法律、行政法规的遵守和执行与保证国家计划和国家预算的执行的法定职责要求各级权力机关在审查、批准、监督行政机关的产业政策时应当开始引入竞争评估机制。

（三）竞争执法机构

竞争执法机构是产业政策竞争评估的边缘责任主体，它们在履行法定职责过程中应当通过各种方式对所有行政机关计划推行或者现已施行的产业政策进行竞争评估并根据具体情况作出相应行政裁决或者给予法律建议。作为竞争机制的专职维护队伍，竞争执法机构原则上对所有行政机关的产业政策是否可能实质性影响相关市场的竞争自然负有勘查矫正之责。根据实践经验，由于产业政策的竞争评估基本都与垄断问题有关，因此它基本应当系反垄断执法机构的任务；具体到我国当前来讲，即国务院反垄断委员会与商务部、国家发改委、国家工商总局的法定职责。

《反垄断法》第9条第1款规定，国务院设立反垄断委员会，负责组织、协调、指导反垄断工作，履行下列职责：（一）研究拟订有关竞争政策；（二）组织调查、评估市场总体竞争状况，发布评估报告；（三）制定、发布反垄断指南；（四）协调反垄断行政执法工作；（五）国务院规定的其他职责。“国家设立一个级别高的反垄断委员会，不仅有利于在我国推动竞争政策，倡导竞争文化，而且也有利于保证反垄断执法的统一性、公正性和权威性。”① 作为一个非常重要的议事协调机构，国务院反垄断委员会在履行组织调查、评估市场总体竞争状况的职责过程中应当对其他行政机关制定、实施的产业政策对我国市场竞争的影响进行合理的勘查并通过发布评估报告等方式向相关主体作出信息反馈。

《反垄断法》第10条第1款规定，国务院规定的承担反垄断执法职责的机构依照本法规定，负责反垄断执法工作。根据第十一届全国人民代表大会第一次会议批准的国务院机构改革方案和《国务院关于机构设置的通知》（国发〔2008〕11号），商务部、国家发改委、国家工商总局三家负责我国的反垄断执法工作。虽然现行立法仅授予反垄断执法机构对行政性垄断“向有关上级机关提出依法处理的建议”权力极大地限制了它们对产业政策的竞争评估，但是法定职责和职业使命客观上决定了反垄断执法机构应当在最大程度上推进对各类产业政策的竞争评估工作并依法作出合适的后续安排。

① 王晓晔：《反垄断法》，法律出版社2011年版，第336页。

二、产业政策竞争评估的参与模式

政策制定部门、审批监督组织、竞争执法机构这些不同类型的责任主体可以通过相应的参与模式各自开展对相关产业政策的竞争评估。

（一）竞争合规模式

竞争合规模式，即负有守法义务的责任主体在自身的工作权限范围内独立组织对本部门制定的产业政策是否可能违反现行竞争法律规范或者政策进行评估并根据相应结果做出安排，该模式对应适用于政策制定部门。竞争合规（Competition Compliance）目前主要还是企业防范竞争违规风险发生的一种手段，它对于企业的风险管控和一国的竞争推进都有着非常重要的价值。① 但是各国对政府干预市场的要求日趋苛刻，竞争合规正在逐步成为一项机制被纳入政府工作流程，特别是对于那些对社会影响较大的产业政策。因不同政策制定部门在工作流程、机构设置、专业力量等方面都有所差异，所以竞争合规模式下对特定产业政策进行竞争评估的具体操作方案不能整齐划一，各个政策制定部门需要根据自身的情况进行安排。

以内部的机构设置因素为例，大部分产业政策的制定部门没有竞争执法职责，但是国家发改委、商务部和国家工商总局等少数却同时拥有竞争执法权限。一般来说，前者原则上都不会在内部设立专门研习、应用竞争法律规范的机构；在这种情况下，它们在对自身制定的产业政策进行竞争评估过程中除了内部先进行基础性的技术审查外，如考量是否拥有相应行政权力、对应程序是否完全合法等，较为稳妥的做法可能是引入外来力量，如聘请独立的专业机构

① 参见喻玲：《从威慑到合规指引——反垄断法实施的新趋势》，载《中外法学》2013 年第 6 期。

进行把关或者组织专家进行论证分析。但是后者内部都设立了专门的机构，如国家发改委内部设立了价格监督检查与反垄断局、商务部内部设立了反垄断局、国家工商总局内部设立了反垄断与反不正当竞争执法局：一方面，它们在对自身制定的产业政策进行竞争评估过程中基本可以依赖自身力量有效地完成；另一方面，它们应当根据自身的特殊职能和机构设置建立科学的内部交流机制，如国家发改委内部的产业协调司和价格监督检查与反垄断局在特定产业政策问题上的信息沟通等。

（二）审批监督模式

审批监督模式，即拥有审批监督职权的责任主体在审查、批准下级机关或者行政部门制定的产业政策或者含有特定产业政策文件的工作中根据现行竞争法律规范和政策对报批内容是否不当影响市场竞争进行全面考量并作出相应决定，这种模式对应适用于权力机关人大和上级行政机关。由于权力机关人大和上级行政机关的工作机制存在较大的差异，因此审批监督模式下的产业政策竞争评估在具体操作方案上至少可以对应细化成两大子类；因权力机关的工作机制比较统一，所以产业政策竞争评估的人大类别的审批监督模式可以相对格式化，例如可以通过专门的委员会进行操作等；但是因行政系统的工作机制相对多元，故上级行政机关类别的审判监督模式在产业政策竞争评估的具体操作方案上亦很难统一，需要因地制宜、因人而异。

但是无论对于权力机关人大还是上级行政机关，目前都应当加紧推进产业政策竞争评估的自评机制建设。因为：第一，在产业政策通常都会对相关市场的竞争产生不同程度影响的情况下，政策制定部门有义务对制定的产业政策就影响市场的概况作出相应的说明；第二，从以往的经验来看，大多数产业政策的竞争评估因涉及的因素比较多而显得格外复杂，政策制定部门相对于审批监督部门而言往往在技术上更为专业、在信息上更为充分；第三，政策制定部门的自评报告可以帮助审批监督部门有效地提高工作效率，避免严重堵塞审批监督部门的工作流程。在操作路径上，审批监督部门应当通过规范性文件要求任何需要报批产业政策的部门在向其提交请示文件之时一并提交相应的竞争评估报告（以独立报告形式或者部分片段形式均可），未及时提交相应评估报告的事项将不纳入审议程序。

（三）竞争执法模式

竞争执法模式，即承担反垄断执法工作的责任主体在竞争规制过程中依法对可能存在行政性垄断问题的产业政策进行全面分析（含竞争评估）以进行科学定性并对应作出行政裁决，它对应适用于竞争执法机构。虽然《反垄断法》基于多种原因并未直接授予反垄断执法机构对行政性垄断的处罚权，但是这不应当从根基上影响竞争执法模式在我国产业政策竞争评估中的渠道作用，因为现行立法充分肯定了反垄断执法机构对行政性垄断的管辖权。这突出地表现在以下两个方面：首先，法律赋予了反垄断执法机构处罚建议权。“反垄断执法机构也可以向上级机关提出依法处理的建议，对直接负责人的主管人员和其他直接责任人员，依法给予警告、记过、记大过、降级、撤职、开除等行政处分。”① 其次，国务院在有关反垄断执法机构的职责分工上（新“三定方案”）明确地将查处行政性垄断列入职权范畴，涉及价格垄断问题的行政性垄断由国家发改委负责，其他均由国家工商总局查办。因此，只要特定产业政策客观上涉嫌行政性垄断问题，反垄断执法机构就可以通过竞争执法模式对其展开必要的竞争评估。

---

① 全国人大常委会法制工作委员会经济法室编：《中华人民共和国反垄断法条文说明、立法理由及相关规定》，北京大学出版社2007年版，第321页。

由于竞争执法具有典型的事后性，所以竞争执法模式在产业政策的竞争评估上在各国都只有在可能采取相应规制措施的情况下才有机会启用。根据我国的现行立法和实践操作，只有在以下两种情况下反垄断执法机构才会启动执法机制对特定产业政策进行竞争评估：第一，单位或者个人通过书面形式举报并提供相关事实和证据；第二，反垄断执法机构根据自身掌握的线索主动展开。如果在经过竞争评估后裁定特定的产业政策确实存在行政性垄断，那么反垄断执法机构可以向相关部门提出行政建议。

（四）竞争倡导模式

竞争倡导模式，即各类公权力主体特别是竞争执法机构在日常工作中经过竞争评估后认为拟制定的或者已经施行的产业政策虽然在相应权限和程序上都符合现行法律规定但却不合理地限制甚至排除了相关市场的竞争时，通过各种不具有强制效力的方式向产业政策的相关部门提出合理建议。根据国际竞争网络（International Competition Network，ICN）的解释，竞争倡导（Competition Advocacy）通常是竞争主管机构在执法以外实施的所有改善竞争环境的行为。① 这些行为主要包括两类："一类针对法律、政策的制定机构和管制机构，目的在于促进立法及管制以有利于竞争的方式设计、执行；另一类针对所有社会成员，以提升其对竞争益处以及竞争政策在促进和保护竞争中的作用的认知。"② 在我国当前"稳增长、调结构、促改革"的大背景下，竞争倡导应当成为所有公权力主体特别是竞争执法机构的法定职责。

政府职能部门特别是竞争执法机构在日常工作中如果认为拟制

---

① See International Competition Network, Advocacy and Competition Policy, http://www.internationalcompetitionnetwork.org/uploads/library/doc358.pdf, May. 20, 2016.

② 张占江：《竞争倡导研究》，载《法学研究》2010 年第 5 期。

定或者已施行的产业政策可能合法但却不合理地限制了相关市场的竞争，可以在不影响正常工作的情况下经过科学的竞争评估之后通过相应的沟通渠道将结论、建议等信息及时有效地传递给与产业政策制定、施行有关的组织，但是具体是否采纳及其程度由后者自由定夺。至于不同部门在竞争倡导模式下如何组织竞争评估并进行反馈，这需要结合各个部门的具体情况分别实施。例如，商务部可以利用内设机构反垄断局执行的经营者集中的竞争审查比照既定的竞争政策按照自身常规的竞争评估机制进行，并在经营者集中的竞争审查裁决之外单独以非约束性的文件将相关意见和建议抄送责任主体。

三、产业政策竞争评估的基本流程

无论在何种模式下，相应责任主体原则上都应当按照“简易评估→普通评估→特别评估”的基本流程开展对特定产业政策的竞争评估。

（一）简易评估

简易评估只是初步对特定的产业政策是否可能不合理地限制甚至排除相关市场的竞争作出倾向性分析，并以此为核心考量基础决定是否进行较为深度、全面的普通评估。因此，简易评估在论证标准、人力配备、时间投入上要求相对简单些。

在论证标准上，简易评估要求根据行业常识、专业方法、实践经验等能够在逻辑上合理地推导出结果即可。以国家层面的具体产业政策为例，如果政策制定部门采取的方式是“纵向选择型”，即以具体行业当中的个别企业作为驱动对象，例如给予特定产业中的龙头企业大额专项财政补贴等，根据常识和经验，这通常情况下都会实质性地影响相关市场的竞争；反之，如果采取的是“横向非选择型”，诸如搭建开放性的科研平台等，原则上就不会被认为可能存在不当影响市场竞争的问题。① 因此，竞争评估实施主体在简易评估阶段可以择用以定性分析为主的方法，在条件能够支持的情况下可以进一步采用部分定量分析方法来提高该预估结果的准确性和精确性。

在人力配备上，简易评估应当实行“内编人员有限参与、外援专家轻度介入”的原则。在正常情况下，实施竞争评估的部门在该阶段原则上只应动用自身的力量对特定产业政策的市场影响展开初步分析，具体而言就是内部的相应职能机构或者负责人员；如果自身客观上无法对整个问题或者局部内容作出较为稳妥的判断，则可以通过征询行业专家意见的方式继续推进，但是这种方式应当控制在轻度介入程度，如行业知识的解释说明、专业技能的使用演示等，不宜普遍性地聘请专家出具正式的研究报告。在以内编人员为基础展开竞争评估上，普通的政策制定部门、审批监督部门应当逐步加强能力建设，国家发改委、商务部、国家工商总局与含有上述机构授权执法职能的责任主体（省级行政部门）更应当优化内部不同职能机构之间的工作机制。

在时间投入上，简易评估必须在最短期限内完成，较为合理的段比应当占据基本流程的六分之一。至于具体时间的长短，需要根据每个责任主体的工作框架进行个性化设计，但是总体做法原则上都应当限定在数个工作日内。在竞争合规模式、审批监督模式、竞争执法模式等三种模式下，基于现代行政信息公开的法律需求，相应责任主体应当做出明确规定；但是在竞争倡导模式下，具体的时间可以由相应责任主体根据自身的工作进行安排。

---

① See Geoffrey Owen, Industrial Policy In Europe Since The Second World War: What Has Been Learnt? ECIPE OCCASIONAL PAPER · No. 1/2012, p. 37, http: //www. ecipe. org/app/uploads/2014/12/OCC12012 – revised. pdf, May 20, 2015.

（二）普通评估

如果特定产业政策在经过简易评估后被认为可能不合理地限制或者排除相关市场的竞争，则应当对其展开普通评估。该环节的竞争评估要求对特定产业政策的市场影响进行较为全面、深入的分析，这不仅在论证标准、人力配备、时间投入上要求更为复杂，而且需要启动其他相应配套工作机制。

普通评估在论证标准上要求必须对相关内容进行实质性全面分析，包括影响起源、影响路径、作用方式、受益与受损群体、利弊量化比较、关联风险程度等，评估实施者原则上应当采用较多的定量分析方法、工具和手段来支持最终的定性结论；仅以竞争评估通常涉及的基础性工作——相关市场界定为例，除了地域市场的常规推定外，普通评估环节的对应工作在有着较为客观的数据支持基础上应当通过“假定垄断者测试法”（SSNIP）对潜在的相关产品市场作出科学的界定①。在人力配备上，除竞争倡导模式外，普通评估通常要求评估实施者在工作机制范围内动用所有关联力量有效参与：以对应情景下的国家发改委为例，价格监督检查与反垄断局应当被充分“利用”起来和特定产业政策的提议司局协同开展专项工作；普通的政策制定部门、审批监督部门在该阶段原则上应当引入独立的专家报告制度，并对自评与他评的差异性、契合性作出比较说明。在时间投入上，普通评估的较为合理的段比应当占据基本流程的二分之一，具体工作期限需要在竞争合规模式、审批监督模式、竞争执法模式下与法定工作机制接轨，竞争倡导模式下的时间需求由竞争评估的实施者根据工作需求进行合理安排，但需要适度兼顾倡导的时效性问题。

---

① 参见丁茂中：《反垄断法实施中的“相关市场”界定国际比较》，载《法学杂志》2012 年第 8 期。

在进入普通评估阶段后，竞争评估实施者通常还应当启动其他一些工作机制。从实践来看，在竞争合规模式、审批监督模式、竞争执法模式甚至竞争倡导模式下，负责对特定产业政策进行竞争评估的主体原则上需要举行相应规模的听证会听取利益关系群体的意见，特别是那些涉及国内整个行业的产业政策。在审批监督模式与竞争执法模式下，对应责任主体应当给政策制定部门提供充足的机会进行陈述、申辩并对这些意见的采纳或者否决作出实质性的回应，避免出现因欠缺专业比较优势而导致裁决错误的情况发生。

（三）特别评估

在下列情形下，产业政策的竞争评估应当进入特别评估阶段：第一，普通评估在既定期限内无法及时完成的。受特定工作总量、部门之间的信息沟通效率、专业问题的复杂程度等诸多因素影响，评估实施者未必都能够在既定的时间内完成普通评估工作；在不允许进行“有罪推定”的前提下，制度设计上必须给予相应的递延空间支持其保质保量地完成竞争评估。第二，普通评估环节涉及问题存在较大争议的。因产业政策涉及的利益较为广泛且竞争评估在具体操作过程中客观上存在一定的弹性空间，不排除在普通评估阶段出现对竞争评估的具体问题及其结果产生重大分歧的现象；为了在最大程度上确保评估结果的科学性，制度设计应当安排后续的环节。第三，根据审慎原则需要进行复核论证的。为了有效避免决策过程中出现特定场合下的偶然性认知，复核论证机制被较为广泛地引入到各类政策的制定工作中；如果评估实施者根据硬性规定或者自身需求应当对产业政策的竞争评估进行复核论证的，那么可以在特别评估阶段展开。

特别评估的论证标准与普通评估原则上基本相仿，但是对于“普通评估环节涉及问题存在较大争议的”情形的需要更为精确化：如果争议的核心在于多元事项的选择合理性问题，那么特别评估不仅应当对影响因素的选择合理性程度作出细化说明，而且必须对定性结果进行量化比较；但是如果争议的内容涉及可行性、必要性等存废与否问题，那么特别评估应当尽量做到评估结果的“唯一性”，并不得使用排除推定的方法进行。在人力配备上，无论是基于评估周期的紧迫性还是结果的科学性，特别评估要求评估实施者不仅应当倾其力而为之，而且尤其需要与其他相关部门展开实质性的互动交流：以在竞争倡导模式下借助经营者集中的竞争审查对涉及互联网行业的特定产业政策展开的竞争评估为例，如果因为“普通评估环节涉及问题存在较大争议的”而进入特别评估环节的，则商务部应当与工信部、国家知识产权局等部门重点对争议的问题进行深层次的探讨，而不能只推进到发函咨询等层面上即止。对于时间投入问题，特别评估的较为合理的段比应当占据基本流程的三分之一；在既定的最后期限内，评估实施者原则上应当作出竞争评估的结果，未作出竞争评估结果的视为默认特定的产业政策不存在实质性限制、排除相关市场竞争的问题。

四、产业政策竞争评估的操作方法

在对特定产业政策进行竞争评估的过程中，评估实施者可以根据各个环节的对应要求选择合适的定性分析方法或者定量分析方法展开具体操作。

（一）定性类的操作方法

在评估的精确性没有特别要求的情况下，相应责任主体可以择用定性类的操作方法进行竞争评估。根据实践经验，可以用在产业政策竞争评估的具体定性方法是多种多样的；以下设计的“清单对照排除法”就是其中一种比较可行的做法（表 5－1－1），它应当能够基本满足简易评估的最低要求。

表 5 -1 -1：产业政策竞争评估的“清单对照排除法”

基本步骤	类型识别	性质判断		子项参考标准	备注
第一步	涉及全国范围 □ 涉及部分地区 □	积极 □	消极 □	若是涉及部分地区，较为可能产生竞争问题。	推定不适用于地方行政部门在法定职权范围制定的产业政策。
第二步	覆盖多个行业 □ 针对特定行业 □	积极 □	消极 □	若是针对特定行业，较为可能产生竞争问题。	推定不适用于具体行业主管部门依据法定职权制定的产业政策。
第三步	抽象行政行为 □ 具体行政行为 □	积极 □	消极 □	若是具体行政行为，原则上将被视为可能存在竞争问题。	推定仅适用于行政行为依法制定的各类产业政策。
第四步	增加企业数量 □ 无关企业数量 □ 减少企业数量 □	积极 □	消极 □	若是减少企业数量，原则上将被视为可能存在竞争问题。	以最为直接导致相关领域的经营者数量变化为准。
第五步	市场结构多头 □ 市场结构寡占 □	积极 □	消极 □	若是市场结构寡占，原则上将被视为可能存在竞争问题。	以企业的市场份额为权衡基础，适当参考现行企业数量。
第六步	机会获得均等 □ 机会获得不等 □	积极 □	消极 □	若是机会获得不等，原则上将被视为可能存在竞争问题。	机会获得包括受惠机会，如经济补贴和受损机会，如节能减排。

续 表

基本步骤	类型识别	性质判断		子项参考标准	备注
第七步	受众性质集中 □	积极 □	消极 □	若是机会获得不等，原则上将被视为可能存在竞争问题。	受众性质是指受到产业政策影响的经营者性质，如国企、私企等。
	受众性质分散 □				
第八步	配比依据客观 □	积极 □	消极 □	若是配比依据主观，原则上将被视为可能存在竞争问题。	受惠或者受损的预期内容不是根据客观可查的数据及单位。
	配比依据主观 □				
总体评价	将会影响市场竞争 □	（1）符合“子项参考标准”的“类型识别”在“判断性质”上归为“消极”，如果含“第三步”事项在内的内容被判为“消极”，原则上应当被视为“将会影响市场竞争”，对应数量越多，程度将会越严重。 （2）“总体初步评价结果”只对是否可能不当影响市场竞争作出经验性反映，未触及这种结果背后的实质利弊比较。			
	不会影响市场竞争 □				

（二）定量类的操作方法

为了提高评估的精确性，相应责任主体应当尽量较多地采用定量类的操作方法进行竞争评估。在竞争评估项下问题的论证上，评估实施者可以根据对应内容进行具体选择，如在市场范围的考量上可以采用临界损失分析法；但是在竞争评估的整体框架分析上，PSCP 范式可能是最合适的方法。

PSCP 范式，即“公共政策（Policy）”—“市场结构”（Structure）—“市场行为”（Conduct）—“市场绩效”（Performance）范式，它是在新产业组织理论视野下 SCP 范式的基础上将公共政策作为内生变量演化而来的。虽然新产业组织理论深刻的意识到 SCP 范式是一个互动的循环过程①，但是令人遗憾的是其并没有将公共政策纳入到分析架构之中。这导致在很多情况下决策部门只是在了解市场结构、市场行为、市场绩效相互作用的基础上来制定公共政策（包括产业政策在内），基本忽视了公共政策与 SCP 范式中变量因素的内在互动关系。事实上，公共政策与市场结构、市场行为、市场绩效相互之间呈现出紧密的联动特质。② 例如：不仅特定产业的政府补贴政策将会影响市场进入者的数量、产品定价、行业效能等，而且市场进入者的数量、产品定价、行业效能等亦会影响特定产业的补贴政策，如市场进入者过多引发的产能过剩、价格战等都会导致政府补贴政策的调整甚至取消。因此，PSCP 范式相对更为科学（范式架构见图 5－1－1），它目前已经被成功地应用于分析金融业的政府规制对市场绩效的影响。

图 5－1－1：PSCP 范式架构

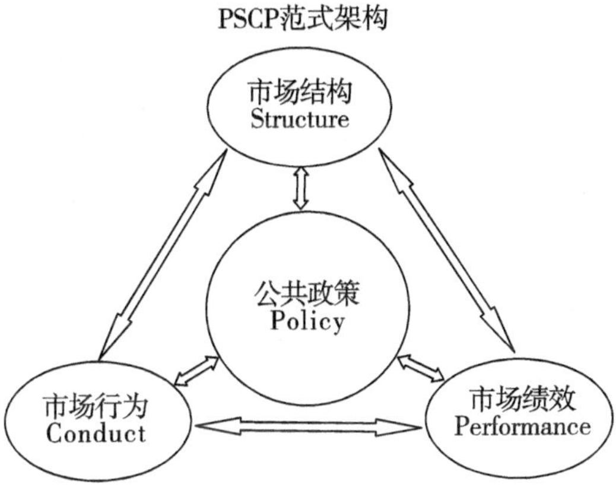

---

① ［美］F. M. 谢勒：《产业结构、战略与公共政策》，张东辉等译，经济科学出版社 2010 年版，第 2～4 页。

② See Deepti Sahool & Pulak Mishra, "Structure, Conduct and Performance of Indian Banking Sector", 12 *Review of Economic Perspectives*, 4 (2012), p. 238. Allan Fels, Competition Policy Reforms, ACT Public Service Seminar – Competition Policy 3 April 1997, https: //www. accc. gov. au/speech/competition – policy – reforms, Jun. 10, 2016.

由于在 PSCP 范式视野下，市场结构、市场行为、市场绩效与公共政策实现了科学互动，所有变量在竞争政策镜头下都是内生的①，因此，PSCP 范式的出现为产业政策的竞争评估提供了新方法。通过建立“公共政策”—“市场结构”、“公共政策”—“市场行为”、“公共政策”—“市场绩效”对应的分析模型，我们不仅可以看出一项产业政策对市场竞争的影响程度，而且可以量化比较该影响可能带来的实质性利弊。根据各国反垄断执法机构的竞争评估实践，若能够细致地分析出一项行为（包括政府行为）对市场结构、市场行为的影响，就可以较为客观地作出竞争评估②，这无论是在过去所谓的“结构主义”时代还是在当前所谓的“行为主义”时代均可，而在此基础上对市场绩效的影响考量实质上是比较分析了特定行为的潜在利弊。

五、结语

推进产业政策的竞争评估不仅可以在最大程度上促进产业政策与竞争政策的有效协调，实时维护我国市场竞争机制的健康发展，而且能够有效地推动我国政府在干预市场方式上的逐步转型。世界范围内兴起的多个自由贸易协定谈判所带来的外界压力和“稳增长、调结构、促改革”所形成的内在诉求客观上决定了我国政府在干预市场方式上应当转向竞争政策优先，包括“择用”上优先与“效力”上优先。虽然韩国的经验表明，对于产业政策与竞争政策的择用转型在很大程度上取决于政府的决心；但是中国的客观现实决定了我们不可能一步到位，而最为切实可行之举就是较为普遍性地引

---

① 参见［爱］伯纳德特·安德鲁索、戴维·雅克布森：《产业经济学与组织——一个欧洲的视角》（第二版），王立平等译，经济科学出版社 2009 年版，第 19 页。

② 张占江：《反垄断法的地位及其政策含义》，载《当代法学》2014 年第 5 期。

入产业政策的竞争评估机制。这不仅可以使得竞争政策开始逐步介入我国的经济生产，而且能够渐渐培养政府择用竞争政策的习性，从而为我国政府在干预市场方式上的彻底转型奠定坚实的基础。因此，我们应当大力倡导和实施产业政策的竞争评估，积极落实“发挥市场在资源配置中的决定性作用”的改革决议。

第二节　竞争中立政策的引入

竞争中立政策（Competitive Neutrality Policy）最早发端于澳大利亚的国内经济改革，澳大利亚联邦政府在 1996 年发布的《联邦竞争中立政策声明》（Commonwealth Competitive Neutrality Policy Statement）中首次明确提出：政府商业活动不应当仅凭其公共部门所有权而享有高于私营部门竞争者的竞争优势（“澳版”竞争中立政策）。[①] OECD 近些年来先后发布了《澳大利亚的竞争中立与国有企业：实务和其他相关的评论》（Competitive Neutrality and State - Owned Enterprises in Australia：Review of Practices and their Relevance for Other Countries）、《竞争中立：维持公有企业与私有企业之间竞争水平》（Competitive Neutrality：Maintaining a level playing field between public and private business）等系列专题工作报告向国际社会大力推广以“简化国有企业运营方式”、“核算特定职能成本”、“给予商业化回报”、“厘清公共服务义务”、“税收中立”、“监管中立”、“债务及补贴中立”和“公共采购中立”等八项主张为核心内容的竞争中立政策（“OECD 版”竞争中立政策）。[②] 美国自中国企业在国际市

① Australia, Commonwealth Competitive Neutrality Policy Statement, http：//archive. treasury. gov. au/documents/275/PDF/cnps. pdf, Sep. 14, 201.

② OECD, Competitive Neutrality：Maintaining a level playing field between public and private business, http：//www. oecd. org/daf/ca/corporategovernanceofstate - ownedenterprises/50302961. pdf, Oct. 1, 2015.

场上迅速崛起以来，特别是美国在加入《跨太平洋伙伴关系协议》(Trans - Pacific Partnership Agreement，TPP）谈判之后，三番五次指责中国的国家资本主义有悖于现代国际社会“所普遍赞同”的竞争中立政策，并强调：竞争中立的意思是使竞争不受外来因素的干扰，其核心是对现有国际经济规则进行更新和调整，以“弥补现有的国际经济规则无法保证国有企业和私营企业公平竞争的缺陷”（“美版”竞争中立政策）。[①] 上述这些使得竞争中立政策开始逐步“舶入”中国，成为政府、商界、学界关注的重要经济话题。

一、研究缘由：推进改革与保障安全

虽然国际贸易争端的正常回应成为国内研究竞争中立政策的起点，但是基点却在于我们自身的社会发展诉求，绝非简单的盲目跟从。

（一）中国实施竞争中立政策的现实需求

党的第十八届三中全会开创性地提出的“发挥市场在资源配置中的决定性作用”为我国深化经济体制改革指明了方向。在这次全会第二次全体会议上，习近平总书记着力强调：“制定出一个好文件，只是万里长征走完了第一步，关键还在于落实文件，真正把全会精神转化成改造现实世界的强大力量。”[②] 竞争是市场的灵魂。市场机制能够有效配置资源、形成兼容的激励机制的根本原因在于“通过市场竞争形成的价格能够反映供求，就是反映资源的稀缺程度。所以只有通过市场的自由竞争才能形成这个价格信号，才能实

① 吴云：《美国出新招对付“中国模式”》，载《人民日报》2011 年 11 月 24 日第 21 版。

② 秦杰、徐京跃、霍小光、华春雨：《让改革旗帜高高飘扬——〈中共中央关于全面深化改革若干重大问题的决定〉诞生记》，载《人民日报》2013 年 11 月 19 日第 1 版。

现市场所有有效的机制”①。要充分发挥市场在资源配置中的决定性作用，就必须有效地采取措施维护市场竞争。而市场竞争机制的维护不仅需要政府积极作为预防和制止经营者实施垄断行为，而且需要政府严于律己禁止“滥用”权力限制、排除竞争。这不仅限于市场进入环节，而应贯穿于整个市场运行过程之中。因此，除了应当积极落实国务院在 2014 年 7 月 8 日印发的《关于促进市场公平竞争维护市场正常秩序的若干意见》作出的全面推进负面清单（市场准入）管理模式决定外，我国还应当在严格执行《反垄断法》禁止“滥用行政权力排除、限制竞争”的基础上开始实施秉持市场调节优先、政府干预次优理念的竞争政策。以促进竞争为核心导向的竞争政策包括多个方面内容，除了影响施法宽严的竞争执法政策、放松市场管制的竞争推进政策、消减企业违法的竞争合规政策、培养竞争文化的竞争倡导政策等外，限制政府干预的竞争中立政策也是其重要组成部分。② 可以看出，“发挥市场在资源配置中的决定性作用”的现实内在需求决定了我国应当开始引入竞争中立政策。

进入 21 世纪以来，独立于 WTO 现行框架之外的多边（包含双边）区域性自由贸易协定谈判在全球各地兴起。根据 WTO 的报告，截至 2013 年，WTO 成员通报的特惠贸易协议数量已经大大超过 500 项。多边区域性自由贸易协定的普遍兴起大大冲击了 WTO 现行框架，特惠贸易协定的不断增加将会使作为 WTO 基石的“最惠国待遇条款”蜕变成为“最差国待遇条款”。这直接导致中国“入世红利”正面临着因现行国际贸易规则的深刻变化而可能被掠夺殆尽的潜在风险，我国在 WTO 现行框架下通过市场竞争逐步积累起来的相对优势完全可能因为部分 WTO 成员国“例外”适用各类特惠贸易协定而

① 吴敬琏：《没有竞争的市场更可怕》，载《新华日报》2013 年 2 月 26 日第 A03 版。

② 参见徐士英：《竞争政策研究——国际比较与中国选择》，法律出版社 2013 年版，第 204 ~ 224 页。

被彻底抵消。历史经验充分表明，“规则的制定者或主导者能够从中获得巨大的额外经济收益。”① 因此，在积极推动 WTO 新一轮谈判的同时，我国必须根据国际形势的变化适时启动各类多边区域性自由贸易协定谈判。但是客观而言，无论是主动筹建还是被动加入任何多边区域性自由贸易协定谈判，我们都无法避开 TPP 的影响。“TPP 不仅要求减低或取消关税，更重要的是它强调各成员国的竞争政策，例如推行高标准的知识产权保护、金融改革、增强规则透明度等一系列措施；实际上就是强调规范政府与市场的关系，推行竞争中立政策。”② 一方面，“对于经济发展水平有限的发展中国家来说，若游离之外，则面临被严重边缘化的可能；若介入其中，则意味着以自身利益为代价来满足美国的‘自由化’标准和利益”③；另一方面，由于 TPP 谈判国的国内生产总值约占全球 40% 且贸易额约占全球三分之一，因此标志其市场开放程度的竞争中立政策不得不被其他多边区域性自由贸易协定谈判所重视；若达成的贸易协定的市场开放程度大幅浅于 TPP，则相应缔约方的产品在协定覆盖区域之外的市场竞争力可能较弱，在与 TPP 交集的成员国市场上则完全可能没有任何竞争优势。显而易见，多边区域性自由贸易协定谈判的现实外在需求也决定了我国应当逐步引入竞争中立政策。

（二）中国实施竞争中立政策的潜在风险

TPP 谈判进程的迟缓及出现的较大争执表明实施竞争中立政策对于大部分国家而言并非是毫无顾虑的，它可能会不同程度地伴生

① 李向阳：《国际经济规则的形成机制》，载《世界经济与政治》2006 年第 9 期。

② 赵学清、温寒：《欧美竞争中立政策对我国国有企业影响研究》，载《河北法学》2013 年第 1 期。

③ 肖冰、陈瑶：《〈跨太平洋伙伴关系协议（TPP）〉挑战 WTO 现象透视》，载《南京大学学报（哲学·人文科学·社会科学版）》2012 年第 5 期。

一些重大风险。预判这些潜在风险非常重要，直接关系到中国经济的稳健发展问题。从目前的研究来看，中国实施竞争中立政策面临的最大风险是因政策定位失误而落入国际贸易保护主义的陷阱。虽然竞争中立政策激荡于国际社会已经数十年，但是它至今尚不统一、完整。“澳版”竞争中立政策针对国内市场，关注国企与私企竞争，强调实质公平；“OECD 版”竞争中立政策针对国际市场，关注国企与私企竞争，强调形式公平；“美版”竞争中立政策针对国际市场，关注国企与私企竞争，强调自由公平。若从字面意思解读，竞争中立均能支持上述三个版本的政策理解，但是它们的社会效果对于不同类型国家而言却千差万别。最为重要的是，市场失灵——弱肉强食导致竞争走向垄断意味着国际市场的国家利益分化、各国侧重的经济组织差异、历史原因造成的企业实力悬殊使得“OECD 版”与“美版”的竞争中立政策对于西方发达国家而言在世界经济格局发生利空转折时能够带来贸易保护主义效果——以形式上同等适用于自身的竞争中立规则限制广大发展中国家政府采取特定措施对国际市场竞争中现存的在实质上属于有失公平的问题进行矫正以维持本国企业在国际市场中的优势地位。许多专家在研究美国近些年有关竞争中立政策的国际主张与国内需求后深刻指出，“美国推动竞争中立，主要是以中国等国家普遍存在的国有企业为目标，在美国与其他国家的竞争中保护美国的利益。一方面，美国积极推动他国的自由贸易，从而为本国商品和资金打开市场；另一方面，美国又加强对本国产业的保护，抑制别国竞争。”①因此，如果我们直接照搬“OECD 版”或者“美版”竞争中立政策，那么将会明显落入国际贸易保护主义陷阱，后果可能堪比曾经盲目全盘采纳“比较优势理论”所带来的负面影响。

---

① 王婷：《竞争中立：国际贸易与投资规则的新焦点》，载《国际经济合作》2012 年第 9 期。

除此之外，中国实施竞争中立政策面临的最大风险就是经济阶段性波动。虽然我国在经过30多年的高速发展后GDP已经跃居世界第二，世界500强企业在2013年已经以95家的总数继续逼近美国；但是正如国务院发展研究中心企业研究所赵昌文所长所言："欧美的500强企业更多的是技术密集型企业，是全球性企业，而我们的绝大部分还是垄断企业，市场主要在国内。"① 这在很大程度上导致我国出现了"低技术锁定"现象，即经济高速增长与低水平技术创新长期并存。研究表明："对垄断厂商在制度与政策上的倾斜，不仅削弱了垄断企业创新的动力，也削弱了非垄断企业创新的动力。非垄断企业减少研发投入并增大其成为垄断厂商中间制品生产者的概率，最终使得非垄断企业与垄断企业的博弈演变为资本与劳动力的争夺，使企业陷入对要素数量的竞争而非要素质量提升的竞争，这会大大降低内生性技术创新出现的频率并诱发大规模增加资本投入，从而维持稳定的经济增长。"② 现行存在的"低技术锁定"现象容易使我国在实施竞争中立政策深化市场改革过程中面临较为严峻的新挑战——相对公平竞争规则之下的新一轮行业与企业的洗牌，而改革开放特别是入世的实践经验表明市场不同程度的阶段性失灵完全在可预计范围之内。熊彼特的"创造性破坏"理论不仅间接地揭示了暂时落后的企业（挑战者）追赶现行领先的企业（领先者）失败的风险，而且直接地表明了这个追赶过程（攻击与反击）的时间性。落后、追赶、超越之间客观存在的时滞将可能在较大程度上导致我国部分行业局部甚至整体进入阶段性发展低谷，而这在"稳增长、调结构、促改革"的转型背景下可能出现效应倍增的后果，导致中国经济局部甚至整体出现短期大幅下滑甚至下行。

---

① 《中国企业"总数第二"背后的尴尬》，http：//cppcc. people. com. cn/n/2012/0717/c34948 - 18529197. html，访问日期：2016年2月26日。

② 丁重、张耀辉：《制度倾斜、低技术锁定与中国经济增长》，载《中国工业经济》2009年第11期。

二、政策定位：政府角色与应然使命

中国当前面临的局面要求我们必须去伪存真，前提性地保证我国实施的竞争中立政策定位准确与科学。

（一）竞争中立政策的政府角色

尽管词根解释的多元化在理论上支持竞争中立政策对政府角色定位的多样化，如禁止政府干预、限制政府非中立性干预等，但是竞争中立政策的适用领域（市场经济）客观存在的市场失灵问题却限制了人们在实践中的选择。“市场是资源配置的有效机制，这已为十九世纪欧洲和北美洲大多数国家的资本主义经济成就所证明。但是，市场不是万能的，市场机制也有固有着许多自身不可克服的缺陷，以致在资源配置上失灵和失效，即不能或难以实现资源的高效配置，这已为十九世纪末以来资本主义经济的发展状况，特别是周期性经济危机所证明。”① 市场失灵决定了政府干预的必要性，这包括国内市场和国际市场。显然，“美版”竞争中立政策的“使竞争不受外来因素的干扰”对政府角色的定位——禁止政府干预有失科学。相较于亚当·斯密为代表的古典经济学派而言，“美版”竞争中立政策的激进程度有过之而无不及；但是这并不是美国无知的表现，它恰恰反映出美国的真正想法，即通过推进国际市场高度甚至完全的自由竞争来使得美国企业垄断或者继续垄断全球的主要核心产品、技术、服务等市场。“澳版”与“OECD 版”的竞争中立政策都充分肯定了政府干预，但是限制政府非中立性干预，只是仅针对国企与私企的公平竞争。除视野问题外，这样定位政府在竞争中立政策中的角色基本科学，比较符合市场与政府耦合的客观规律。正如《中

---

① 王全兴：《经济法基础理论专题研究》，中国检察出版社 2002 年版，第 80 页。

共中央关于全面深化改革若干重大问题的决定》指出："政府的职责和作用主要是保持宏观经济稳定，加强和优化公共服务，保障公平竞争，加强市场监管，维护市场秩序，推动可持续发展，促进共同富裕，弥补市场失灵。"竞争中立政策应当允许政府干预市场，但是限制政府非中立性干预市场。

然而这并非"OECD版"竞争中立政策的八项主张所片面呈现出的貌似绝对化限制，竞争中立政策允许政府依法采取合理的非中立性干预措施。这在"澳版"竞争中立政策的社会实践中表现得非常明显，澳大利亚在推行竞争中立政策期间也时不时地采取一些非中立性干预措施。例如："澳大利亚要求在硬件（电脑、网络设备、主机和打印机等）采购中，至少10%的合同（以金额计算）授予中小企业"①；澳大利亚要求电信公司Telstra履行电信普遍服务义务，即不管以廉价的光纤方式还是高昂的卫星方式必须为全体澳大利亚国民提供商用64kbit/ sISDN接入服务。事实上，澳大利亚政府采取非中立性措施干预市场并不纯粹只是一种客观现象孤立存在，它的不少法律在制度层面上就授权政府根据特定情形采取非中立性干预措施。仅以由《1974年商业行为法》更名而来的2010年《竞争与消费者法》（Competition and Consumer Act 2010）为例，该法第46条规定：如果一个公司具有市场优势地位，则不得滥用这种地位对竞争者实施造成消灭及实际损害的行为，不得阻止他方进入市场，不得阻止或防止他方的竞争行为。类似澳大利亚的上述规定在包括美国在内的很多国家的竞争法律规范中都是普遍常见的，其性质上是一种非中立性干预措施。如德国法学家狄特瑞希·霍夫曼所言，"一种行为若由其他企业实施则可能是正常的竞争，但若由拥有市场支

① 许敏燕：《澳大利亚对扶持政策落实情况实行年检》，载《政府采购信息报》2013年6月21日第4版。

配地位的企业实施就构成‘滥用’并受到禁止。”① 这种现象的出现并不是偶然的，优胜劣汰基本法则导致竞争走向垄断的（固有）市场失灵决定了政府非中立性干预的存在，只是政府失灵使得法律对其严格限制。因此，竞争中立政策允许政府干预市场，但是原则限制政府非中立性干预市场（特殊情形除外），但是必须至少合法。

（二）竞争中立政策的应然使命

作为竞争中立政策的发源地，澳大利亚推行竞争中立政策的目标在于力求确保市场的公平竞争。在澳大利亚竞争中立政策的起源报告《国家竞争政策》（National Competition Policy）中，联邦与各州1991年决定成立的负责全面调查澳大利亚市场竞争状况的国家竞争政策检查委员会主席希尔墨（Frederick C Hilmer）教授强调：每一个现代市场经济都有一套规则确保竞争机制不会被企业通过合谋或者单干的反竞争行为破坏。…在澳大利亚，这些规则包含在《1974年商业行为法》第四部分。…当前最紧迫的问题就是确保这些规则在适用过程中所存在的不合理漏洞得以弥补进而为企业经营提供一个全国统一的法律框架。② 这种做法非常科学，完全符合现代社会对市场经济竞争机制的认知。历史教训使人们放弃了自由竞争理念，几乎所有国家的竞争政策与竞争法律都选择了公平竞争作为价值导向，以此提升经济运行效率。对此，澳大利亚2004发布的《澳大利亚政府对经理人的竞争中立指引》（Australian Government Competitive Neutrality Guidelines for Managers）还作了特别声明：政府致力于令人信服、透明的行政管理和公共资源的高效配置与使用，

---

① 曹士兵：《反垄断法研究》，法律出版社1996年版，第140页。

② Australia, National Competition Policy, http://ncp.ncc.gov.au/docs/National%20Competition%20Policy%20Review%20report%2C%20The%20Hilmer%20Report%2C%20August%201993.pdf , Jun. 30, 2015.

实现此承诺的一个重要路径就是对政府商业活动实行竞争中立政策。① 竞争中立政策应当以促进市场公平竞争为使命，它应当成为原则限制政府非中立性干预和例外允许政府非中立性干预的唯一评价标准。

但是这种公平竞争不仅限于形式公平，还应兼顾实质公平。民商法与经济法的分化演进历史表明，形式公平与实质公平的局部分野使得形式公平可能导致实质不公平。而这个问题在竞争中立政策由国内市场跃至国际市场上显得较为突出。在因国家主权而对等存在外资进入壁垒的国内市场上，优化资源配置创造的经济财富与单个国家的国家利益通常是高度吻合的，形式公平的竞争中立政策往往能够保证市场竞争的实质公平。但是在优化资源配置创造的经济财富和单个国家利益一般存在较大错位的国际市场上，形式公平的竞争中立政策恰恰容易导致市场竞争的实质不公平。以针对国际市场的“OECD 版”竞争中立政策为例：虽然 OECD 貌似客观阐述了竞争中立政策应当遵守的八项行为准则，但是它并没有合理论及不同国家因历史缘由而客观存在的实力差异；这使得“OECD 版”竞争中立政策在性质上仅停留在形式公平，而这必然会加剧具有历史优势的国家对长期处于劣势的国家在国际市场竞争中的各种优势。因此，竞争中立政策不仅应当重视形式公平，而且应当重视实质公平，并且这种公平应当涵盖所有企业之间的市场竞争，而不应仅限于国企与私企的市场竞争。首先，竞争关系盘根错节而非整齐划一地存在于不同类型的市场参与者之间，商品供给替代不仅发生在一国境内的国企与私企之间，还发生在一国境内的国企之间和私企之间。尽管特殊的“血缘”关系使得国企常常受到政府不合理的特殊

① Australian, Australian Government Competitive Neutrality Guidelines for Managers, http://www.finance.gov.au/sites/default/files/AGCN_guide_v4.pdf, Aug. 1, 2015.

关照而获得额外竞争优势，但是因政府投资的主体多元化和产权持有的多样化，这种额外竞争优势并非普遍、均衡地惠及所有国企；况且根据实践经验，从政府不当干预市场行为中获得额外竞争优势并非国企的“专利”，私企通过商业贿赂、院外游说、政府非对称管制等获得额外竞争优势在现实生活中也是屡见不鲜。其次，仅针对国企与私企的市场竞争甚至特定国家的国企与其他私企的市场竞争本身就有悖于公平原则。事实上，澳大利亚实施的竞争中立政策并不是只针对国企与私企的市场竞争，只是因问题起源及其严重程度而受到重点关注罢了。就《1974 年商业行为法》的规定来说，这部相对于 1965 年的新法仍然存在很多问题，除联邦和各州制定的法律所规定的适用除外条款（不少涉及国企优先事项）仍然具有优先效力外，还无法适用于合伙、个体商贩等非法人企业之间在州内的商业行为等。这些问题在澳大利亚后续推行竞争中立政策改革过程中都被触及，并进行了较为彻底的解决。从严格意义上说，国际社会现行传播的“澳版”竞争中立政策颇有断章取义、以偏概全之嫌。竞争中立政策的周全之义应当涵盖所有市场竞争关系，确保整个市场竞争的公平性。

三、政策内容：行为准则与适用除外

付诸实施的基本条件要求我国的竞争中立政策围绕促进市场公平竞争的内容必须清晰、完整，具有系统性，能够有效地指导政府推进经济改革。

（一）竞争中立政策的行为准则

交易机会中立是竞争中立政策的第一行为准则，它要求政府在干预市场过程中应当公平地向所有参与市场资源配置的经营者提供交易机会。市场竞争均以交易机会作为前提。“进入各种贸易的通道必须在平等的条件下向所有人开放，法律必须不能容忍任何个人或者集团企图通过公开或者隐秘的力量限制这些通道。”[①] 因此，竞争中立政策首先要求政府确保交易机会中立。交易机会中立行为准则具体包括两个方面，即市场进入中立与政府采购中立。前者要求政府在企业的经营资质赋予、业务市场拓展、商业合同缔结上保持中立，确保它们能够公平地争夺市场提供的“内在”交易机会；后者要求政府在政府采购的开放对象、信息公开、参与方式、评选机制上保持中立，确保企业能够公平地争夺政府提供的“外在”交易机会。

表 5－2－1：交易机会中立行为准则

<table>
<tr><th colspan="4">交易机会中立行为准则</th></tr>
<tr><td rowspan="10">市场进入中立</td><td rowspan="3">经营资质赋予中立</td><td>自然赋予中立</td><td>凡是符合条件的，应当贴近自然法则公平地直接赋予自然人各项权利</td></tr>
<tr><td>注册赋予中立</td><td>职能部门核心注意事项：注册条件、材料递交、审查流程、工作周期</td></tr>
<tr><td>许可赋予中立</td><td>重点事项：进入管制信息误导、实质审查信息透明、决定结果事项说明</td></tr>
<tr><td rowspan="4">业务市场拓展中立</td><td colspan="2">禁止滥用行政权力妨碍商品在地区之间的自由流通</td></tr>
<tr><td colspan="2">禁止滥用行政权力排斥或者限制外地经营者参加本地的招标投标活动</td></tr>
<tr><td colspan="2">禁止滥用行政权力排斥或者限制外地经营者在本地投资</td></tr>
<tr><td colspan="2">禁止滥用行政权力排斥或者限制外地经营者在本地设立分支机构</td></tr>
<tr><td rowspan="2">商业合同缔结中立</td><td>限制当地含量要求</td><td>除法律规定外，所有地方政府不得在行政区域内实施当地含量要求</td></tr>
<tr><td colspan="2">禁止滥用行政权力限定单位或者个人经营、购买、使用其指定的经营者提供的商品</td></tr>
</table>

① ［英］哈耶克：《通往奴役之路》，王明毅等、冯兴元译，中国社会科学出版社 1997 年版，第 41 页。

续　表

政府采购中立	政府采购开放对象中立	对内开放中立	禁止阻挠和限制供应商自由进入本地区和本行业的政府采购市场
		对外开放中立	WTO《政府采购协议》(2012 版) 第 4 条的“非歧视”条款
	政府采购信息公开中立	公开信息内容中立	不得设立违背公平竞争原则的条件、按照公开透明原则公布结果
		公开信息方式中立	建设全国统一的电子化政府采购管理交易平台，统一发布采购信息
	政府采购参与方式中立	建设全国统一的电子化政府采购管理交易平台，推进政府采购参与方式的全面电子化，注册成为平台会员的性质为非壁垒性前置程序	
	政府采购评选机制中立	人选中立	核心评价指标：专业水平、生产方式、利害回避、职业操守
		方法中立	事先确定方法：最低平标价法、性价比法、综合评分法、综合评价法

经营负担中立是竞争中立政策的第二行为准则，它要求政府在干预市场过程中应当公平地处理各类参与市场资源配置的经营者的经营负担，包括政府方面单边施加的诸如税收、监管、社会责任等强制性负担与市场方面合意施加的譬如贷款融资、违约责任、侵权责任等协商性负担。所有交易机会下的任何经营负担都会直接或者间接转化为企业的经营成本，而经营成本的高低直接影响到企业能否成功实施成本领先战略以获得竞争优势。因此，竞争中立政策其次要求政府确保经营负担中立，包括强制性负担的课征与协商性负担的消减。

表 5－2－2：经营负担中立行为准则

<table>
<tr><th colspan="4">经营负担中立行为准则</th></tr>
<tr><td rowspan="11">课征强制性负担中立</td><td rowspan="4">税收中立</td><td>税收负担中立</td><td>税率的统一化、中央及地方税收减免与返还的平等化</td></tr>
<tr><td>税收计算中立</td><td>细化明确入账、入税栏目，细化明确税基的计算</td></tr>
<tr><td>税收缴纳中立</td><td>统一企业税收缴纳期限、减少分期缴纳与延期缴纳适用情形</td></tr>
<tr><td>税收处罚中立</td><td>压缩税务机关的自由裁量空间，减少自由裁量权限造成的处罚差异</td></tr>
<tr><td rowspan="4">监管中立</td><td>监管范围中立</td><td>面向所有企业，重点指向监管薄弱的国企</td></tr>
<tr><td>监管标准中立</td><td>原则采用绝对统一标准，例外采用类别统一标准</td></tr>
<tr><td>监管力度中立</td><td>统一明确例外监督检查周期与频率、突击检查的适用情形、监督检查所需内容</td></tr>
<tr><td>监管矫正中立</td><td>探索不同矫正手段及其幅度启用的阶梯方案，并以规范性的文件对外公示</td></tr>
<tr><td rowspan="3">社会责任中立</td><td>法律责任化类型的企业社会责任中立</td><td>譬如，特定险种的保险条款和保险费率限制</td></tr>
<tr><td>软法责任化类型的企业社会责任中立</td><td>譬如，用人单位提高劳动者的福利待遇</td></tr>
<tr><td>首先责任化类型的企业社会责任中立</td><td>譬如，国企在各种情况下的社会捐助</td></tr>
<tr><td rowspan="7">消减协商性负担中立</td><td rowspan="3">贷款融资中立</td><td colspan="2">政府必须切实采取措施禁止以任何形式为企业的商业贷款提拱担保</td></tr>
<tr><td colspan="2">政府禁止以任何方式强制商业银行向特定企业发放贷款</td></tr>
<tr><td colspan="2">禁止政府为了使得帮助特定企业获得商业贷款而采取不合理的救市措施</td></tr>
<tr><td rowspan="2">违约责任中立</td><td>政府合同的违约责任中立</td><td>原则采用统一的格式文本，必须严格按照约定承担违约责任</td></tr>
<tr><td>民事合同的违约责任中立</td><td>政府不得非法干预合同当事人在违约责任上的约定、政府不得非法干预合同当事人在违约责任上的履行</td></tr>
<tr><td rowspan="2">侵权责任中立</td><td colspan="2">政府原则上不应当介入企业侵权纠纷案件的私人和解，如果政府基于特定因素的考虑通过合法的方式介入，则必须从前提上保证这种介入的普遍性</td></tr>
<tr><td colspan="2">政府在依法介入企业侵权纠纷案件后不得带有任何偏见向任何一方当事人进行施压促成纠纷化解</td></tr>
</table>

投资回报中立是竞争中立政策的第三行为准则，它要求政府在干预市场过程中应当公平地影响所有参与市场资源配置企业的投资回报。商业化运作的企业争取交易机会、承受经营负担的一切作为都是为了追逐投资回报，而能否获得投资回报以及回报率的高低直接决定着一个企业在市场竞争中的命运；虽然企业的投资回报主要取决于各自的技术革新速度、成本管控绩效、市场营销能力等内在因素，但是在不少情况下还会受到政府干预这个外在因素的影响。因此，竞争中立政策再次要求政府确保投资回报中立。投资回报中立行为准则重点强调两个方面，即价格规制中立和政府补贴中立。价格规制中立要求政府必须依据《反垄断法》公平地规制具有市场支配地位的经营者“以不公平的高价销售商品”或者“以不公平的低价购买商品”，确保所有企业能够公平地获得市场利润；政府补贴中立要求政府在利用公共财政对企业进行补贴过程中必须公平实施，确保所有企业能够公平地获得政府补贴。

表5－2－3：投资回报中立行为准则

<table>
<tr><th colspan="3">投资回报中立行为准则</th></tr>
<tr><td rowspan="7">价格规制中立</td><td rowspan="2">价格违法认定标准中立</td><td>至少保证认定标准的统一性</td></tr>
<tr><td>建议统一择用利润率分析法</td></tr>
<tr><td rowspan="4">价格违法立案调查中立</td><td>依法公平进行立案</td></tr>
<tr><td>做好执法措施的公平采取</td></tr>
<tr><td>保证陈述意见权利得到公平行使</td></tr>
<tr><td>公平地适用承诺制度</td></tr>
<tr><td>价格违法行政处罚中立</td><td>尽量保持“责令停止违法行为，没收违法所得同，并处上一年度销售额百分之一以上百分之十以下的罚款”操作的统一性</td></tr>
</table>

续 表

<table>
<tr><td rowspan="8">政府补贴中立</td><td rowspan="4">政府补贴对象中立</td><td rowspan="3">中央补贴</td><td>普惠性要求的最低限度允许中央政府根据社会发展需求进行行来补贴</td></tr>
<tr><td>普惠性要求的最低限度限制中央政府进行地区补贴</td></tr>
<tr><td>普惠性要求的最低限度禁止中央政府进行个体补贴</td></tr>
<tr><td>地方补贴</td><td>原则性禁止</td></tr>
<tr><td rowspan="2">政府补贴方式中立</td><td>补贴模式</td><td>逐步放弃纵向补贴模式，逐渐采取横向补贴模式</td></tr>
<tr><td>补贴形式</td><td>类别化统一择用财政拨款、财政贴息、税收返还、无偿划拨非货币性资产</td></tr>
<tr><td rowspan="2">政府补贴标准中立</td><td colspan="2">标准起码统一，包括计算单位、单位金额、补贴期限等相关要素</td></tr>
<tr><td colspan="2">标准尽量科学，譬如钢铁产能淘汰应当择用环保标准，而非先前的产量标准</td></tr>
</table>

（二）竞争中立政策的适用除外

非市场化领域的政府管理不适用竞争中立政策。国际社会关注的竞争中立政策定向服务于优化经济资源配置的竞争机制，而优化经济资源配置的竞争机制是以市场为基础的。竞争中立政策的具体施用必须以特定领域市场化为基础，否则就不存在竞争中立政策的适用空间；即便政府实施的行为客观上影响到相关市场的公平竞争，它们也不受竞争中立政策的约束。例如军事采购，“军事采购不是独立的市场行为。为更好地保障国防利益，需要对国防工业进行扶持和给予军事采购国家政策优惠，需要相关部门进行统一管理，按照法规提供优惠政策和良好服务”。①

外商投资的国家安全审查不适用竞争中立政策。针对市场化领

① 宋歆、陈小菁：《群策群力议国是履行使命谋打赢》，载《解放军报》2009年3月7日第7版。

域的外商投资进行国家安全审查是目前各国采用的通行做法。美国不仅从上个世纪 50 年代就开始发布《1950 年国防生产法》（The Defense Production Act of 1950）、《1979 年出口管理法》（Export Administration Act of 1979）等推动对外资的国家安全审查，而且在宣布加入 TPP 谈判前夕专门出台了《2007 年外商投资与国家安全法》（Foreign Investment and National Security Act of 2007）以强化对外资的国家安全审查。中国海洋石油有限公司收购美国尤尼科石油公司的失败①、迪拜世界港口公司（DPW）收购英国半岛—东方航运公司（P&O）的流产②充分表明：国家安全审查客观上可以导致内资与外资甚至外资与外资在相关市场上的不公平竞争。但是因为国家安全高于一切，所以这类政府行为也不受竞争中立政策的约束，尊重一国政府依法实施的国家安全审查已经成为国际社会的普遍共识。

引入竞争的非对称性扶持不适用竞争中立政策。为了有效打破垄断格局特别是独占市场，政府在有些情况下会采用少许非对称性扶持措施。以英国电信行业的早期改革为例：1981 年，英国政府批准了成立莫克瑞通信公司（Mercury Communications），使之与英国电信公司（British Telecom，BT）在国内展开竞争。“英国政府对新成立的 Mercury 公司有一定的扶持，但并不刻意削减 BT 公司的实力。”③“英国政府采取这一政策的目的，是通过在一定时期内建立和维持一个双寡头垄断的格局，帮助新成立的莫克瑞公司建立起自己的通信网络，使其不断地扩大市场份额，增强与 BT 的竞争能力，

① See Joshua W. Casselman, China’s Latest Threat to the United States：The Failed CNOOC - Unocal Merger and Its Implications for Exon - Florio and CFIUS，17 *Ind. Intl. & Comp. L. Rev.* 155（2007），p. 155.

② See Deborah M. Mostaghel, Dubai Ports World Under Exon - Florio：A Threat to National Security or a Tempest in a Seaport？70 *Alb. L. Rev.* 583（2007），p. 583.

③ 袁正、高伟：《中国电信业改革回顾、经验与问题》，载《宏观经济研究》2009 年第 9 期。

适应未来激烈的市场竞争。”① 显然，这些引入竞争的非对称性扶持措施对于受益对象的竞争对手而言是有失公平的。但是由于政府保持中立系以市场存在竞争为前提，若市场无竞争②，则无政府中立之必要；因此，这类政府行为也不受竞争中立政策的约束。

四、政策实施：贯彻路径与推进模式

市场经济的稳健发展要求我国竞争中立政策的实施必须有组织、有步骤地进行，以确保整个政策实施的周密性。

（一）竞争中立政策的贯彻路径

1. 行政执法。“市场经济是法治经济”③，行政执法是政府干预市场的主要方式。这就决定了行政执法成为政府所有经济政策的基本贯彻路径，包括竞争中立政策。贯彻竞争中立政策要求政府在行政执法过程中必须合法、合理地遵守（广义）法律所确定的公平原则（精神）及/或制度规范。“我们说政府有时可以改善市场结果并不意味着它总能这样”④，“当政府政策或集体行动所采取的手段不

---

① 刘戒骄：《英国电信产业的放松管制和对主导运营商 BT 的再管制》，载《中国工业经济》2002 年第 1 期。

② 值得特别指出的是，经济学评估市场竞争状况的传统方法都是以一个抽象的市场为基础的，基本上没有虑及商品因素之外的政治问题。但是根据实践来看，国际市场的商品供给还受到政治制裁、经济制裁、出口管制等各种政治因素影响。因此，一国在评估国际市场的竞争状况过程中不仅应当重点考虑厂商数量、市场集中度、商品价格等因素，而且应当合理考虑厂商国籍、本国政治影响力、本土企业参与程度等因素。

③ 刘武俊：《深刻理解市场经济是法治经济》，载《人民日报》2012 年 7 月 2 日第 7 版。

④ ［美］曼昆：《经济学原理》（第 3 版），梁小民译，机械工业出版社 2003 年版，第 10 页。

能改善经济效率或道德上可接受的收入分配时，政府失灵便产生了。”[①] 政府失灵促使很多法律特别是涉及经济领域的法律本身在授权政府干预市场的同时又进行了某种程度的限制，要求确保执法公平便是其中最为普遍性的做法。而这正是竞争中立政策所要求的内容，政府公平执法是市场公平竞争的重要基础；《中国企业发展环境报告 2013》甚至提出：“创造公平的市场环境比政府补贴更重要。”[②] 需要特别强调的是：因一揽子原则性禁止政府滥用行政权力排除、限制竞争，《反垄断法》的有效实施对于竞争中立政策的贯彻至关重要；因此，我国应当尽快修改法律，不仅赋予反垄断执法机构对行政性垄断的刚性规制权力，而且授予反垄断执法机构更多相应的处置手段，而非只是“可以向有关上级机关提出依法处理的建议”。

2. 体制改革。因时制宜进行体制改革是政府干预市场的重要手段，也是政府重要经济政策的核心贯彻路径。市场竞争目前存在的公平问题很多远远超出现行法律层面及其解决方案的标本兼治的需求，决定了竞争中立政策的贯彻必须更多地依赖体制改革，而我国时值经济改革的历史峰期。“我们将要建立的 2.0 版市场，是一个消除了条块分割、向所有市场主体开放的市场，一个消除了垄断和行政干预、在法治基础上实现有序竞争的市场。不过，从世界各国和我们自己的发展经验可知，要在我国建立起这样一个符合现代标准的市场经济制度，并不是一件容易的事。它需要我们在多个方面的改革上付出巨大努力。”[③] 贯彻竞争中立政策要求政府推进各项体制改革：第一，清除体制造成的不合理的市场进入障碍，包括行业市

---

① ［美］保罗·A. 萨缪尔森、威廉·D. 诺得豪斯：《经济学》（下），高鸿业等译，中国发展出版社 1992 年版，第 1189 页。

② 唐福勇：《公平的市场环境比政府补贴更重要》，载《中国经济时报》2013 年 8 月 27 日第 3 版。

③ 吴敬琏：《中国进入“2.0 版”市场经济时代》，载《IT 时代周刊》2013 年第 23 期。

场进入障碍与地理市场进入障碍，并根据这些障碍的成因进行制度的重新设计或者优化安排；第二，消除体制造成的不合理的市场差别待遇，包括导致企业获得额外好处的受益事项和导致企业承担额外坏处的受损事项，并对制度进行重新设计或者优化安排。

3. 竞争倡导。“竞争倡导是反垄断执法机构实施的除执法以外所有改善竞争环境的行为，具有促进和补充反垄断执法、推进竞争政策有效实施和推动竞争文化建设的重要作用。”[①]研究显示：“竞争主管机构以外的其他机构及大众起初通常缺乏对竞争及竞争法原理的认同，也缺少维护、促进竞争的内在责任感。即使企业效率低下或者存在限制竞争行为，但在涉及本地区经济发展时，地方政府常常睁一只眼闭一只眼，甚至为其提供便利。”[②] 这导致“现实中的某些法律、政策不但没有促进竞争，反而导致了对竞争的损害”[③]。因此，美国、欧盟、日本、澳大利亚等很多国家在加强法治建设、深化体制改革的同时都在积极采取措施进行竞争倡导，着力培养整个社会的公平竞争意识。竞争文化的高度缺乏决定了我国应当立即全面推进竞争倡导工作，而贯彻竞争中立政策要求国家发改委（价格监督检查与反垄断局）、商务部（反垄断局）、国家工商行政管理总局（反垄断与反不正当竞争执法局）及其授权的省级职能机构在反垄断执法之余携手国务院反垄断委员会积极采取普法宣传、案件吹风、合规指导、理论研讨等措施有针对性地向政府其他职能部门传输公平竞争理念，逐步提高相关执法人员公平执法的自觉性与维护竞争的主动性。

---

① 张占江：《竞争倡导研究》，载《法学研究》2010 年第 5 期。

② 王先林主编：《中国反垄断法实施热点问题研究》，法律出版社 2011 年版，第 82 ~ 83 页。

③ See F. A. Hayek, *The Road to Serfdom: Text and Document*, Chicago: University Chicago Press, 2007, p. 87.

（二）竞争中立政策的推进模式

第一步，先行试点：境内自由贸易试验区。风险管控与经验积累决定了我们不宜贸然立即全面、深度实施竞争中立政策，先行试点非常必要。2013 年 8 月，国务院正式批准设立中国（上海）自由贸易试验区（以下简称“上海自贸区”）。建设上海自贸区是顺应全球经贸发展新趋势、实行更加积极主动开放战略的一项重大举措；“主要任务是要探索我国对外开放的新路径和新模式，推动加快转变政府职能和行政体制改革，促进转变经济增长方式和优化经济结构，实现以开放促发展、促改革、促创新，形成可复制、可推广的经验”①，服务全国的发展。上海自贸区的适时设立与目标定位为我国竞争中立政策的先行试点提供了理想的平台，而《中国（上海）自由贸易试验区条例》推行的“负面清单管理模式”更使得上海自贸区为我国竞争中立政策的先行试点奠定了良好的基础。在先行试点过程中，除不断摸索竞争中立政策的行政执法与竞争倡导外，政府应当重点探索竞争中立政策的体制改革。

第二步，逐步推广：国内全局性经济改革。在条件成熟的情况下，政府应当及时将上海自贸区形成的可复制、可推广的经验应用到国内全局性经济改革，但是仍然应当合理地掌控节奏，按照层次递进方式逐步推进。政府首先可以根据实际情况制定和实施竞争中立政策的推广“群体梯队”方案。我国应当借鉴澳大利亚推行竞争中立政策的做法，率先解决国内当前矛盾比较突出的国有企业与内资民企之间竞争不公平的问题，即将国有企业与内资民企作为“群体梯队”的第一序位；当国内企业整体竞争能力较强或者需要适度引入竞争力量驱动国内企业创新时，在没有违背 WTO 规则的前提

① 孙小静、姜泓冰、郑红深：《上海赶制自贸区标准答案》，载《人民日报（海外版）》2014 年 2 月 24 日第 1 版。

下，我国可以单方逐步取消特定领域对外资企业先前依法设立的差异待遇，即将外资企业作为“群体梯队”的第二序位。政府其次可以根据实际情况制定和实施竞争中立政策的推广“行业梯队”方案。尽管各个行业都是一个国家市场的必要组成部分，但是它们在国民经济中的地位却有所不同，这就为政府差异化引入市场竞争机制提供了空间。我国目前不同行业的市场化状况还是多种多样的，充分竞争、半管制化、完全垄断一应俱全。不同行业市场化的实然与应然之间的差距不仅决定了各自市场化改革的步伐，更为我们逐步推广竞争中立政策留下了递进余地。政府完全可以而且应当根据行业在国民经济中的地位、市场发育程度等因素设定各个行业实施竞争中立政策的时间进程及其阶段性程度，即先行限于国有企业与内资民企还是适用包括外资企业在内的所有经营者。

第三步，对外输送：多边跨境自由贸易区。无论是主动介入还是被动加入任何多边跨境自由贸易区，竞争中立政策都必将成为谈判中始终绕不开的一个实质性议题。作为负责任的世界大国，中国应当将经过自身改革实践探索总结出来的客观公正、清晰明朗、系统周全的竞争中立政策按照国际贸易协定的谈判规则要求进行塑形并向世界推送。在不同的多边跨境自由贸易区谈判过程中，我国应当根据合作对象的整体情况有针对性地提出竞争中立政策的保留事项。不同的多边跨境自由贸易区，各方之间的整体力量悬殊，中国企业形成的相对优势也是有着很大差异的。这种潜在的巨大落差很容易将我国在不同的多边跨境自由贸易区的谈判推向两个极端，即国际贸易保护主义的实施者或国际贸易保护主义的受害者。但是无论何者，均非我国参与多边跨境自由贸易区谈判的初衷。防范和化解这类潜在风险的唯一路径，就是本着互惠共赢的理念在不同的多边跨境自由贸易区谈判中有针对性地商定竞争中立政策的保留事项，力求在最大程度上保证缔约方的企业在相关市场上能够进行公平竞争。

五、结语

若将我国未来实施的竞争中立政策称为“中国版”竞争中立政策，根据我们的研究缘由、政策定位、政策内容与政策实施，它的定义完整表述应当如下：在市场化领域处于有效竞争的环境下，除出于解决市场失灵的最低需要而依法采取合理的非中立性措施进行干预外，政府应当公平地对待参与市场资源配置的所有经营者。“中国版”竞争中立政策整合了“澳版”、“OECD 版”与“美版”竞争中立政策，内容更为客观、公正、全面和系统。它的实施将对政府干预市场提出更高的要求，影响市场竞争的政府行为将面临更为严苛的公平衡量标准。澳大利亚的历史经验表明，竞争中立政策的实施将会使得政府面临全新的重大挑战，直接考验着政府推进改革的决心与智慧；而中国 1978 年的改革开放和 2001 年的入世经验证明，社会主义市场经济体制的每次重大革新都会促进整个国家的飞跃发展。李克强总理特别指出：“过去 36 年，我国经济社会发展取得举世瞩目的成就，靠的就是改革。现在改革进入攻坚期和深水区，改革的机遇前所未有，改革的复杂性、艰巨性和风险挑战也前所未有。面对这种情况，应该怎么办？我们别无选择。因为现在遇到的深层次矛盾和问题，已成为经济社会发展的‘拦路虎’，躲不开、绕不过、拖不得，不改没有出路，慢了会贻误时机，付出的代价将更大。我们必须以强烈的历史使命感和责任感，以壮士断腕的决心和勇气，坚定不移地推进改革。”① 因此，我们应当及时推行“中国版”竞争中立政策，完善政府与市场的关系，充分发挥市场在资源配置中的决定性作用和更好发挥政府作用，创造一个更为公平竞争的市场竞争环境，促进中国经济稳健、持续、高效发展。

---

① 李克强：《关于深化经济体制改革的若干问题》，载《求是》2014 年第 9 期。

后　记

随着时间的推移特别是被人不断地提示应当入手一个保温杯阶段，越来越觉得竞争法的研究真的很难。在琢磨一些操作性的问题时，发现非常需要跳出“只缘身在此山中”的视线障碍来寻找解决问题的大方向；但是在思索一些宏大的理论问题时，又觉得在“一览众山小”的时候似乎因没有接地气而感到非常心虚。因此，难免不出现徘徊、犹豫不决的情形。

而在这个过程中，不知不觉有些“产品”走向“过期”，除了文章，这也包括一些辛辛苦苦拼凑完成的著作。2009 年就基本完成但是原本打算认真修改完善一下再出版的《反垄断立法宗旨研究》因“时过境迁”而不得不放弃，比这个还稍早些就基本成稿的《美国反托拉斯法发展简史》也因类似缘故而被彻底移除出版计划直至到原始的电子版“下落不明”。

其实，正如一位师友曾在朋友圈对此的留言，大体意思就是每个主题研究在每个阶段都有其价值。所以，给自己立了一个基本规则，就是《水浒传》主题歌曲里面的歌词：该出手时就出手。即便是试错，也要前行。为此，我经常劝一位好友写东西不要太认真太计较，差不多就可以送出去了。从心里上，非常敬佩他写东西的执着和韧性，有一篇论文竟然写了足足两年多；但是从另一个方面，非常心疼很多学者身上都能看到的这种拼命三郎精神。

在围绕竞争维护问题的断断续续写作过程中，无论是在资料获取上还是在观点论证上，很多内容都一直得到竞争法学界前辈和师友们的不断帮助和大力支持，在此表示衷心感谢。

本书在出版经费上得到了上海政法学院“上海市教委经济法学（环境法）一流学科”的鼎力资助，非常感谢环境资源法学科带头人王文革教授在本书出版过程中所付出的宝贵精力。

非常感谢中国法制出版社陈兴编辑对本书出版所作的精心安排和辛勤付出。

最后，祝各位朋友身体健康，事业兴旺，开心快乐。

丁茂中

上海松江大学城

2017 年 10 月

图书在版编目（CIP）数据

竞争维护的路径及其实施问题／丁茂中著．—北京：中国法制出版社，2017.12

（上海政法学院学术文库．环境资源法学丛书）

ISBN 978－7－5093－9150－1

Ⅰ．①竞… Ⅱ．①丁… Ⅲ．①反不正当竞争－经济法－研究－中国 Ⅳ．①D922.294.4

中国版本图书馆CIP数据核字（2017）第299717号

策划编辑　陈　兴（cx_legal@163.com）
责任编辑　陈　兴　李小草　　　　封面设计　蒋　怡

竞争维护的路径及其实施问题

JINGZHENG WEIHU DE LUJING JI QI SHISHI WENTI

著/丁茂中
经销/新华书店
印刷/北京京华虎彩印刷有限公司
开本/640毫米×960毫米　16开　　　　印张/19.75　字数/226千
版次/2017年12月第1版　　　　2017年12月第1次印刷

中国法制出版社出版
书号 ISBN 978－7－5093－9150－1　　　　定价：68.00元

北京西单横二条2号
邮政编码 100031　　　　传真：66031119
网址：http://www.zgfzs.com　　　　**编辑部电话：66010405**
市场营销部电话：66033393　　　　**邮购部电话：66033288**